GRAMMAIRE RAISONNÉE

DE LA

LANGUE OTTOMANE.

Paris. — Imprimerie Dondey-Dupré, rue Saint-Louis, 46, au Marais.

GRAMMAIRE RAISONNÉE

DE LA

LANGUE OTTOMANE

SUIVIE D'UN APPENDICE

CONTENANT L'ANALYSE D'UN MORCEAU DE COMPOSITION OTTOMANE
OU SONT DÉMONTRÉES LES DIFFÉRENTES RÈGLES AUXQUELLES LES MOTS SONT ASSUJETTIS.

PAR

JAMES W. REDHOUSE

Employé au Bureau des Interprètes du Divan impérial ottoman,
et Secrétaire-Interprète de la Commission anglaise de médiation aux Conférences d'Erzeroum.

PARIS

GIDE ET Cⁱᵉ, LIBRAIRES-ÉDITEURS

RUE DES PETITS-AUGUSTINS, 5.

1846

PRÉFACE.

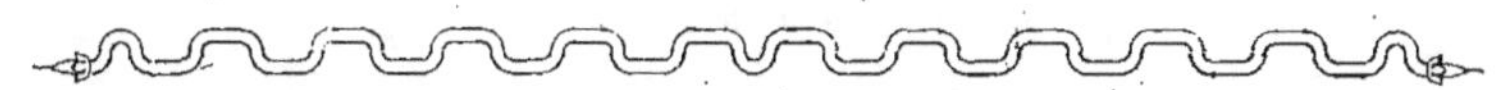

Il existe déjà un si grand nombre de grammaires sur la langue *turque*, qu'il peut paraître téméraire d'en publier encore une nouvelle.

Cependant, tous ceux qui se sont voués à l'étude de la langue *ottomane* ont bientôt vu que ces guides ne suffisaient pas pour les conduire jusque dans le sanctuaire de cette belle langue, d'ailleurs si simple, et si peu embarrassée de règles diverses.

Les auteurs de ces grammaires, doués de grands talents sans doute, et animés du désir d'aplanir à leurs successeurs la route qu'ils avaient dû franchir eux-mêmes sans aucun secours, ont beaucoup fait pour faciliter l'étude de cette langue, et chacun d'eux a ajouté quelque chose aux travaux de ses devanciers. Mais il est évident, pour des yeux instruits, que leur expérience n'a pas été aussi grande que leur zèle pour indiquer le vrai chemin. On rencontre trop souvent dans leurs ouvrages des erreurs et des contradictions graves, et la manière dont ils ont tous traité les parties les plus épineuses de la grammaire ottomane laisse encore beaucoup à désirer.

Je dois avouer, toutefois, que la grammaire de Viguier est remplie de règles justes et profondes, et qu'on y rencontre fort peu d'erreurs. Il est à regretter que cet écrivain ne se soit pas occupé

de la rédaction d'une autre grammaire spécialement destinée à
la langue écrite, pour laquelle il a montré des capacités rares et
vraiment remarquables. L'expérience pratique de cet auteur ne
me semble pas pourtant avoir égalé sa persévérance ; quelques-unes
de ses théories sont très-vicieuses, comme, par exemple, celle
où il donne le nom de verbe à l'adjectif كَرَكْ *convenable*, quoiqu'il
ait su éviter l'erreur où d'autres ont persisté, c'est-à-dire, de
nommer verbe les adjectifs وَاْر *existant* (inventus), يُوقْ *non existant* (non inventus), et l'adverbe دِكلْ *non, ne... pas*. Le reproche le
plus grave à lui adresser est d'avoir complétement omis les verbes
dérivés, à l'exception du négatif et de l'impossible du primitif.

Depuis plusieurs années, quelques-uns de mes amis, mus par
ces considérations, m'avaient vivement engagé à entreprendre la
rédaction d'une grammaire ottomane ; mais, outre que je ne me
sentais pas assez de confiance en mes propres forces pour commencer un tel travail, j'étais alors occupé de la composition d'un
dictionnaire ottoman, maintenant sous presse à l'Imprimerie impériale du Sultan.

Enfin, et d'après les instances réitérées de mes amis, je me suis
résolu à m'occuper de ce travail pendant une interruption sur-
venue aux Conférences d'Erzeroum, près desquelles j'ai l'honneur d'être employé en qualité de secrétaire-interprète de la Commission Britannique.

Une longue expérience, acquise dans une période assez étendue
de service au bureau des interprètes de la Sublime-Porte, et dans
d'autres postes où mon devoir consistait à traduire et à écrire en
langue ottomane, m'a seule donné les moyens de présenter au pu-
blic cette nouvelle grammaire ; et j'espère que les savants, les cu-
rieux, et ceux enfin qui sont appelés par leur carrière à étudier la
langue des Osmanlis, trouveront dans les secours que leur offre

ce livre des moyens d'étude bien supérieurs à ceux qui autrefois étaient à leur disposition.

Je ne prétends nullement, dans cette première édition, donner un ouvrage parfait dans toutes ses parties; mais j'espère qu'on n'y trouvera point d'erreurs; et si je n'ai pas toujours indiqué la solution d'une difficulté rencontrée par mes lecteurs, je n'aurai pas, du moins, à me reprocher de les avoir conduits dans de fausses routes, qu'il leur faudrait abandonner, s'ils persistaient à vouloir arriver au terme qu'ils se proposent, la connaissance exacte de la langue ottomane.

GRAMMAIRE RAISONNÉE

DE

LA LANGUE OTTOMANE.

INTRODUCTION.

1. La langue ottomane est composée de mots *turcs*, *arabes* et *persans*; quelques mots empruntés des langues européennes y sont aussi mêlés, mais l'emploi de ces derniers est assez rare et tout à fait accidentel.

2. La grammaire ottomane est pareillement composée de règles d'orthographe, d'étymologie et de syntaxe, prises des trois langues turque, arabe et persane : cependant les règles turques servent toujours de base générale.

PREMIÈRE PARTIE.

DE L'ORTHOGRAPHE.

CHAPITRE PREMIER.

DE L'ALPHABET.

§ I. *Des lettres de l'alphabet.*

3. L'alphabet ottoman est composé des lettres de l'alphabet arabe, jointes à celles que les Persans y ont ajoutées, ce qui porte le nombre des lettres ottomanes à trente et une, dont le tableau suivant présente l'ordre, les formes primitives et les noms vulgaires.

4. *Tableau de l'alphabet ottoman.*

ORDRE	FORME.	NOM VULGAIRE.	ORDRE.	FORME.	NOM VULGAIRE.
1	ا	élif	17	ص	sad
2	ب	bé	18	ض	dad
3	پ	pé	19	ط	teu
4	ت	té	20	ظ	zeu
5	ث	cé	21	ع	'aïn
6	ج	djim [1]	22	غ	ghaïn
7	چ	tchim	23	ف	fé
8	ح	ha	24	ق	kaf
9	خ	kheu	25	ك	kef
10	د	dal	26	ل	lam
11	ذ	zel	27	م	mim
12	ر	re	28	ن	noun
13	ز	zé	29	و	vav
14	ژ	jé	30	ه	hé
15	س	sin	31	ى	yé [2]
16	ش	chin			

[1] Je préviens le lecteur, une fois pour toutes, que les syllabes nasales sont entièrement inconnues dans la langue ottomane ; ainsi, lorsqu'on rencontrera les formes suivantes : *am, em, im, om, um; an, en,* etc. ; *eum, eun,* etc. ; on devra les prononcer comme s'il y avait un *e* muet, ainsi qu'on le rencontre dans les mots français *âme, rêne, épine, dôme,* etc. On devra prononcer également toutes les consonnes finales comme si elles étaient suivies d'un *e* muet.

[2] On a l'usage d'introduire, avant cette dernière lettre de l'alphabet, la combinaison ﻻ (écrite aussi ﻷ) qui se nomme *lâm-élif;* mais comme elle n'est que la réunion calligraphique du ﻝ avec l' ا, je l'ai omise ici, et je l'ai passée sous silence.

5. Quoique les noms des lettres indiqués dans le tableau précédent soient ceux employés ordinairement, la plupart d'entre elles ont, dans l'écriture, un autre nom que nous ferons connaître plus bas (n° 13).

6. Toutes ces lettres se tracent, autant que possible, de haut en bas et de droite à gauche ; les lignes de l'écriture ottomane s'écrivent aussi de droite à gauche, et la première page des livres se trouve à la place qu'occuperait la dernière d'un livre français.

§ II. *Des différentes classes des lettres.*

7. En examinant ces différentes lettres, on remarquera que la plus grande partie d'entre elles sont doubles ou triples quant à la *forme*, la distinction n'existant que par un ou plusieurs *points* ajoutés à la forme primitive.

8. Cette circonstance divise les lettres de l'alphabet ottoman en deux grandes classes, *ponctuées* et *non ponctuées*.

9. Les lettres sans points sont nommées مُهْمَل *muhmel*, au féminin مُهْمَلَه *muhmélé* (négligé, négligée) ; et les autres مُعْجَم *mu'djem*, au féminin مُعْجَمَه *mu'djémé* (sauvé d'amphibologie).

10. Parmi les lettres ponctuées, les unes reçoivent leurs points *au-dessus* de leur forme, les autres *au-dessous* ; les premières sont appelées فَوْقَانِى *fevkâni*, au féminin فَوْقَانِيَّه *fevkâniyyé* (supérieur) ; les autres, تَحْتَانِى *tahtâni*, au féminin تَحْتَانِيَّه *tahtâniyyé* (inférieur).

11. Les lettres qui n'ont qu'un seul point sont appelées مُوَحَّد *muvahhad*, au féminin مُوَحَّدَه *muvahhadé* (simple) ; celles qui en ont deux, مُثَنَّى *mucenna*, au féminin مُثَنَّاتْ *mucennât* (double) ; et celles qui en portent trois, مُثَلَّثْ *mucelles*, au féminin مُثَلَّثَه *mucellécé* (triple).

§ III. *Des noms des lettres.*

12. La connaissance de toutes les particularités ci-dessus indiquées est très utile ; car, bien que les noms des lettres, écrits en caractères français, soient parfaitement distincts, il y en a qui se ressemblent tellement quand ils sont écrits en caractères ottomans, que les écrivains ne se contentent pas de la simple énonciation du nom de la lettre pour l'indiquer ; au contraire, ils se croient obligés d'employer tous les moyens possibles pour écarter l'incertitude, et, pour cet effet, ils ajoutent au nom de chaque lettre un ou plusieurs titres, et ne s'abstiennent de ces précautions qu'à l'égard de celles dont l'orthographe des noms ne présente aucun doute. De ceci résultent les appellations suivantes des différentes lettres.

13. *Tableau des noms détaillés des lettres.*

LETTRES.	NOM DÉTAILLÉ.	PRONONCIATION.	SIGNIFICATION.	REMARQUES.
ا	اَلِفْ	élif	l'élif	
ب	بَاءِمُوَحَّدَك	bâ-i-muwahhadé	le *ba* avec *un* point	
پ	بَاءِفَارِسِيَّه	bâ-i-fâricyyé	le *ba* persan	
ت	تَاءِفَوْقَانِيَّه	tâ-i-fevkâníyyé	le *ta* supérieur	
ث	ثَاءِمُثَلَّثَه	çâ-i-mucellécé	le *ça* avec *trois* points	
ج	جِيمِعَرَبِى	djîm-i-'arébí	le *djim* arabe	
چ	جِيمِفَارِسِى	djîm-i-fâricí	le *djim* persan	
ح	خَاءِحُطِّى, ou	hâ-i-hottí, ou	le *ha* du mot حطى [1]	[1] Ainsi nommé pour le distinguer du ه ; ce nom se dérive de ce que cette lettre se trouve dans le mot حطى (n° 264).
ح	خَاءِمُهْمَلَه	hâ-i-muhmélé	le *ha* sans point	
خ	خَاءِمُعْجَمَه	khâ-i-mu'djémé	le *kha* ponctué	
د	دَالِمُهْمَلَه	dâl-i-muhmélé	le *dal* sans point	

Suite du Tableau des noms détaillés des lettres.

LETTRES.	NOM DÉTAILLÉ.	PRONONCIATION.	SIGNIFICATION.	REMARQUES.
ذ	ذَالِ مُعْجَمَه	zâl-i-mu'djémé	le *zal* ponctué	
ر	رَاءِ مُهْمَلَه	râ-i-muhmélé.	le *ra* sans point	
ز	زَاءِ هَوَّز, ou	zâ-i-hevvez, ou	le *za* du mot هوز [1]	[1] Ainsi nommé pour le distinguer du ظ ; ce nom se dérive de ce que cette lettre se trouve dans le mot هَوَّز (n° 264).
ز	زَاءِ مُعْجَمَه	zâ-i-mu'djémé	le *za* ponctué	
ژ	زَاءِ فَارِسِيَّه	zâ-i-fâriciyyé	le *za* persan	
س	سِين مُهْمَلَه	sîn-i-muhmélé	le *sin* sans point	
ش	شِين مُعْجَمَه	chîn-i-mu'djémé	le *chin* ponctué	
ص	صَادِ مُهْمَلَه	sâd-i-muhmélé	le *sad* sans point	
ض	ضَادِ مُعْجَمَه	dâd-i-mu'djémé	le *dad* ponctué	
ط	طَاءِ مُهْمَلَه, ou	tâ-i-muhmélé, ou	le *ta* sans point	
ط	طَاءِ حُطِّى	tâ-i-hottî	le *ta* du mot حطى [2]	[2] Ainsi nommé pour le distinguer du ت, et parce que cette lettre, de même que le ح, se trouve dans le mot حُطِّى.
ظ	ظَاءِ مُعْجَمَه	zâ-i-mu'djémé	le *za* ponctué	
ع	عَيْن مُهْمَلَه	'aïn-i-muhmélé	le *'aïn* sans point	
غ	غَيْن مُعْجَمَه	ghaïn-i-mu'djémé	le *ghaïn* ponctué	
ف	فَاء	fâ	le *fa*	
ق	قَاف	kâf	le *kaf*	
ك	كَاف	kiâf	le *kiaf*	
ل	لَام	lâm	le *lam*	
م	مِيم	mîm	le *mim*	[3] Ainsi nommé pour le distinguer du ح, et parce que cette lettre se trouve dans le mot هَوَّز.
ن	نُون	noûn	le *noun*	
و	وَاو	vâv	le *vav*	
ه	هَاءِ هَوَّز	hâ-i-hevvez	le *ha* du mot هوز [3]	[4] Pour le distinguer du ت qui se dit supérieur.
ى	يَاءِ تَحْتَانِيَّه	yâ-i-tahtâniyyé	le *ya* inférieur [4]	

§ IV. *Des formes des lettres.*

14. Les formes démontrées jusqu'ici sont celles des lettres isolées. Aussitôt que les lettres entrent en combinaison pour former des mots, la plupart d'entre elles subissent des changements notables, selon qu'elles se trouvent au commencement, au milieu, ou à la fin des mots. Tous ces changements de forme sont indiqués dans le tableau suivant.

15. *Tableau des différentes formes que prennent les lettres ottomanes.*

ISOLÉES.	INITIALES.	MÉDIALES.	FINALES.	REMARQUES CALLIGRAPHIQUES.
ا	»	»	ﺎ	Le ا ne se joint jamais à la lettre suivante.
ب پ	ﺑ ﭘ	ﺒ ﭙ	ﺐ ﭗ	
ت ث	ﺗ ﺛ	ﺘ ﺜ	ﺖ ﺚ	La forme ronde du ت s'appelle تاءكرد *tâ-i-kird* (ta rond), la longue تاءطويله *tâ-i-tavîlé* (ta long).
ة	ة	ﺔ	ﺔ	
ه	ﻫ	ﻬ	ﻪ	
ج چ	ﺟ ﭼ	ﺠ ﭽ	ﺞ ﭻ	Ces quatre lettres font hausser au-dessus du niveau de la ligne la lettre qui les précède.
ح خ	ﺣ ﺧ	ﺤ ﺨ	ﺢ ﺦ	
د ذ	»	»	ﺪ ﺬ	
ر ز ژ	»	»	ﺮ ﺰ ﮋ	Ces cinq lettres ne se joignent jamais à la lettre suivante.
س	ﺳ	ﺴ	ﺲ	
ش	ﺷ	ﺸ	ﺶ	

ISOLÉES.	INITIALES	MÉDIALES.	FINALES.	REMARQUES CALLIGRAPHIQUES.
ض	ﺿ	ﻀ	ﺾ	dâd
ط	ﻃ	ﻄ	ﻂ	ta
ظ	ﻇ	ﻈ	ﻆ	za
ع	ﻋ	ﻌ	ﻊ	aïn
غ	ﻏ	ﻐ	ﻎ	ghaïn
ف	ﻓ	ﻔ	ﻒ	fé
ق	ﻗ	ﻘ	ﻖ	kaf
ك گ	ﻛ	ﻜ	ﻚ	
ل	ﻟ	ﻠ	ﻞ	
م	ﻣ	ﻤ	ﻢ	Cette lettre م fait hausser au-dessus du niveau de la ligne la lettre qui la précède.
ن	ﻧ	ﻨ	ﻦ	
و	»	»	ﻮ	Le و ne se joint jamais à la lettre suivante.
ه	ﻫ	ﻬ	ﻪ	
ي	ﻳ	ﻴ	ﻰ	

16. Quelquefois, pour ornement, ou pour remplir les lignes, on prolonge plus ou moins les traits horizontaux des lettres.

17. On n'emploie point de lettres majuscules dans l'écriture ottomane ; et c'est ici peut-être le lieu de dire que les Ottomans ne se servent presque jamais de lettres initiales pour désigner des noms propres ou communs, ni de contractions de mots.

18. *Exemples des formes des lettres isolées, ou combinées entre elles.*

سات نعس. نتت نا نت ادب بع ببا لب با ٮا الف ١

ذ ج ا ذ ٮ ن ن ٮ ٮ ه م م ا ا ل ل ٮل ش ش س س و وا م ٮت ت لا

ش ع ش ٮ د ٮ ح ه د ح ه ه ب ٮ ث كت كٮ ك لا ص ص طا لا ط ظ لله لا ج

ى ٮ ك ك غ ع ع غ خ ه ة رس ش كا ى ٮى ٮ ى ط ض ق ق ف ز و كلا

لكنخ ه ح جٮ ء ٮ ضى ضى كل ق ش ٮ ه ه ه سج ح چ چ ض ٮ ٴ ژى م

فح حا ماذاج لهجع جم ملجج مجج جيم اوث ٹومش ٹث ٹا

ميد ٮغٮد دال نماخ خٮٮم بخايهى لٮمنخ خا اللاح حيت هحب

زبٮ اشذرظارشاضر نحر را سمناذ اذب ذ حذ غل اد نمذ ذال بام دل

لطفى طا طكق طهح طهج لك طهع طا ٮا اٮازز اورز لطٮز ظطنٮز

وك يكبر بٮاى عى دوارلى ظفلى ظملت ككٮ مظاكل قكليكك كاى

هذم مشش لمع لله لٮم مٮم شحمقٮززل اوكلى لع ع ضلص تذلاشل لام

موذص اصس. بصا موٮص صاد ضٮان غنٮزلكركا نغٮت ظاسس نٮون

ككل عزكل عكلى حسع عهعع عٮٮن لمدص صزبلب ضع سهض صاد

خسهاف عزرافع چفح لنمف فا كلالى غٮٮزپ غحح ظذركلغ غٮٮن

سكزلكك شهسكم ككٮس سٮٮن شاق ٮوقم كلقهش لزذرٮاق قاف

لهت ضهط لٮرة ها فذرش شششاش ههشٮج دروس لكلهش شٮٮن

كلٮى ٮٮا سكرزو رشاو لهو شسو واو عذذه فوهو بكرزٮار هطط كفكلك هوربهة

ولا لهولاو لذلا عوركلكلالا لللا لام الف شزردوى كلزراى ٮسلج لٮم عسلى

§ V. *De la valeur des lettres.*

19. Toutes les lettres de l'alphabet ottoman sont essentiellement consonnes ; cependant il y en a quatre qui servent quelquefois de voyelles, savoir : ا , و , ه , et ى.

20. L'*élif*, ا , est sujet à plus d'emplois différents que toute autre lettre de l'alphabet.

21. 1° Comme consonne, il entre dans la composition de beaucoup de mots arabes ; sa valeur alors est celle d'un léger hiatus, ainsi qu'on l'entend dans les mots نَأْبِيـد *té'bid*, نَأْوِيـل *té'vil*, مَأْوَى *mé'va*. Nous l'indiquons par une apostrophe (').

22. 2° Comme simple voyelle, placé au commencement des mots, il peut prendre le son de chacune des voyelles connues, comme on le verra plus loin (n° 109).

23. Mais placé au milieu des mots, il n'a que la valeur de l'*a* bref français, et s'appelle **lettre de direction**, parce qu'alors il sert à diriger la prononciation d'un mot ou d'une syllabe, qui, sans ce secours, pourrait être incertaine. Ex. : باش *bach* (tête), باقمق *bakmak* (regarder) ; ici les *élif* sont courts ; mais, si on ne les écrivait pas, les mots pourraient se lire respectivement : *bech* (cinq), et *bikmak* (se dégoûter).

24. 3° Comme **lettre de prolongation**, il se place au milieu ou à la fin des mots, et alors il a la force d'un *a* circonflexe. Ex. : بَاطِل *bâtil*, مَانْك *mânde*, پا *pâ*, اَفْزَا *efzâ*.

25. Il faut remarquer ici qu'il y a dans la langue ottomane deux sons d'*a* circonflexe ; l'un correspond à la prononciation française, et on peut le nommer l'*a* doux.

26. L'autre est semblable à la prononciation anglaise de l'*a* dans les mots *wall*, *tall*, *call*, et au son donné aux diphthongues *au* et *aw* dans les mots *caught*, *haul*, *paw*. On peut appeler celui-ci l'*a* dur.

27. 4° L'élif est encore voyelle ou consonne, et en même temps lettre de prolongation, c'est-à-dire qu'il tient la place de deux ا, dont l'un est ordinairement radical, et l'autre un ا de prolongation. Cela a lieu seulement au commencement des mots, comme dans اجل *ádjil*, امد *ámed*, افت *áfet*, et se trouve le plus souvent indiqué par un signe orthographique spécial, nommé مَدّ *medd*, dont il est question plus loin (n° **122**).

28. 5° Parfois aussi l'élif remplace le ى à la fin des mots arabes, comme par exemple lorsqu'on écrit اَعْلَا pour اَعْلَى *a'la*, et مُعَلَّا pour مُعَلَّى *mu'alla*, etc.

29. 6° Dans les mots empruntés du persan, l'élif est quelquefois *orthographique*, et alors on le passe sans le prononcer, comme dans les mots خُواجَه *khôdja*, مَرْدُمْخُوَارْ *merdumkhôr*, etc. Il en est de même dans l'article arabe اَلْ, quand il entre dans la composition des phrases arabes dont on se sert dans la langue ottomane. Ex. : بِالْفَـرْضْ *bi-l-farz*, عَلَى آلتَّحْقِيقْ *'ala-t-tahkîk*, etc.

30. Le *bé* ب a la valeur du *b* français. Ex. : بَابَا *bábá*, نَابْ *náb*.

31. Quelquefois cependant, d'après des règles euphoniques, il se prononce comme le *p* français.

32. Le *pé* پ a la valeur du *p* français. Ex. : پِدَرْ *péder*, پَيْغَمْبَرْ *peyghamber*, چِپْ *tchep*.

33. Le *té* ت a la valeur du *t* français, et a toujours un son doux. Ex. : تَازَهْ *tázé*, تَأْوِيلْ *té'vîl*, تُوزْ *toz*.

34. Le *cé* ث, dans l'acception ordinaire, a la valeur du *c, ç* ou *s* français. Ex. : ثَابِتْ *çábit*, ثَوْرْ *cevr*, غَيْثْ *ghays*.

35. Mais rarement on lui donne sa valeur arabe, qui correspond à celle du θ grec.

36. Le *djim* ج n'a pas de valeur correspondante en français; on rend ordinairement cette lettre par la combinaison *dj*. Elle se prononce

comme le *g* anglais ou italien devant un *e* ou un *i*. Ex. : جَام *djâm*, اَجْر *édjr*, تَاج *tâdj*.

37. Quelquefois le ج a, par euphonie, le son du چ.

38. Le *tchim* چ n'a pas non plus de valeur correspondante en français; mais on le représente par la combinaison *tch*. Cette lettre est analogue au *ch* anglais et au *c* italien placés devant un *e* ou un *i*. Ex. : چَارَه *tchâré*, اَغَاچ *aghâtch*, اَچْمَق *atchmak*.

39. Le *ha* ح correspond à l'*h* aspiré français, comme dans حَافِظ *hâfiz*, تَحْوِيل *tahvîl*, رُوح *rouh*.

40. Le ح a toujours un son un peu dur qui le distingue du ه dans la prononciation; mais comme cette distinction n'existe pas en français, il est impossible de l'expliquer clairement; il faut donc avoir recours à la prononciation orale d'un maître pour pouvoir saisir cette différence.

41. Il y a une circonstance où cette lettre, dans la prononciation, se distingue du ه d'une manière très-sensible; c'est quand elle porte elle-même, ou quand elle suit une lettre qui porte le signe orthographique (ˊ) *ustun* (voy. nᵒˢ 101 et 109); alors ce signe a toujours la valeur d'un *a*, tandis que dans le cas du ه il a celui d'un *é*. Ex. : حَجْر *hadjar*, تَحْدِيد *tahdîd*, هَجْر *hedjr*, تَهْدِيد *tehdîd*.

42. Le *kheu* خ n'a pas de son analogue en français; il correspond au *ch* des Allemands, et il faut avoir recours au maître pour le comprendre. On le représente par la combinaison *kh*. Ex. : خَطَر *khatar*, يَخْ *yakh*, پُخْتَه *poukhté*.

43. Dans cette combinaison *kh*, il vaut beaucoup mieux prononcer seulement l'*h* que seulement le *k*, jusqu'à ce qu'on ait appris la véritable prononciation de cette lettre : ainsi le mot خَان, prononcé *hân*, serait plus facilement entendu que si on le prononçait *kan*.

44. Le *dal* د a la valeur du *d* français. Ex. : دَدَه *dédé*, داشْت *dâcht*, اَبَدْ *ébed*.

45. En combinaison avec quelques lettres, il prend euphoniquement le son d'un ت.

46. Le *zel* ذ a la valeur du *z* français. Ex. : ذاتْ *zât*, نَافِذْ *nâfiz*, لَذِيذْ *lézîz*.

47. Le *re* ر équivaut à l'*r* français. Ex. : رَأْز *râz*, اَرْكَك *erkek*, شُمَارْ *chumâr*.

48. Le *zé* ز équivaut au *z* français ; c'est une lettre d'un son doux. Ex. : زَانُو *zânou*, اَزْبَرْ *ezber*, آز *âz*.

49. Le *jé* ژ correspond au *j* français. Ex. : زَنْك *jenk*, ژَاژ *jâj*.

50. Le *sin* س a la force de l'*s*, du double *s*, et du *ç* français ; il a le son doux. Ex. : سَالِمْ *sâlim*, اَسْفَلْ *esfel*, اَسَاسْ *éçâs*.

51. Il faut bien se garder de prononcer cette lettre comme *z* quand elle se trouve entre deux voyelles, ainsi qu'on le fait généralement dans la langue française.

52. Le *chin* ش équivaut au *ch* français. Ex. : شَاْه *châh*, اَشْرَفْ *échref*, پَادَاشْ *pâdâch*.

53. Mais il ne prend jamais le son du *k*, ainsi qu'on le voit dans les mots *archange*, *archiépiscopal*.

54. Le *sad* ص a la valeur de l'*s*, du double *s* et du *ç* français, comme le س ; mais il a le son toujours dur. Ex. : صَادِرْ *sâdir*, اَصْدَقْ *asdak*, شَخْص *chakhs*.

55. La différence entre le son de cette lettre et celui du س est réelle dans la langue ottomane, quoiqu'elle n'existe pas en français ; le س est prononcé plus à l'extrémité de la langue.

56. Il est une circonstance où la différence de valeur de ces deux lettres dans la prononciation est bien marquée, c'est quand elles sont affectées elles-mêmes, ou quand elles suivent une lettre marquée du signe orthographique (′) *ustun* (voy. nᵒˢ 101 et 109). Alors, dans le cas du ص, ce signe (′) a toujours la valeur d'un *a*, tandis que, dans celui du س, il a celle d'un *é*. Ex. : صَفَر *safer*, سَفَر *séfer*, صَيْد *sayd*, سَيِّد *seyyid*.

57. Le *dad* ض a deux valeurs, savoir : 1ᵒ celle du *z* français, mais très-dur, qui est la plus commune. Ex. : ضَرَر *zarar*, فَاضِل *fâzil*, نَبْض *nabz*.

58. Et 2ᵒ celle du *d* français. Ex. : ضَرْب *darb*, أَفْضَل *efdal*. L'usage seul peut indiquer cette différence de prononciation.

59. Quand cette lettre ض a la valeur d'un *z*, il n'y a point de distinction dans la prononciation entre elle et le ظ ; mais ces deux lettres diffèrent du ز de la même manière que le ح diffère du ه et le ص du س (nᵒˢ 41, 56).

60. Le *teu* ط a deux sons : 1ᵒ celui du *t* français, mais très-dur. Ex. : طَالِع *tâli'*, سُلْطَان *sultân*, ضَبْط *zabt* ; et 2ᵒ dans quelques mots d'origine turque, celui du *d* français. Ex. : طَاغ *dâgh*, طَوَار *dawar*, طُولُو *dolou*.

61. Quand cette lettre a la valeur d'un *t*, sa prononciation diffère de celle du ت, de la même manière que celle du ح diffère de celle du ه (nᵒ 41).

62. Le *zeu* ظ est un *z* dur. Ex. : ظَلِيل *zalil*, مَظْلُوم *mazloum*.

63. Le *'aïn* ع est une lettre qui n'a point de correspondante dans la langue française. Il est consonne, et peut être figuré comme un hiatus assez sensible ; sous ce rapport, il a de l'affinité avec l'*élif* (nᵒ 21) ; mais il ne sert jamais de voyelle. On ne peut apprendre à prononcer exactement cette lettre que de la bouche du maître, et par l'usage.

64. De même que l'*élif* consonne, le ع est représenté dans cette

grammaire par une apostrophe (´), suivie ou précédée, selon l'occasion, d'une voyelle. Ex. : غَارِفْ *'árif,* مُعْتَدِلْ *mu'tédil,* طَالِعْ *táli'*.

65. Le *ghaïn* غ équivaut au *g* français placé devant *a, o,* ou *u,* et au *gu* devant *e* ou *i.* Ex. : غَدْرْ *gadr,* مُغِيلَانْ *muguîlán,* طَاغْ *dágh.*

66. Cependant, il faut remarquer que le son de cette lettre est beaucoup adouci au milieu et à la fin des mots; quelquefois même il est presque entièrement annulé, comme dans les mots أَغَا *aga* et أَغْلَامَقْ *aghlamak,* qui se prononcent presque comme si, au lieu du غ, il y avait un autre *élif* dur et long, ainsi *aâa* et *aâlamak.* On pourrait établir, sous ce rapport, une parfaite similitude entre cette lettre et le *gh* anglais dans les mots *caught, thought, plough.* Au reste, la voix d'un maître est plus efficace que toutes nos démonstrations, pour faire connaître la véritable valeur de cette lettre.

67. Le *fé* ف répond à l'*f* et au *ph* français. Ex. : فَرْطْ *fart,* تَفْرِيطْ *téfrît,* بَاقْ *báf.*

68. Le *kaf* ق équivaut au *k,* au *q* et au *c* français, placé devant *a, o,* ou *u.* Ex. : قَبْرْ *kabr,* أَقْوَالْ *akvál,* بَرْقْ *berk.*

69. La prononciation de cette lettre diffère de celle du ك dans la première valeur de ce dernier, de la même façon que le ح diffère du ه, le ص du س, et le ط du ت (n°s 41, 56, 61).

70. Le *kef* ك a trois valeurs, et reçoit un nom particulier pour chacune d'elles.

71. 1° Quand il représente le *k* français adouci, il se nomme كَافِ عَرَبِى *kiáf-i-'arébi* (*kiaf* arabe), comme dans les mots كَاذِبْ *kiázib,* أَكْثَرْ *ekser,* إِيتْمَكْ *itmek.*

72. 2° Quand il représente le *g* dur ou le *gu* français, il s'appelle كَافِ فَارِسِى *kiáf-i-fárici* (*kiaf* persan), comme dans les mots كَهْ *guiáh,* سَكْبَانْ *segbán,* نَكْ *nenq.*

73. Dans sa seconde valeur, le ك est quelquefois tellement adouci dans la prononciation, qu'il se rapproche du ى consonne; comme dans les mots بَك *bey*, دَكْمَك *deymek*, دِكِل *diyil*, دِكِشْمَك *diyichmek*.

74. Dans chacune de ces deux premières valeurs, s'il est suivi d'un ا ou d'un و de prolongation, le ك se prononce comme s'il était suivi d'un *i* très-bref; ainsi كَاذِب se prononce *kiâzib*, et non pas *kâzib*; كُوُرْمَك se prononce *guieurmek*, et non pas *gueurmek*.

75. 3° Enfin, quand il a le son nasal de l'*n* français, mais tellement adouci, qu'il se prononce le plus souvent sans être nasillé, et comme simple *n*; alors on le nomme صَاغِرْ كَاف *sâghir kiâf* (*kiaf* sourd), et même صَاغِرْ نُون *sâghir noûn* (*noun* sourd), comme dans les mots اِكْلَمَك *inlémek*, دَكِزْ *déniz*, دِكْلُو *dinlu*.

76. Dans cette troisième valeur, le ك est quelquefois adouci jusqu'à se perdre dans la prononciation; ainsi le mot صُكْرَه se prononce presque *sôra*.

77. Quoiqu'on ait voulu en Europe créer une distinction orthographique pour marquer ces trois usages du ك, l'orthographe ottomane n'en connaît aucune, et c'est à l'usage et au dictionnaire seuls à l'enseigner et à la faire connaître; il en est de même de l'*h* aspiré ou non aspiré dans la langue française.

78. Le *lam* ل équivaut à l'*l* français. Ex. : لُزُوم *luzoum*, اَلْكَن *elken*, اَطْوَل *atvel*.

79. Le *mim* م a la valeur de l'*m* français, excepté toutefois qu'il n'a jamais un son nasal. Ex. : مِلْك *milk*, دَمَوِى *démévi*, اَلْزَم *elzem*.

80. Le *noun* ن également équivaut à l'*n* français, mais, de même que le *mim*, il ne doit jamais être nasal. Ex. : نَاظِر *nâzir*, مِنْوَال *minval*, نَايْزِن *nâyzen*.

81. Le *vav* و , ainsi que l'*élif*, sert quelquefois de consonne, et quelquefois de voyelle.

82. Comme consonne, il a tantôt le son du *v* français; comme dans وِيَرْمَك *virmek*, أَوْلَى *evla*, رَهْرَوْ *rehrev*.

83. Tantôt, mais rarement, il a celui de l'*ou* initial, et alors il correspond à peu près au *w* anglais, comme dans وَادِى *ouâdi*, وَٱللّٰهِ *ou-allâhi*, كُوتُوَالْ *guiotouâl*.

84. Comme voyelle, il est ou *lettre de direction* (c'est-à-dire, qu'il sert simplement à diriger la prononciation), ou *lettre de prononciation*; il a alors quatre valeurs diverses, savoir, celles de l'*o*, de l'*u*, de l'*ou*, et de l'*eu*, brefs pour les lettres de direction, longs pour les lettres de prolongation. Ex. : قُوپَارْمَقْ *koparmak*, طُوتْمَقْ *toutmak*, دُوزْكُون *duzguiun*, أُوفُورْمَك *eufeurmek* ; نُوزْ *tôze*, طُوزْ *toûz*, etc.

85. Dans quelques mots d'origine persane, le و est *orthographique*, et alors on l'omet entièrement dans la prononciation. Ex. : خَوَاهْ *khâh*, خَوَاسْت *khâst*.

86. Le و conjonction se lie quelquefois, dans la prononciation, au mot qui le précède, et prend le son de l'*u* ou de l'*ou* français. Ex. : دَوْلَتْ وَاقْبَالْ *devlet-u-ikbal*, حَضَرْ وَ سَفَرْ *hazar-ou-séfer*.

87. Quand cette lettre و suit l' ا comme lettre de direction, c'est à tort que les grammairiens ont appelé cette combinaison une diphthongue. Ex. : أُوزُومْ *uzum*, أُورْمَقْ *ourmak*, أُولْمَقْ *olmak*, أُولْمَك *eulmek*.

88. Le *hé* ه est quelquefois consonne, et quelquefois voyelle.

89. Dans le premier cas, le ه correspond à l'*h aspiré* français, mais il a toujours le son doux. Ex. : هِجْرَان *hidjrân*, رَاهْ *râh*, مَهْرُو *mehroû*.

90. A la fin des mots, il est le plus souvent, mais non pas toujours,

voyelle ; il représente alors un *a* bref ou un *e* fermé, selon que la lettre qui le précède est dure ou douce [1]. Ex. : بَصْرَه *basra*, تَنْجَرَه *tendjéré*.

91. Si le mot à la fin duquel il se trouve comme voyelle est d'origine persane ou turque, le ه n'est alors que simple *lettre de direction* (c'est-à-dire, ne sert que de guide dans la prononciation), et s'élide dans quelques cas. Ex. : خُواجَه fait au pluriel خُواجْكَانْ ; سُوَيْلَه racine impératif, fait à l'infinitif سُوَيْلَمَكْ.

92. Si le mot est d'origine arabe, le ه final remplace un ة signe du féminin, et ne s'élide que pour reprendre sa valeur primitive.

93. Il s'emploie aussi, mais assez rarement, comme voyelle ou lettre de direction, avec le son d'un *e* fermé, au milieu des mots. Ex. : دِتْرَهمَكْ *ditrémek*, كَلَهرَكْ *guélérek*. Mais ceci provient plutôt de ce que l'orthographe ottomane n'est pas bien fixée, ni ses principes bien entendus.

94. Le *yé* ى est quelquefois consonne et quelquefois voyelle.

95. Comme consonne, il agit à peu près de la même manière que l' *i* tréma en français, mais nous l'avons indiqué par l'*y*, afin de distinguer la voyelle أَسَرَه du ى proprement dit. Ex. : يَبْرَاقْ *yaprak*, مَيْمَنَتْ *meyménet*.

96. Le ى voyelle, c'est-à-dire lettre de direction ou de prolongation, a le son de l'*i* français, bref pour le premier, circonflexe pour le second.

---

[1] Je dois faire remarquer ici que l'usage qu'on a de représenter cette lettre de direction par un *h* est très-vicieux ; car non-seulement il est erroné, mais il ne laisse aucun moyen de distinguer le ه voyelle du ه consonne. Ainsi le mot بَنْدَه doit s'écrire en nos caractères *bendé*, et non pas *bendeh*, parce que le ه final est voyelle ; mais le mot چَاه s'écrit correctement *tchâh*, parce qu'ici le ه final est consonne, et aspiré.

Ex : رُشْدِى اِيْتْمَكْ *itmek*, يُورِيمَكْ *yurimek*, تِيمُورْ *tîmoûr*, اَمِيرْ *émîr*, *ruchdi*.

97. Excepté à la fin de quelques mots arabes, où il se prononce comme *a*, et s'appelle يَاءِمَقْصُورَه *yâ-i-maksoûra* (ى bref). Ex. : بُشْرَى *buchra*, طُوبَى *touba*, اَوْلَى *evla*.

98. C'est aussi à tort que la combinaison de cette lettre suivant l' ا, comme lettre de direction, a été appelée une diphthongue par les grammairiens. Ex. : اِيْتْمَكْ *itmek*, اِيرَمَكْ *irmek*, اِين *în*.

═══════════════

CHAPITRE DEUXIÈME.

DES SIGNES ORTHOGRAPHIQUES.

99. Outre les lettres (qui, ainsi qu'on l'a vu, ne sont toutes en réalité que des consonnes), on se sert, dans quelques espèces d'écriture, et surtout dans les manuscrits dont on fait usage dans les colléges, de plusieurs signes orthographiques, qui ont chacun un nom, une forme, et un emploi particuliers et distincts.

100. Ces signes sont au nombre de douze, savoir : اُسْتُونْ *ustun*, أَسَرَه *écéré*, اُوتُورِى *eûteuri* ; اِيكِى اُسْتُونْ *iki-ustun*, اِيكِى اَسَرَه *iki-écéré*, اِيكِى اُوتُورِى *iki-eûteuri* ; جَزْمْ *djezm*, تَشْدِيدْ *techdîd*, مَدّْ *medd*, هَمْزَه *hemzé*, اُوزُونْ اَلِفْ *ouzoun-élif*, et وَصْلْ *vasl*.

101. Le signe اُسْتُونْ *ustun* (dessus), qui s'appelle aussi فَتْحَه *fet-hé*, (ouverture), a la forme d'un petit trait, tiré diagonalement de droite à gauche en descendant, et placé au-dessus d'une lettre quelconque, de cette façon (´); il sert à indiquer (à l'aide quelquefois d'une voyelle de direction) que la lettre au-dessus de laquelle il est placé doit, dans sa

3

prononciation, être suivie d'une des voyelles *a* bref, ou *é* fermé, selon que la lettre sur laquelle il est mis, ou la lettre suivante, appartient à la classe des lettres dures ou douces. Ex. : أ *a* ou *é*; بَ *ba*, *bé*; تَ *ta*, *té*; جَ *dja*, *djé*, etc.

102. Le signe أَسْرَه *écéré*, qui s'appelle aussi كَسْرَه *kesré* (fracture), a la même forme que l' أَسْتُون, mais il se place au-dessous des lettres; il indique (aidé parfois d'une voyelle de direction) que la lettre au-dessous de laquelle il est placé doit être prononcée suivie de la voyelle *i*. Ex. : اِ *i*, بِ *bi*, تِ *ti*.

103. Il représente aussi une autre voyelle, qui n'existe pas dans la langue française, et qu'on ne peut apprendre que de la bouche du maître; il se rapproche de l'*i*, car c'est le son donné par la prononciation anglaise à l'*i* dans les mots *will*, *mill*, *till*, etc., qui est bien différent du son de l'*i* en français. La voyelle russe Ы le représente aussi très-exactement. On pourrait nommer celui-ci l'*i* dur, et l'autre, c'est-à-dire l'*i* français, l'*i* doux.

104. Le signe أُتُورى *eûteuri*, qui se nomme aussi ضَمَّه *damma*, a la forme d'un petit و, et se met au-dessus d'une lettre quelconque, pour marquer (à l'aide quelquefois d'une voyelle de direction) qu'elle doit se prononcer avec une des voyelles ou diphthongues *o*, *u*, *eu*, *ou*, à sa suite. Ex. : أُ *o*, *u*, *eu*, *ou*; بُ *bo*, *bu*, *beu*, *bou*, etc.

105. Il n'y a que la pratique qui puisse enseigner à faire le choix entre ces différentes manières de lire le même signe orthographique.

106. Les trois signes précédents représentent les voyelles de notre orthographe, et peuvent se mettre sur toutes les lettres consonnes qui composent le mot.

107. Ils appartiennent d'origine à l'orthographe arabe, et on n'a pas songé à remplir la lacune qui existe entre le nombre de ces signes et les neuf sons ou voyelles qui, d'après ce qu'on a vu plus haut, se trouvent dans la langue ottomane, et qui sont *a* dur, *a* doux, *é*, *i* dur, *i* doux, *o*, *u*, *eu* et *ou*.

108. Ces signes ne se placent jamais sur les lettres voyelles de direction ou de prolongation.

109. *Tableau de la combinaison des lettres avec les trois signes*
précédents.

ٱ a, é	إ i	ٱ o, u, eu, ou
بَ ba, bé	بِ bi	بُ bo, bu, beu, bou
پَ pa, pé	پِ pi	پُ po, pu, peu, pou
تَ ta, té	تِ ti	تُ to, tu, teu, tou
ثَ ça, cé	ثِ ci	ثُ ço çu, ceu, çou
جَ dja, djé	جِ dji	جُ djo, dju, djeu, djou
حَ ha	حِ hi	حُ ho, hu, heu, hou
خَ kha	خِ khi	خُ kho, khu, kheu, khou
دَ da, dé	دِ di	دُ do, du, deu, dou
ذَ za, zé	ذِ zi	ذُ zo, zu, zeu, zou
رَ ra, ré	رِ ri	رُ ro, ru, reu, rou
زَ za, zé	زِ zi	زُ zo, zu, zeu, zou
ژَ ja, jé	ژِ ji	ژُ jo, ju, jeu, jou
سَ sa, sé	سِ si	سُ so, su, seu, sou
شَ cha, ché	شِ chi	شُ cho, chu, cheu, chou
صَ sa	صِ si	صُ so, su, seu, sou
ضَ da, za	ضِ di, zi	ضُ do, zo ; du, zu ; deu, zeu ; dou, zou
طَ ta, da	طِ ti, di	طُ to, do ; tu, du ; teu, deu ; tou, dou
ظَ za	ظِ zi	ظُ zo, zu, zeu, zou

غ	'a, 'é	غ	'i	غ	'o, 'u, 'eu, 'ou
غ	gha	غ	ghi	غ	gho, ghu, gheu, ghou
ف	fa, fé	ف	fi	ف	fo, fu, feu, fou
ق	ka	ق	ki	ق	ko, ku, keu, kou
ك	kia, ké	ك	ki	ك	kio, ku, kieu, kiou
ل	la, lé	ل	li	ل	lo, lu, leu, lou
م	ma, mé	م	mi	م	mo, mu, meu, mou
ن	na, né	ن	ni	ن	no, nu, neu, nou
و	va, vé	و	vi	و	vo, vu, veu, vou
ه	ha, hé	ه	hi	ه	ho, hu, heu, hou
ی	ya, yé	ی	yi	ی	yo, yu, yeu, you

110. Le signe ایکی اُسْتُون *iki–ustun* (deux *ustun*), comme son nom l'indique, a la forme de l' اُسْتُون redoublé. La lettre au-dessus de laquelle il est placé se prononce suivie de la syllabe *an* ou *en*, selon que cette lettre est dure ou douce. Ex. : ا *an*, ب *ban*, ت *ten*.

111. Ce signe, dans l'écriture ottomane, est presque toujours accompagné d'un ا ainsi tracé اً ; il s'écarte de la règle générale usitée à l'égard des autres voyelles, qui ordinairement ne sont indiquées ni dans l'écriture ni dans les livres imprimés, tandis qu'au contraire celui-ci est toujours écrit quand il doit être prononcé.

112. Cependant, quand la dernière lettre du mot est un ت de la forme ronde (ه), cela indique que cette lettre doit être prononcée comme si elle était surmontée de l'*iki-ustun* (ou, quelquefois dans les formules arabes, de l'*iki-écéré*), sans que ces signes soient écrits.

113. Le signe ایکی اَسَرَه *iki-écéré* (deux *écéré*) a la forme de l' اَسَرَه

redoublé, et indique que la lettre au-dessous de laquelle il est placé doit se prononcer suivie de la syllabe *in*. Ex. : ‏ا‏ *in*, ‏ب‏ *bin*, ‏ت‏ *tin*.

114. Le signe ‏إيكي أُوتُوري‏ *iki-euteuri* (deux *euteuri*) a la forme d'un ‏أُوتُوري‏ droit (ʾ) avec un autre renversé (ʿ) à sa gauche, à peu près comme nos astronomes représentent le signe du cancer (ʿʾ). Il indique que la lettre au-dessus de laquelle il est placé doit se prononcer suivie de la syllabe *un* ou *oun*. Ex. ‏ا‏ *un, oun* ; ‏ب‏ *bun, boun* ; ‏ت‏ *tun, toun*.

115. Ces trois derniers signes appartiennent tout à fait à l'orthographe arabe, et c'est seulement parce qu'on a l'usage d'introduire des locutions arabes dans les compositions ottomanes de style relevé, que nous avons jugé nécessaire d'en faire mention dans cet ouvrage.

116. Ces trois signes ne se mettent que sur la dernière lettre des mots.

117. Le signe ‏جَزْم‏ *djezm* (coupure), qui est de la forme d'un petit cercle, ou d'un petit croissant, peut se mettre sur toutes les consonnes, excepté sur la première lettre d'un mot. Il indique que la consonne au-dessus de laquelle il est placé ne doit être suivie d'aucune voyelle dans la prononciation.

118. Par conséquent, la consonne marquée de ce signe ne peut jamais se trouver au commencement d'une syllabe [1].

119. La lettre accentuée du signe *djezm* s'appelle ‏سَاكِن‏ *sâkin*

[1] Les combinaisons de deux consonnes, telles que *bl*, *br*, etc., sans une voyelle entre elles, et placées au commencement d'un mot ou d'une syllabe, sont inconnues à l'orthographe ottomane ; et lorsque les Osmanlis prononcent des mots étrangers où ces combinaisons se rencontrent, ils ont l'habitude d'intercaler une voyelle entre les deux lettres ou de les faire précéder d'un ‏ا‏ voyelle. Ainsi, de *flamand* ils ont fait *filémenk*, etc.; et de *brick* ils ont fait *ibrik*, etc.

(quiescent), et celles qui sont affectées de l'un des six signes précédents sont appelées مُتَحَرِّك *mutaharrik* (mouvant).

120. Le signe تَشْدِيد *techdîd* (renforcement) est placé sur une consonne quelconque, pour indiquer qu'elle doit être redoublée, c'est-à-dire qu'on doit appuyer sur cette lettre plus longtemps que sur les autres, et presque comme si on la prononçait deux fois de suite. Ceci a lieu, parce que, à la vérité, la lettre consonne sur laquelle ce signe est placé en représente deux qui se sont rencontrées de suite, et dont l'une seulement s'écrit, l'autre étant simulée par le signe. Ex. : شَدَّتْ *chiddet*, pour شَدَدْتْ ; شَوَّالْ *chevval*, pour شُوْوَالْ ; مُصِرّ *mouzirr*, pour مُصْوِرْ ; رَبُّ الْعَالَمِينْ *rabbu-l-'âlémin*, pour رَبّ الْعَالَمِينْ.

120 a. Quand le تَشْدِيد se trouve placé sur un و ou ى à la fin d'un mot, cette lettre ne représente plus alors deux consonnes réunies en une seule, mais bien une voyelle de prolongation suivie d'une consonne. Ex. : عُلُوّ *'uluvv* représente عُلُوْو *'ulúv*, et عَلِيّ *'aliyy* remplace عَلِيْى *alíy*.

121. Dans des phraséologies arabes, quand un mot précédé de l'article ال commence par une des lettres ت, ث, د, ذ, ر, ز, س, ش, ص, ض, ط, ظ, ل, ou ن, le *techdid* se place sur cette lettre, pour lui faire tenir lieu du ل de l'article, qui se perd dans la prononciation. Ex. : هَارُونْ آلرَّشِيدْ *hároûnu-r-réchîd*, اَلْيَوْمُ التَّاسِعْ *el-yevmu-t-tâci*, غُرُوبُ الشَّمْسْ *ghouroûbou-ch-chems* [1].

122. Le signe مَدّ *medd* (prolongement) a la forme d'un gros trait

---

[1] Il faut que l'étudiant fasse bien attention à la prononciation des lettres redoublées ; car les prononcer comme lettres simples est un barbarisme qu'on peut appeler *arménianisme*.

horizontal, avec le bout droit tourné un peu en haut, et le bout gauche un peu en bas, de cette manière (ˉ). Il ne se met d'ordinaire que sur l'*élif*, et alors il indique que le son de cet *élif*, dur ou doux, doit être prolongé dans la prononciation, ainsi que cela a lieu pour l'accent circonflexe dans l'orthographe française. Mais l'analyse des deux signes est bien différente; car l'accent circonflexe français remplace un *s* supprimé, tandis que le *medd* représente un second *élif*. Ainsi dans les mots آجِــلْ *ádjil*, آمَدْ *âmed*, آفَرِینْ *áférîn*, l'*élif* surmonté du *medd* équivaut à deux *élif*, et on trouvera dans quelques dictionnaires ces mots écrits اَافَرِینْ et اَامَدْ, اَاجِلْ.

123. Il y a quelques mots au milieu desquels l'*élif* de prolongation est tout à fait supprimé; le *medd* est alors placé au-dessus de la lettre précédente, pour suppléer à cette élision; comme dans le mot اَلٰهی *iláhí*, qui est pour اِلَاهی.

124. Dans le mot رَحْمٰنْ *rahmân*, l'*élif*, et le *medd* qui aurait pu en indiquer la suppression d'après l'exemple précédent, ne sont écrits ni l'un ni l'autre, par la raison que c'est un mot d'un usage journalier.

125. Le signe هَمْزَه *hemzé*, ou هَمْزَالِفْ *hemzélif*, a la forme d'une petite tête de la lettre ع (ˋ); il s'appelle même عَیْنِ بُتْرَا *'aïn-i-butrá* (l' ع avec la queue coupée). Ce signe est employé de quatre manières différentes, savoir:

126. 1° Il se met au-dessus des *élif* pour indiquer quand ce sont des consonnes. Ex.: تَأْبِیدْ *té'bíd*, تَأْوِیلْ *té'víl*, تَأْثِیرْ *té'cír*.

127. 2° Il se met sur des و et des ی pour montrer que ce sont des remplaçants des ا consonnes, qui ont subi ce changement par suite des règles de la langue arabe. Ex.: مُوَخَّرْ *mou'akhkhar*, مُوَبَّدْ *mu'ebbed*, سَائِلْ *sá'il*, اِنْثَارْ *i'çár*.

128. Quand le همزة se place sur un ى, les deux points de ce dernier sont généralement supprimés dans l'écriture.

129. 3° Il se met quelquefois à la fin des mots, sans aucune lettre pour le supporter, pour tenir lieu d'un ا, d'un و, ou d'un ى consonne, qui est supprimé d'après les règles arabes. Ex. : بَرْء *ber'*; جُزْء *djuz'*, إعْطَاء *i'tâ*, إجْرَاء *idjrâ*.

130. 4° Il se met à la suite des و et des ى voyelles, et après des ا, qui se trouvent à la fin des mots, pour y faire ajouter, dans la prononciation, comme une syllabe de plus, un *i* tréma; comme dans les premiers mots des phrases زِيَانْكَارِئ رُسْوَايِى مَحْمِيَّهٔ إِسْتَانْبُوْلْ *mahmiyyé-i-istánbôl* *ziyánkiâri-i-rusvâyi*, أَدَاء دَيْنْ *édâ-i-deyn*.

131. Il s'écrit quelquefois aussi, mais c'est une faute, au lieu du يِى préposition (n° 570), à la fin des mots terminés par une voyelle.

132. Le signe أُوزُونْ أَلِفْ *oûzoun-élif* (*élif* long), qui est de la forme d'un petit *élif*, se met sur le ى final qui doit être prononcé comme un ا, c'est-à-dire comme *a* bref. Ex. : بُشْرَىٰ *buchra*, طُوبَىٰ *touba* (n° 97).

133. Le signe وَصْل *vasl* (jonction) est de la forme de la lettre ص sans le trait final (ـٓ); il se met au-dessus de la lettre ل de l'article arabe أَلْ, pour indiquer que, par suite des règles de la langue arabe, elle se perd dans la prononciation, et se remplace par le redoublement de la lettre qui suit, et qui prend alors le signe تَشْدِيدٌ. Ex. : عَلَى التَّحْقِيق *'ala-t-tahkîk* (n° 121).

CHAPITRE TROISIÈME.

DES SYLLABES.

134. Une *syllabe* est composée d'une ou de plusieurs lettres, affectées d'un ou de plusieurs des signes orthographiques, écrits ou supprimés.

135. Dans l'un et l'autre cas, la syllabe est longue ou brève, quant à sa voyelle, dans la prononciation (et sans avoir égard à la valeur prosodique); circonstance à laquelle il faut faire la plus grande attention, car autrement on risque de tomber continuellement dans des *arménianismes*.

136. La syllabe *unilitère* se compose toujours d'une consonne mouvante, suivie d'un simple *son voyelle* [1]; ex. : ـَب *ba, bé*; ـِب *bi*; ـُب *bo, bu, beu, bou*; د *da, dé*; د *di*; د *do, du, deu, dou*, etc.; ou enfin, d'un ا simple voyelle, ou surmonté du signe مَدّ; ex. : اَ *a, e*; اِ *i*; اُ *o, u, eu, ou*; آ *á.*

137. Parmi les syllabes unilitères, il n'y a que celle qui consiste en un ا surmonté du signe مَدّ qui soit longue; toutes les autres sont brèves dans la prononciation.

138. La syllabe *bilitère* est composée : 1° d'une consonne quiescente précédée d'un ا; 2° d'une consonne mouvante suivie d'une voyelle de direction ou de prolongation; et 3° de deux consonnes de suite, dont la première est mouvante et la seconde quiescente. Ex. : آبْ *áb*; اَبْ *ab,*

---

[1] Comme, en général, il n'y a point de voyelles proprement dites dans l'orthographe ottomane, nous avons jugé convenable de nous servir du terme *son voyelle*, pour indiquer les sons représentés par les trois signes *ustun, écéré* et *eûteuri*, et de réserver le titre de *voyelle* aux lettres de direction ou de prolongation ا, و, ه, ی.

eb; اِبْ *ib*, أُبْ *ub, oub*; بَا *bâ*, بِى *bî*, بُو *bou*; لَبْ *leb*, لِبْ *lib*, لُبْ *lub*; etc.

139. Quand la seconde lettre d'une syllabe est consonne, elle est quelquefois redoublée et marquée du تَشْدِيدْ. Ex. : عَدّ *'add*, وِدّ *vidd*, أُشّ *uss*.

140. Parmi les syllabes bilitères, il n'y a que celles qui commencent par un ا surmonté du signe مَدّ, et celles qui sont composées d'une consonne suivie d'une voyelle de prolongation, qui soient longues dans la prononciation.

141. La syllabe *trilitère* est composée : 1° de deux consonnes, dont la première est mouvante et la seconde quiescente, avec une voyelle placée entre elles. Ex. : بَابْ *bâb*, زِيرْ *zîr*, رُوبْ *roûb*.

142. La dernière lettre est alors quelquefois redoublée. Ex. : حَاجّ *hâdjdj*, دَالّ *dâll*, مَارّ *marr*.

143. Les syllabes de cette classe qui appartiennent à des mots d'origine arabe ou persane sont toutes longues ; mais celles des mots d'origine turque ne le sont pas généralement, car quelquefois la voyelle qui est au milieu n'est que voyelle de direction.

144. 2° De deux consonnes quiescentes précédées d'un ا. Ex. : اَلْبْ *elb*, اَلْتْ *alt*, اَبْطْ *ebt*. Les syllabes de cette classe sont toutes brèves.

145. 3° D'une consonne précédée d'une des combinaisons qu'on a nommées diphthongues اَوْ ou اَى. Ex. : اَوْلْ *ol, eul*; اِيشْ *ich*. Celles-ci sont aussi toutes brèves, car le و ou le ى qu'elles contiennent ne sont que lettres de direction.

146. 4° De trois consonnes de suite, dont la première seule est mouvante. Ex. : رَبْطْ *rapt* (pour *rabt*, n° 31), دَسْتْ *dest*, قَصْدْ *kast* (pour *kasd*, n° 45). Elles sont toutes brèves.

147. 5° Enfin, d'une consonne suivie d'une des deux combinaisons appelées diphthongues اَىْ et وَىْ. Ex. : پاَىْ *pây*, بُوْىْ *bôy*. Elles sont toutes longues.

148. Dans les syllabes de quatre lettres, il y a au moins une voyelle ; quelquefois il y en a deux, dont la première est un و orthographique (n° 85). Ex. : رَاسْتْ *râst*, بِيسْتْ *bîst*, دُوسْتْ *dôst*, خَوان *khân*, خَواهٔ *khâh*, خويش *khîch*. Ces syllabes sont toutes longues.

149. Il y a aussi quelques syllabes de cinq lettres, dont la seconde est un و orthographique (n° 85), et la troisième un ا. Ex. : خَواسْتْ *khâst*. Elles sont toutes longues.

150. Il n'y a pas de syllabe de plus de cinq lettres dans la langue ottomane.

151. Chaque consonne conserve sa propre valeur dans les syllabes, c'est-à-dire que les combinaisons de plusieurs lettres consonnes pour représenter une seule valeur ne sont point connues dans l'orthographe ottomane.

152. Quant aux combinaisons أُو et اِى, où le و et le ى sont lettres de direction, nous en avons déjà parlé ailleurs (n°ˢ 87, 98) ; celles de أَىْ et وُىْ sont peut-être de véritables diphthongues, mais il paraît qu'à la fin des mots, le ى de ces combinaisons est censé être une consonne quiescente, ou qui a un son voyelle particulier et distinct. Ex. : پاَىْ *pây*, بُوىِ أُمِيدْ *boüyi umîd*.

153. Les lettres dont une syllabe se compose s'écrivent liées ensemble ou non, d'après la nature de ces lettres (n° 15), ainsi qu'on l'a vu dans les exemples précédents.

CHAPITRE QUATRIÈME.

DES MOTS.

154. Il y a des mots d'une et de plusieurs syllabes. Ex. : آبْ *áb*
(l'eau), طُوزْ *touz* (le sel), دُوسْتْ *dôst* (ami), رَصَدْ *raçad* (observation
astronomique), قَاصِدْ *kácid* (intentionné), خَوَاسْتْكَارْ *khástkiár* (dési-
reux), كَتَبَه *kétébé* (des écrivains), لَازِمَه *lázimé* (chose nécessaire),
حَوَالَه *haválé* (référence), خَوَاسْتْكَارِى *khástkiári* (désir); مُتَبَسِّمْ
mutébessim (souriant), آفِتَابَه *áfitábé* (la rose d'un arrosoir), رُوزْنَامَجَهجِى
roúznámtchédji (teneur du grand livre des comptes), خُدَاوَنْدِكَارْ
khudávendiguiár (souverain), مُتَوَسْوِسَانَه *mutévesviçâné* (d'une manière
craintive).

155. Dans les mots composés de plusieurs syllabes, celles-ci s'écrivent
de suite, liées entre elles ou non, selon la nature des lettres (n° 5) qui
les composent. Ex. : بَدَلْ *bédel*, مَقْصَدْ *maksad*, بَرِيدْ *bérid*, دِلْخَواهْ
dilkháh, وَدَاعْ *védá'*.

156. Excepté dans les mots d'origine arabe; car ici, quand, de deux
syllabes consécutives, la dernière lettre de la première, et la première
lettre de la seconde, sont les mêmes, alors, au lieu de les écrire toutes
les deux, on n'en écrit qu'une, et on met le signe *techdíd* (n° 120)
au-dessus de celle-ci pour représenter l'autre qui est supprimée. Ex. :
غَدَّارْ *ghaddár* (pour سِكِّينْ), سِكِّينْ *sikkín* (pour غَدْدَارْ),
رَبَّانِى *rabbáni* (pour رَبْبَانِى).

157. Mais dans les mots d'une autre origine que l'arabe les deux lettres s'écrivent. Ex. : دِلْلَرْ *diller*, اَنَّكْ *emmek*.

CHAPITRE CINQUIÈME.

DE L'EUPHONIE.

158. Il y a dans les mots ottomans d'origine turque, et même dans ceux dérivés de l'arabe et du persan, une qualité très-remarquable; qualité qui n'existe que dans bien peu de langues connues, si toutefois elle se rencontre dans toute autre que la langue ottomane; c'est l'euphonie absolue à laquelle on est forcé de subordonner la prononciation, et même, autant que possible, l'orthographe.

159. D'après les règles de l'euphonie, il y a deux classes de lettres consonnes et de sons voyelles, les *durs* et les *doux*.

160. Comme l'alphabet dont se servent les Ottomans est d'origine étrangère, la classification euphonique des lettres consonnes n'est pas aussi bien marquée que celle des sons voyelles, quoiqu'elle ne soit cependant pas tout à fait dénuée de règles déterminées.

161. Parmi les lettres consonnes, ق et غ , ع , ظ , ط , ض , ص , خ , ج sont durs; ت , ز , س , ل et ه sont doux; les autres, c'est-à-dire ى et و , ن , م , ل , ف , ش , ر , ذ , د , ج , ث , پ , ب , ا participent aux qualités des deux classes, et on pourrait les appeler *neutres*.

162. Parmi les sons voyelles, il y en a quatre durs et cinq doux. Les sons durs sont ceux de l'*a* anglais, l'*i* anglais, l'*o* et l'*ou*. Les doux sont ceux de l'*a* français, l'*é*, l'*i* français, l'*u* et l'*eu*.

163. Un son voyelle de l'une de ces deux classes ne peut, en général, se rencontrer dans le même mot avec un son voyelle de l'autre classe.

164. Toutefois, lorsque dans les mots d'origine arabe ou persane (dont l'orthographe est déjà fixée d'après les règles de ces langues) plusieurs lettres douces ou neutres se rencontrent de suite, précédées ou suivies d'une lettre dure, comme dans مُظَفَّر *mouzaffer*, où la dernière syllabe seule est douce, ou dans مُرَجَّح *muredjdjah*, où la dernière syllabe seule est dure, on dévie alors de la règle générale en faveur des syllabes susceptibles d'être adoucies. La cause de cette exception a lieu d'après le génie de la langue ottomane, qui exige qu'on s'efforce toujours de rendre aussi douce que possible la prononciation des mots d'origine étrangère.

165. Il y a dans chaque mot un son voyelle principal, ou une lettre consonne qui donne le ton euphonique; les autres sons voyelles du mot, et, autant que possible, les autres lettres consonnes, doivent se conformer à celui-ci. Par exemple, dans le mot كُومُر *kieûmeur* (charbon), la lettre ك, qui est douce, décide du caractère du mot, et les deux sons voyelles *eu* y sont employés de préférence à celui d'*ou*, en raison de la nature de cette lettre dominante. Dans le dérivé de ce mot كُومُرجِــى *kieûmeurdji* (charbonnier), la dernière syllabe se prononce avec le son de l'*i* doux, et son dérivé secondaire كُومُرجِيلِك *kieûmeurdjilik* (état de charbonnier) s'écrit avec un ك, et non pas avec un ق, par suite de l'exigence de ces mêmes lois de l'euphonie. Citons encore un autre mot à l'appui de ce principe : بُويَا *bóyá* (teinture, peinture); ici c'est le son voyelle *o* qui régit le ton du mot; l'*a* doit donc être l'*a* dur ou anglais; dans les dérivés de ce mot بُويَاجِــى *bóyádji* (teinturier), بُويَاجِيلَــر *bóyádjilar* (teinturiers), et بُويَاجِيلِق *bóyádjilik* (état de teinturier), le جِى *dji* se prononce avec l'*i* dur, le لَر *lar* avec *a*, on écrit لِق *lik* avec ق et non pas avec ك, et cette syllabe se lit pareillement avec l'*i* dur.

166. De plus, et par suite du même principe, quand il y a dans un mot dont la voyelle dominante est *o*, *ou*, *u*, ou *eu*, une syllabe qui a

i pour voyelle, celle-ci se prononce en se conformant au son dominant.

Ex : نوزلـق *tôzlouk*, pour *tôzlik* ; طوزجـى *toûzdjou*, pour *toûzdji* ; يوزبجى *yûzudju*, pour *yûzidji* ; أولم *eûleum* pour *eulim*.

167. On voit, par ce qui vient d'être expliqué, la différence euphonique qui existe dans les mots ottomans ; on comprendra donc facilement la raison de l'emploi de certaines lettres consonnes de préférence à certaines autres, dans l'orthographe des mots où le choix est permis ; et de certains sons voyelles là où l'orthographe est fixée, ce qui est le cas de tous les mots adoptés de l'arabe et du persan. Toute la difficulté consiste donc à saisir le ton du mot ; on trouve ensuite facilement la prononciation de chaque syllabe, et en partie la manière de l'écrire.

168. Voici une liste de quelques mots de chaque classe, qu'on pourra étudier avec avantage pour faciliter l'intelligence de ce que je viens d'expliquer.

MOTS DURS.	MOTS DOUX.
باشلامق *bachlamak* (commencer)	بسلمك *beslémek* (nourrir)
أوروج *ouroudj* (jeûne)	أوتى *eûteu* (fer à repasser)
التيلـق *altilik* (pièce de six piastres)	بشلك *bechlik* (pièce de cinq piastres)
طقوز *dokouz* (neuf)	سكـز *sékiz* (huit)
أونـنجى *ónoundjou* (dixième) (n° 131)	برنجى *birindji* (premier)
محقّر *mouhakkar* (avili)	مفرّز *muferrez* (séparé)
بورى *bôrou* (tuyau) (n° 131)	بورك *burek* (pâté)
سلطان *soultân* (sultan)	بهتان *buhtân* (calomnie)
قوروق *kôrouk* (raisin aigre)	كورك *kurek* (pelle)
قوبرق *koûirouk* (queue)	كوبك *gubek* (nombril)

169. Par suite de l'euphonie, et de cette tendance à adoucir les mots, qui est inhérente à la langue ottomane, on intercale quelquefois des

voyelles dans la prononciation, entre des consonnes, à la rigueur quiescentes, quand leur nombre est assez considérable pour nuire à l'harmonie
ordinaire de la langue. Ainsi on prononce le mot خِشْمْنَاك (*khichmnak*)
comme s'il y avait خِشِمْنَاك (*khichimnak*), la combinaison اِسْمْدَه
(*ismdé*) comme s'il y avait اِسِمْدَه (*icimdé*), et حُكْمْدَن (*hukmden*)
comme s'il y avait حُكُمْدَن (*hukumden*).

170. Par ce même principe d'euphonie, les mots d'origine turque qui
finissent en ق changent cette lettre en غ devant les prépositions ى, ك
et ه, et devant les affixes pronominaux, à l'exception de celui de la
troisième personne du pluriel; et ceux qui finissent en ت ou ط les
changent en د. Ex. : چِبُوق *tchibouk* (pipe), چِبُوغِك *tchiboughoun*
(de la pipe), چِبُوغِى *tchiboughou* (la pipe), چِبُوغَه *tchibougha* (à la
pipe), چِبُوغُم *tchiboughoum* (ma pipe), چِبُوغِك *tchiboughoun* (ta
pipe), چِبُوغِى *tchiboughou* (sa pipe), چِبُوغِمِز *tchiboughoumiz* (notre
pipe), چِبُوغِكِز *tchiboughouniz* (votre pipe), چِبُوقْلَرى *tchibouklari*
(leur pipe); قُورْت *kourt* (loup), قُورْدِك *kourdoun* (du loup), قُورْدَه
kourda (au loup), قُورْدِم *kourdoum* (mon loup), etc., قُورْتْلَرى
kourtlari (leur loup).

171. De même, le ك arabe se change en ك persan dans la pronono-
ciation, dans les mêmes circonstances. Ex. : كَوْرَك *guevrek* (biscuit),
كَوْرَكِم *guevréyin* (du biscuit), كَوْرَكِى *guevréyi* (au biscuit), كَوْرَكك
guevréyim (mon biscuit), etc., كَوْرَكْلَرى *guevrekléri* (leur biscuit).

172. Il y a cependant quelques mots qui ne subissent point ce changement, mais ils sont peu nombreux. Ex. : بُوق *bôk* (fiente), بُوقِك
bôkoun (de la fiente), etc.; أُوق *ôk* (flèche), أُوقِم *ôkoum* (ma
flèche), etc.; كُوك *kieuk* (racine), كُوكِى *kieukieu* (sa racine), etc.

SECONDE PARTIE.

DE L'ÉTYMOLOGIE.

173. Il y a dans la langue ottomane huit espèces de mots, savoir : le nom, l'adjectif, le pronom, le verbe, l'adverbe, la préposition, la conjonction, et l'interjection.

CHAPITRE PREMIER.

DU NOM.

§ I. *Du nom en général.*

174. Dans les noms ottomans, il faut considérer d'abord si le mot est d'origine turque, arabe, persane, ou étrangère ; ensuite le genre et le nombre.

175. Les noms étrangers sont assujettis en toutes choses aux mêmes règles que les noms turcs.

176. Les noms d'origine arabe et persane sont parfois soumis à ces mêmes règles ; mais, dans le style relevé, les noms persans suivent assez souvent les règles persanes ; les noms arabes les règles de la langue arabe, et quelquefois même celles de la langue persane. Tout ceci paraît d'abord un peu confus ; mais, avec quelque attention, ou parvient facilement à surmonter ces difficultés.

§ II. *Du genre.*

177. De tous les noms qui composent la langue ottomane, il n'y a que ceux de l'arabe qui soient soumis aux distinctions de genre ; tous

les autres noms suivent l'ordre naturel, c'est-à-dire, les noms des mâles
sont *masculins*, ceux des femelles, *féminins*, et ceux des objets inanimés, *neutres*.

178. Pour les noms arabes, il n'y a (d'après les règles de cette langue)
que deux genres, le *masculin* et le *féminin*.

179. Tous les noms d'origine arabe qui se terminent par un ت ou
un ة, non radicaux (voyez, dans la troisième partie, le chapitre qui traite
de la dérivation arabe), sont féminins. Ex. : دَوْلَتْ *état, royaume*,
عَظَمَتْ *grandeur*, رَوْضَه *jardin*, فِرْقَه *détachement*. Excepté عَلَّامَه *très-
savant*, et خَلِيفَه *calife*, qui sont masculins.

180. Tous les noms arabes *singuliers*, qui se terminent par une
lettre autre que ت ou ة, non radicaux, sont masculins. Ex. : قَصْد
détermination, طُولْ *longueur*, فَرِيق *division*. Excepté اُمّ *mère*, شَمْس
soleil, نَفْس *âme*, et يَدْ *main*, qui sont féminins.

181. Les *duels* (nᵒˢ 201, 202) et les *pluriels réguliers* (nᵒˢ 203,
204) arabes suivent le genre de leurs singuliers.

182. Les *pluriels irréguliers* (nᵒˢ 205, 206) arabes sont tous
féminins.

Manière de distinguer les genres.

183. Pour distinguer les genres dans la langue ottomane, on se sert
des différentes manières qui sont en usage dans les trois langues turque,
persane et arabe; elles sont au nombre de cinq.

184. La première est commune aux trois langues; elle consiste dans
l'usage de mots tout à fait différents pour désigner les individus des deux
sexes. Ex. : اَرْ *homme*, قَارِی *femme*; اُوغْلَانْ *garçon*, قِيز *fille*; آت
cheval, قِسْرَاقْ *jument*; qui sont des noms turcs; مَرْد *homme*, زَن

femme ; يُسَر garçon, كِنيزَك fille, qui sont persans ; أَبُو père, أُمّ mère ; جَمَل chameau, نَاقَه chameau femelle, qui sont arabes.

185. La seconde est particulière aux mots d'origine turque, devant lesquels on place : 1° le mot أَر ou أَرْكَك mâle, pour le masculin ; 2° قَارى femme, ou قِيز fille, pour le féminin des mots qui désignent un être humain ; 3° دِيشى femelle, pour le féminin des mots qui désignent des animaux. Ex. : أَرْ اُوغْلَانْ enfant mâle, garçon ; قِيزْ اُوغْلَانْ enfant femelle, fille ; أَرْكَك آشْجِى cuisinier, قَارى آشْجِى cuisinière ; أَرْكَك أَرْسَلَانْ lion, دِيشى أَرْسَلَانْ lionne ; أَرْكَك قَرِنْدَاشْ frère, قِيزْ قَرِنْدَاشْ sœur.

186. La troisième est seulement affectée aux mots d'origine persane, qu'on fait suivre du mot نَر mâle, pour indiquer le masculin, et du mot مَادَه femelle, pour le féminin des animaux seuls. Ex. : شِيرِ نَر lion, شِيرِ مَادَه lionne.

187. La quatrième, consacrée aux mots d'origine arabe, ajoute un ه à la fin du masculin, avec un أُسْتُون à sa dernière lettre pour *son voyelle*, pour former le féminin. Ex. : وَالِدْ père, وَالِدَه mère ; زَوْج époux, زَوْجَه épouse ; شَاعِر poëte, شَاعِرَه une femme poëte. Le mot أَخ frère fait أُخْت sœur ; اِبْن fils fait بِنْت fille ; et ذُو possesseur fait ذَاتْ.

188. La cinquième est propre aux mots d'origine arabe de la forme particulière أَفْعَل (n° 831), dont le féminin est de la forme فُعَلى, qui s'écrit le plus souvent فُعْلَا (n° 28). Ex. : أَصْغَر le plus petit, صُغْرى ou صُغْرَا la plus petite ; أَطْوَل le plus long, طُولَا la plus longue ; أَوَّل le premier, أُولى la première.

§ III. *Du nombre.*

189. Il n'y a pour les noms d'origine turque (c'est-à-dire pour les noms qui sont comme la base et la règle générale de la langue ottomane) que deux nombres, le *singulier* et le *pluriel*.

190. Le pluriel se forme du singulier, par l'addition, à la fin du mot, de la syllabe لَر. Ex. : أَغَـاجْ *arbre*, أَغَـاجْلَـرْ *arbres*; أُوغْـلَان *garçon*, أُوغْلَانْلَرْ *garçons*; قَپُو *porte*, قَپُولَرْ *portes*.

191. Le pluriel des noms qui ne sont pas d'origine turque se forme également, d'après cette règle, dans le style ordinaire; ainsi l'on dit et l'on écrit : بَابْ *chapitre*, بَابْلَرْ *chapitres*; دَوْلَتْ *état, royaume, empire*, دَوْلَتْلَرْ *états*; خَانَه *case, maison*, خَانَهلَرْ *cases*; زَن *femme*, زَنْلَرْ *femmes*; فَامِيلْيَا *famille*, فَامِيلْيَالَرْ *familles*; كُلْ *rose*, كُلْلَرْ *roses*; مَادَامَـه *dame*, مَادَامَهلَرْ *dames*.

192. Les noms persans n'ont aussi que ces deux nombres; et plusieurs règles ont été empruntées de la langue persane pour former le pluriel des noms dans la grammaire ottomane.

193. Quand un nom persan équivaut en quelque sorte à l'expression *être humain*, on ajoute la syllabe ان avec le signe أَسْتُونْ sur la dernière lettre du singulier, à la fin du nom, pour en former le pluriel. Ex. : مَرْدْ *homme*, مَرْدَانْ *hommes*, زَن *femme*, زَنَانْ *femmes*; دِلَاوَرْ *un courageux*, دِلَاوَرَانْ *des courageux*.

194. Les noms persans d'animaux forment quelquefois aussi leur pluriel par l'addition de la syllabe ان et du signe أَسْتُونْ. Ex. : شِيرْ *lion*, شِيرَانْ *lions*; مَارْ *serpent*, مَارَانْ *serpents*; مُرْغْ *oiseau*, مُرْغَانْ *oiseaux*.

195. Les noms persans d'objets inanimés forment leur pluriel par l'addition de la syllabe هَا à la fin du mot. Ex. : دِرَخْتْ *arbre*, دِرَخْتْهَا *arbres*; كُلْ *rose*, كُلْهَا *roses*; چِرَاغْ *chandelle*, چِرَاغْهَا *chandelles*.

196. Les noms persans d'animaux forment quelquefois aussi leur pluriel d'après cette dernière règle; et, d'un autre côté, les noms d'objets inanimés adoptent quelquefois la syllabe ان avec le signe أَسْتُونْ pour former leur pluriel.

197. Les noms persans d'homme, d'animal ou d'objet inanimé, qui finissent par un ه voyelle de direction, et qui autrement auraient formé leur pluriel par l'addition de la syllabe ان et du signe أُسْتُونْ, perdent la lettre ه en formant le pluriel, et, au lieu de la syllabe ان et du signe أُسْتُونْ, prennent la syllabe كَانْ pour terminaison. Ex. : خُوَاجَه *seigneur*, خُوَاجَكَانْ *seigneurs*; مُرْدَه *un mort*, مُرْدَكَانْ *des morts*; كُشْتَه *un tué*, كُشْتَكَانْ *des tués*. Le ك de cette syllabe est le ك *persan*.

198. Ceux des noms persans terminés en ه voyelle de direction, qui forment leur pluriel en ها, perdent tout à fait leur dernière lettre devant cette syllabe. Ex. : خَانَه *maison*, خَانَهَا *maisons*; كَاسَه *tasse*, كَاسَهَا *tasses*.

199. Cependant, si cette suppression expose à quelque ambiguïté, on peut laisser subsister le ه final; comme dans le mot نَامَهَا *lettres, écrits*; car, écrit de cette façon : نَامَهَا, on pourrait le prendre pour le pluriel de نَامْ *nom*.

200. Pour les mots arabes il existe trois nombres : le *singulier*, le *duel*, et le *pluriel*.

201. Le duel se forme toujours par l'addition de la syllabe انْ (ou يْنْ, si le mot est un régime) et du signe أُسْتُونْ à la dernière lettre du singulier. Ex. : خَطّ *ligne*, خَطَّانْ ou خَطَّيْنْ *deux lignes*; قُطْبْ *pôle*, قُطْبَانْ ou قُطْبَيْنْ *deux pôles*; دَوْلَتْ *état, royaume*, دَوْلَتَانْ ou دَوْلَتَيْنْ *deux états*.

202. Seulement, pour les mots qui se terminent en ه remplaçant un ة, il faut les rendre à leur état primitif avant de former le duel. Ex. : قِبْلَه (qui est pour قِبْلَة) *l'endroit vers lequel on se tourne pour faire la prière, la Maison sainte à la Mecque*, قِبْلَتَانْ ou قِبْلَتَيْنْ *les deux* kibla, *la Maison sainte à la Mecque, et le Temple de Jérusalem*.

203. Le pluriel régulier arabe des noms de forme masculine (n° **180**) s'indique par l'addition, à la fin du singulier, de la syllabe ون, et du signe اُوﻧُﻮﺭی à la dernière lettre du singulier; ou, si le mot est en régime, par l'adjonction de la syllabe ﻳﻦ et du signe اَﺳَﺮه à la dernière lettre. Ex. : ﻣَﺬْﻛُﻮﺭ *le sus-mentionné*, ﻣَﺬْﻛُﻮﺭُﻭﻥ ou ﻣَﺬْﻛُﻮﺭﻳﻦ *les sus-mentionnés*; ﻃَﺎﻟِﺐ *celui qui recherche*, ﻃَﺎﻟِﺒُﻮﻥ ou ﻃَﺎﻟِﺒِﻴﻦ *ceux qui recherchent*.

204. Le pluriel régulier arabe des noms ayant la forme féminine (n° **179**) se fait par le changement de leur dernière lettre ت ou ه en la syllabe ات. Ex. : ﺧَﻴْﺮَﺕ *œuvre pieuse*, ﺧَﻴْﺮَﺍﺕ *œuvres pieuses*; ﻣُﺨَﺪَّﺭه *femme chaste*, ﻣُﺨَﺪَّﺭَﺍﺕ *femmes chastes*.

205. On se sert de la combinaison de cette dernière règle avec celle déjà indiquée (n° **187**), pour former des pluriels féminins quasi-réguliers à des noms de forme masculine (n° **180**); c'est-à-dire, on donne d'abord à ces noms la forme féminine, puis on en forme le pluriel régulier. Ex. : ﺗَﺪْﺑِﻴﺮ *plan d'action*, ﺗَﺪْﺑِﻴﺮَﺍﺕ *plans d'action*; ﺗَﻔْﺼِﻴﻞ *détail*, ﺗَﻔْﺼِﻴﻼﺕ *détails*; ﻣَﻘْﺼُﻮﺩ *désir*, ﻣَﻘْﺼُﻮﺩﺍﺕ *désirs*; اِﺷْﻌَﺎﺭ *avis donné*, اِﺷْﻌَﺎﺭَﺍﺕ *des avis donnés*.

206. Il y a un grand nombre de formes de pluriels irréguliers pour les mots arabes; ces pluriels irréguliers sont tous rangés, dans le *Dictionnaire turc-français* de M. Bianchi, dans le *Dictionnaire persan-anglais* de Richardson, dans Méninski, et dans mon *Vocabulaire ottoman* ﻣُﻨْﺘَﺨَﺒَﺎﺕ ﺗُﺮْﻛِﻴّﻪ, parmi les autres mots dans leur ordre alphabétique; et bien que la multitude de leurs formes semble d'abord devoir donner beaucoup d'embarras à l'étudiant, cette difficulté est déjà vaincue et levée pour lui [1].

---

[1] Les principales formes de pluriels irréguliers arabes se trouvent aussi indi-

207. On donne assez souvent aux noms d'origine arabe des pluriels formés d'après les règles persanes ; et aussi (par corruption) à quelques noms persans des pluriels féminins quasi-réguliers arabes. Ainsi l'on dit : بُشِيرُوَانْ *des pachas de la première classe*, فَرِيقَـانْ *des pachas de la seconde classe*, ضَابِطَانْ *les officiers militaires et de police*; et سَبْزَوَاتْ *légumes*.

§ IV. *Des cas.*

208. Les noms, dans la langue ottomane, ne sont pas soumis aux inflexions des cas. Les rapports de cette espèce de mots dans le discours sont seulement indiqués par la simple juxtaposition, par des prépositions, ou enfin, par des affixes pronominaux. (Voir plus bas, note du n° 601, et la Syntaxe.)

CHAPITRE DEUXIÈME.

DES ADJECTIFS.

§ I. *De l'adjectif en général.*

209. L'adjectif, dans la langue ottomane, sert à qualifier les noms, les verbes et d'autres adjectifs; il tient ainsi la place des adjectifs et des adverbes qualificatifs des autres langues. Ex. : ايُو آدَمْ *homme bon*, ايُو يَاپْمَقْ *faire bien*, چُوقْ آدَمْ *beaucoup d'hommes*, چُوقْ ايُو *très-bon* ou *très-bien*.

quées dans le chapitre qui traite de la dérivation arabe, placé dans la troisième partie de cette grammaire ; cela pourra épargner la peine de recourir à chaque instant au dictionnaire, pour cette espèce de mots si compliquée.

210. Il s'emploie aussi quelquefois comme substantif, et alors il en suit toutes les règles.

211. L'adjectif ottoman d'origine turque est un mot qui ne subit jamais aucun changement ; il reste le même pour tous les genres, nombres et degrés de comparaison. Ainsi l'on dit : آدَمْ اِيـو *homme bon,* اِيـو آدَمْلَـرّ *hommes bons,* اِيـو مَيْوَه *bon fruit ;* اِيُو قَارى *femme bonne,* بُو اَنْدَنْ اِيُو دِرْ *ceci est meilleur que cela,* اِيُو قَارِيلَرْ *femmes bonnes,* اِيُو مَيْوَهلَرْ *bons fruits ;* كِتـَـائْلَرِكْ اِيُوسِـى *le meilleur des livres.*

212. Il y a cependant quatre mots, دَها ou دَخِى *davantage, encore,* اَكْ *au suprême degré* (dont le كْ est un ك sourd), چُوقْ *beaucoup,* et پَكْ *très* (le ك est arabe), qui servent à renforcer, le premier le sens comparatif, les autres le sens superlatif de l'adjectif ; ainsi l'on dit également : بُو اَنْدَنْ دَها اِيُودِرْ *ceci est* encore *meilleur que cela,* كِتابْلَرِكْ اَكْ اِيـوسِـى *le meilleur des livres,* au suprême degré. Les mots چُوقْ et پَكْ ne servent que pour le superlatif *absolu.* Ex. : چُوقْ اِيُو ou پَكْ اِيُو *très-bon.*

213. On rencontre aussi dans les livres une espèce de comparatif qui a vieilli ; il se forme en ajoutant la syllabe رَقْ ou رَكْ, selon les règles de l'euphonie, à la fin de l'adjectif. Ex. : اَلْچَقْ *bas,* اَلْچَقْرَقْ *plus bas ;* بِيُوكْ *grand,* بِيُوكْرَكْ *plus grand.*

214. Les adjectifs d'origine persane ne changent ordinairement pas non plus de forme ; il y a cependant quelques comparatifs et superlatifs persans dont on fait usage dans la langue ottomane, et dont, pour cette raison, nous mentionnerons ici les formes.

215. Le comparatif persan se forme par l'addition de la syllabe تَرْ, et le superlatif par celle des syllabes تَرِينْ, à l'adjectif simple. Ex. : بَرْ *haut,* بَرْتَرْ *plus haut,* بَرْتَرِينْ *le plus haut.* Ces mots peuvent être considérés comme analogues à quelques adjectifs français qui finissent par *issime*, adoptés du latin.

216. Les adjectifs d'origine arabe, cependant, éprouvent divers changements de forme.

217. 1° Quant au genre, ils passent du masculin au féminin par l'addition d'un ة à la fin du mot. Ex. : عَلِى *très-haut*, عَلِيَّـه *très-haute*; ظَاهِرْ *apparent*, ظَاهِرَه *apparente*; مُسْتَقِيمْ *droit*, مُسْتَقِيمَه *droite*. Ce ة tient lieu du ة employé dans l'arabe.

218. Cette règle est sujette à une exception à l'égard des adjectifs de la forme particulière أَفْعَلْ, c'est-à-dire les comparatifs arabes (n° 831), qui font leurs féminins de la forme فُعْلَى. Ex. : أَطْوَلْ *plus long* ou *le plus long*, طُولَى *plus longue* ou *la plus longue*; أَوَّلْ (qui est pour أَوْوَلْ) *premier*, أُولَى *première*; أَحْسَنْ *plus beau*, حُسْنَى *plus belle*. La plupart de ces féminins se trouvent indiqués dans les dictionnaires.

219. 2° Quant aux nombres, les adjectifs arabes suivent parfois les mêmes règles que les noms arabes; et, en conséquence, il n'est pas nécessaire d'entrer ici dans les détails donnés, à ce sujet, au chapitre des noms (nos 200, 201, 202, 203, 204, 205, 206).

220. 3° Ensuite il y a, sinon des degrés de comparaison, au moins des formes qui servent à indiquer un plus ou moins haut degré de qualité; la connaissance de ces formes, et du degré que chacune d'entre elles indique, sera très-utile, quoique cela n'appartienne pas, à la vérité, à la grammaire ottomane.

221. Ces formes (voir le chapitre de la dérivation arabe, troisième partie), selon l'ordre de leurs degrés, sont : فَاعِلْ qui est simple adjectif, فَعِيلْ ou فَعُولْ qui indique un degré fort, فَاعُولْ ou فَعَّالْ qui indique un degré très-fort de qualité, mais sans comparaison, et أَفْعَلْ qui est com-

paratif, soit entre deux individus, soit entre un individu et tous les autres.
Ex. : عَالِمٌ *savant*, se dit de l'homme ; عَلِيمٌ et عَلَّامٌ *très-savant* et *extra-
ordinairement savant*, ne s'emploient que pour désigner Dieu, et أَعْلَمُ
plus savant ou *le plus savant*, se dit de Dieu et des hommes. Le mot
عَالِى signifie *haut*, عَلِىّ *très-haut*, et أَعْلَى *plus haut* ou *le plus haut*.

222. Il faut aussi savoir que quelquefois la règle ci-dessus indiquée
ne se justifie pas en apparence ; car, par exemple, نَادِمٌ veut dire *repen-
tant*, tandis que نَدِيمٌ veut dire *compagnon*. Mais cette irrégularité apparente provient de ce que la racine d'où dérivent les deux mots a
plusieurs significations, dont l'adjectif d'une forme se rapporte à la
première, et celui de l'autre forme à la seconde.

223. Les adjectifs أَحْمَرُ *rouge*, أَبْيَضُ *blanc*, et quelques autres adjectifs semblables, sont de la forme أَفْعَلُ, mais ils ne sont aucunement
comparatifs.

224. Ce qui vient d'être dit suffira, avec les dictionnaires, et ce qui
est expliqué, à ce sujet, au chapitre de la dérivation arabe (n°s 825, 826,
828, 830, 831), pour faire comprendre la valeur des adjectifs d'origine arabe.

§ II. *Des noms de nombre.*

225. Les *noms de nombre* sont une espèce d'adjectifs, et sous ce
rapport ils s'emploient sans subir aucun changement, à moins qu'ils ne
soient pris substantivement.

226. Il y en a de trois espèces, le nom de nombre *cardinal*, le nom
de nombre *ordinal*, et le nom de nombre *distributif*.

Des noms de nombre cardinaux.

227. Les noms de nombre cardinaux *simples* de la langue ottomane
sont les suivants :

بِرْ	un	أُونُوزْ	trente
إِيكِى	deux	قِرْقْ	quarante
أُوچْ	trois	اَلّى	cinquante
دُرْتْ	quatre	اَلْتّمِشْ	soixante
بَشْ	cinq	يَتّمِشْ	soixante-dix
اَلْتِى	six	سَكْسَانْ	quatre-vingts
يَدِى	sept	طُقْسَانْ	quatre-vingt-dix
سَكِزْ	huit	يُوزْ	cent
طُقُوزْ	neuf	بِيكْ	mille
أُونْ	dix	يُوكْ	cent mille
يِكِرْمِى	vingt	مِلْيُونْ	million

228. Les noms de nombre cardinaux *composés* se forment par la simple juxtaposition des noms simples des parties qui composent le nombre, le plus fort se mettant toujours le premier. Ex. : أُونْ بِرْ *onze,* أُونْ إِيكِى *douze,* يِكِرْمِى أُوچْ *vingt-trois,* أُونُوزْ دُرْتْ *trente-quatre,* بِيكْ يَدِى يُوزْ اَلّى اَلْتِى *mille sept cent quarante-cinq,* يُوزْ قِرْقْ بَشْ *cent cinquante-six,* أُونْ سَكِزْ بِيكْ يَتّمِشْ طُقُوزْ *dix-huit mille soixante-dix-neuf,* بَشْ يُوزْ إِيكِى بِيكْ اَلْتِى يُوزْ طُقْسَانْ سَكِزْ *cinq cent deux mille six cent quatre-vingt-dix-huit.*

229. L'interrogatif numéral cardinal est قَاچْ *combien? quel nombre?* Il est toujours accompagné d'un substantif, à l'exception des quatre cas suivants : 1º Pour demander quel nombre quelqu'un a nommé, on dit : قَاچْ دِيُورْسِكِزْ *combien dites-vous?* 2º En demandant quelle heure il est, on dit : سَاعَتْ قَاچَه كَلْدِى *à combien l'heure est-elle arrivée?* 3º Pour demander le prix d'une chose, on dit : قَاچَه وِيرِيُورْسِكِزْ *combien la vendez-vous?* قَاچَه اَلْدِكِزْ *combien l'avez-vous achetée?* Et 4º pour

demander le quantième du mois, on dit : بوكون ايك قاچيدر quel quantième du mois est-ce aujourd'hui?

230. En se servant, dans le style soutenu, des noms de nombre cardinaux accompagnés d'un substantif, on a l'usage, ainsi que cela se fait en français, d'introduire d'autres substantifs, qui équivalent, en quelque manière, au mot *pièce* ou *corps*. Ainsi, pour les hommes, on introduit le mot نفر *individu*; pour les grands animaux, le mot باش ou رأس *tête*; pour les objets inanimés d'un assez gros volume, l'un des mots قطعه ou پاره *pièce*; pour les petits objets, animés ou inanimés, l'un des mots عدد *nombre*, ou دانه *grains*; et l'on se sert généralement de ce dernier mot, dans le style journalier, pour presque toute espèce d'être ou de chose, à l'exception de l'homme. Ainsi l'on dit قرق نفر آدم *quarante hommes*, بش رأس صيغر cinq têtes *de bétail*, يكرمي قطعه سفينه *cent vingt navires*, اون ايكى پاره كوى *douze villages*, يوز عدد يمورطه œufs, ايكى دانه اينجو deux perles.

231. On se sert quelquefois des noms de nombre arabes et persans, dont les noms simples se trouvent dans les dictionnaires.

232. Les parties intégrantes des noms de nombre cardinaux composés persans suivent le même ordre que les noms de nombre turcs; mais on place la conjonction و entre chaque membre numéral. Ex. : هزار ودوصد وهفتاد وچهار *mille deux cent soixante-quatorze*.

233. Les noms de nombre cardinaux composés arabes suivent, en général, l'ordre opposé du turc et du persan, c'est-à-dire que le membre le plus fort se met le dernier; et ils prennent aussi la conjonction و entre chaque membre numéral. Ex. : تسع وخمسين ومأتين والف *mille deux cent cinquante-neuf*.

234. Pour indiquer l'année, on se sert toujours des noms de nombre

cardinaux. Ex. : سَكِزْ يُوزْ قِرْق دُرْت سَنَهسِى بِيكْ ou سَنَهْ أَرْبَعْ وَأَرْبَعِينَ
وَثَمَانْ مِئَة وَأَلْفْ *l'an mil huit cent quarante-quatre*.

Des noms de nombre ordinaux.

235. Les noms de nombre *ordinaux* se forment des noms de nombre
cardinaux, en ajoutant à la fin de ces noms le signe أَسُرَه et la terminaison نُجِى. Ex. : بِرِنُجِى *premier*, de بِرْ *un*; أُوتُوزِنُجِى *trentième*, de
أُوتُوزْ *trente*; أُوچْيُوزِنُجِى *trois-centième*, de أُوچْيُوزْ *trois cents*;
بَشْ بِيكْ سَكِزْ يُوزْ قِرْق طُقُوزِنُجِى *cinq mille huit cent quarante-neuvième*.

236. On se sert également des mots أَلَّكْ et أَوَّلْكِى avec بِرِنُجِى pour
signifier le nombre ordinal *premier*.

237. Des mots إِيكِى *deux*, أَلْتِى, *six*, يَدِى *sept*, et leurs composés,
et يِكِرْمِى *vingt*, أَلِّى *cinquante*, mots dont les dernières consonnes sont
mouvantes, on forme يَدِنُجِى *deuxième*, أَلْتِنُجِى *sixième*, إِيكِنُجِى
septième, أَلِّنُجِى *cinquantième*, par la simple suppression du ى final
devant la terminaison نُجِى.

238. Le mot دُرْت *quatre*, et ses composés, font دُرْدِنُجِى *quatrième*,
en changeant le ت final en د.

239. L'interrogatif numéral ordinal est قَاچِنُجِى *le combien?* (le
quantième?), qui sert à demander l'ordre numérique occupé par une
chose, ce qu'on ne peut faire en français. Ex. : بُو كِتَابْلَرُكْ قَاچِنُجِيسِنِى
إِسْتَرْسِكِزْ *lequel* (le quantième) *de ces livres désirez-vous?* دُرْدِنُجِيسِنِى
le quatrième; أَلَايُكْ قَاچِنُجِى طَابُورِنْدَهسِنْ *dans quel* (le quantième)
bataillon du régiment es-tu? بِرِنُجِيسِنْدَه *dans le premier*.

240. Les noms de nombre ordinaux arabes et persans sont aussi employés pour indiquer le chiffre des chapitres d'un livre et le numéro des
paragraphes; les noms arabes le sont même quelquefois dans d'autres

cas. Tous ces noms qui sont en usage se trouvent indiqués dans les dictionnaires.

Des noms de nombre distributifs.

241. Pour indiquer la distribution relative, on ajoute un ر aux noms de nombre cardinaux turcs, avec un أُسْتُون à leur dernière lettre consonne, si elle est quiescente. Ex. : بِرَرْ *un à chacun*, أُوچَـرْ *trois à chacun*, بَشَرْ *cinq à chacun*, أُوتُوزَرْ *trente à chacun*, etc.

242. Mais si la dernière lettre consonne a un son voyelle, elle le conserve, ainsi que la lettre de direction qui la suit, et on ajoute alors un ش avec un أُسْتُون pour son voyelle, avant le ر. Ex. : إِيكِيشَرْ *deux à chacun*, أَلْتِيشَرْ *six à chacun*, يَدِيشَرْ *sept à chacun*, يِكِرْمِيشَرْ *vingt à chacun*, أَلِّيشَرْ *cinquante à chacun*.

243. Le mot دُرْت *quatre*, et les composés où il entre, changent leur ت final en د devant le ر. Ex : دُرْدَرْ *quatre à chacun*, يِكِرْمِى دُرْدَرْ *vingt-quatre à chacun*.

244. Pour les centaines et les milliers, c'est le mot qui en indique le nombre qui prend le ر ou le شَرْ, et le mot يُوزْ ou بِيكْ reste sans aucune addition. Ex. : بَشَرْ يُوزْ *cinq cents à chacun*, يَدِيشَرْ بِيكْ *sept mille à chacun*.

245. Dans les noms de nombre composés de centaines et d'autres quantités moins fortes, ces syllabes ر ou شَرْ sont ajoutées au mot indiquant le nombre de centaines, et à la fin du nombre entier. Ex. : بَشَرْ يُوزْ قِرْقْ يَدِيشَرْ *cinq cent quarante-sept à chacun*.

246. Quand ils sont composés de milliers, de centaines et d'autres quantités, ces syllabes sont ajoutées au nom qui indique le nombre de milliers, aussi bien qu'aux deux autres. Ex. : أُونَـرْ بِيـكْ دُرْدَرْ يُـوزْ أَلْتْمِشْ بِرَرْ *dix mille quatre cent soixante-un à chacun*.

247. Cette classe de mots s'emploie pour indiquer la distribution d'une espèce de chose aux unités d'une autre espèce. Ex. : بو آدَمْلَرُه

يكِرْمِيشَرْ غُرُوشْ ويرلْدِى vingt *piastres ont été données* à chacun *de ces hommes* (litt. : *à ces hommes* vingt à chacun *de piastres ont été données*); آلايْلَرِيمِزْ اُوچَرْ بِيكْ ايكِيشَرْ يُوزْ نَفَرْدَنْ عِبَارَتْدِرْ *nos régiments sont composés* chacun *de* trois mille deux cents *hommes* ; يُمُرْطَه اُوچَرْ پَارَهَيَه آلِنُورْ *les œufs s'achètent à* trois *paras* l'un.

248. Pour indiquer une distribution absolue, on répète le mot qui exprime la *raison* ou *proportion* de la distribution. Ex. : بِرَرْ بِرَرْ *un à un,* بَشَرْ بِيكْ بَشَرْ بِيكْ *deux à deux,* ايكِيشَرْ ايكِيشَرْ *cinq mille à cinq mille.*

Des nombres fractionnaires.

249. Les fractions s'indiquent de deux manières jusqu'à *un dixième* ; mais, au delà de ce nombre, on ne peut s'exprimer que d'une seule manière.

250. La forme générale se compose de deux noms de nombre cardinaux turcs, et celui des deux qui indique le dénominateur de la fraction s'exprime d'abord, et prend la préposition دٔ ه après lui ; l'autre qui suit indique le numérateur. Ex. : ايكِيدَه بِرْ *un sur deux* (la moitié), بَشْدَه ايكِى *deux sur cinq* (deux cinquièmes), يِكِرْمِى سَكِزْدَه اُونْ بَشْ *quinze sur vingt-huit* (quinze vingt-huitièmes).

251. Quelquefois on précise encore davantage l'idée, en amplifiant la phrase de la règle précédente, par l'addition de l'un des mots جُزْءِ , پَاي, قِسْمْ, حِصّه , etc., à chaque membre de la proposition fractionnaire. Ex. : اُونْ بَشْ پَايدَه سَكِزْ پَاى *sur quinze parties huit* (huit quinzièmes).

252. La seconde forme se compose des noms de nombre fractionnaires arabes, jusqu'aux *dixièmes*, pour les dénominateurs seulement, et toujours des noms de nombre cardinaux turcs pour les numérateurs. Ex. :

بر نِصْف *une moitié,* أوچ رُبْع *trois quarts,* دُرْت سُبْع *quatre septièmes,* سكِز عُشْر *huit dixièmes.*

253. On se sert du duel ثُلْثَان de ثُلْث *un tiers,* pour dire *deux tiers.*

254. De plus, il y a deux mots turcs يَارِم et بُچُوق qui signifient *demi.* Le premier s'emploie pour exprimer une moitié seule. Ex. : يَارِم اَتْمَك *un demi-pain,* يَارِم سَاعَتْ *une demi-heure ;* l'autre s'emploie dans les nombres complexes. Ex. : بِرْ بُچُوق *un et demi,* بَش بُچُوق *cinq et demi.*

255. On se sert aussi, mais vulgairement, du composé persan چارَيَكْ (prononcé *tcheurek*) ponr exprimer *un quart.* Ce mot s'emploie proprement pour signifier *un quart d'heure.*

256. Quand on veut exprimer une quantité complexe, c'est-à-dire composée d'un nombre intégral et d'une fraction autre que *demi,* on introduit la conjonction وَ, *et,* ou la préposition ايلَه *avec,* entre les deux membres de la proposition. Ex. : ايكى وَ بِرْ رُبْع ou ايكى ايلَه بِرْ رُبْع *deux et un quart.*

257. Et si, dans ce cas, on se sert des noms de nombre turcs pour exprimer la partie fractionnaire, on introduit le mot بِرْ *un,* suivi de la préposition كَ (n° 559) ou نِكْ (n° 561), après la conjonction ou la préposition susdite. Ex. : بَش ايلَه بِرْكَ سكِزْدَه اُوچى *cinq et trois huitièmes* (litt. : *cinq avec trois sur huit d'un,* c'est-à-dire, cinq pièces entières, et de plus, trois huitièmes d'une autre pièce).

Des noms de nombre indéfinis.

258. Les mots هَر *tout,* هَرْبِر *chaque,* هِيچْ *nul, aucun,* بَعْض *quelque,*

أَكْثَر *la plupart*, peuvent être classés comme des noms de nombre *in-définis*.

259. De ces mots, هُرْ *tout*, est toujours accompagné d'un substantif, mais les autres s'emploient quelquefois seuls.

De la manière d'écrire les nombres.

260. Il y a deux manières en usage chez les Ottomans pour écrire les nombres.

261. La première est en tout semblable au système de notation usité en Europe ; la forme des chiffres seule diffère, mais ils s'écrivent de gauche à droite à la manière européenne, et contrairement au système de l'écriture ottomane.

262. Voici les formes de ces chiffres :

١ 1, ٢ 2, ٣ 3, ٤ 4, ٥ 5, ٦ 6, ٧ 7, ٨ 8, ٩ 9, ٠ 0.

263. La seconde manière est, en quelque sorte, semblable à celle des chiffres romains, mais beaucoup plus complète et plus élégante.

264. Dans ce système, chaque lettre de l'alphabet a une valeur numérique, signalée par la place qu'elle tient dans la formule suivante, qu'on dit avoir été plus anciennement l'ordre alphabétique des lettres arabes :

أَبْجَدْ هَوَّزْ حُطِّى كَلَمَنْ سَعْفَصْ قَرَشَتْ ثَخَذْ ضَظَغْ

265. Dans cet ordre, les lettres représentent respectivement : les neuf premières, les *unités ;* les neuf suivantes, les *dizaines ;* les neuf qui viennent après celles-ci, les *centaines ;* et la dernière, *mille*.

266. Cette seconde manière de notation est très-usitée dans les tables astronomiques, et alors on écrit toujours les différentes valeurs numériques dans leur ordre régulier, et de droite à gauche, comme l'écriture,

et l'on se sert toujours de la lettre qui représente exactement chaque valeur. Ainsi, pour représenter la valeur complexe : $\overset{\text{sign}}{9}\ 18^{\circ}\ 43'\ 56''\ 20'''$, on écrirait ط يح مج نو ك ; et pour : $12^{h}\ 35^{m}\ 7^{s}$, on écrirait يب له ز. On voit, dans ces exemples, que les valeurs numériques représentées par les lettres correspondent parfaitement, dans l'ordre qu'elles occupent, aux chiffres arabes indiqués plus haut.

267. Mais dans les *dates poétiques*, ou *chronogrammes*, on ne tient compte ni de l'ordre ni de l'exacte représentation de chaque valeur ; et pourvu que la somme totale des valeurs numériques de toutes les lettres dans le chronogramme vienne à égaler le nombre que l'on veut représenter, on peut se servir de quelques lettres que ce soit, en les répétant même plusieurs fois, si le rhythme ou la phraséologie l'exigent. Par exemple, la somme totale des valeurs numériques des lettres contenues dans le mot خَرابْ *dévastation*, est 803 ; ce mot indique l'année de l'hégire où Damas fut détruit par Timour-lenk. La valeur totale des lettres qui se trouvent dans les deux mots بَلْدَةٌ طَيِّبَةٌ *ville charmante* (épithète appliquée à Constantinople), est 857 ; nombre qui représente la date de la prise de cette capitale par le sultan Mohammed II. Celle des lettres dans le vers suivant de Sâmî :

وُجُودَه كَلْدِى يَا رَبّْ پِيرْ اُولَه شَهْزادَه اِبْرَاهِيمْ

Le prince Ibrâhîm est né ; puisse-t-il devenir vieillard, ô Dieu !

est 1136 ; ce qui indique l'an de la naissance du prince Ibrahim, fils du sultan Ahmed III.

268. Il faut remarquer que dans ces calculs les lettres persanes ont la même valeur numérique que les lettres arabes correspondantes ; c'est-à-dire, ب et پ, ج et چ, ز et ژ, ont respectivement la même valeur numérique.

CHAPITRE TROISIÈME.

DU PRONOM.

269. Il y a dans la langue ottomane deux classes de pronoms, c'est-à-dire, des *pronoms mots*, et des *pronoms affixes*.

270. Dans chacune des espèces qui composent ces deux classes de pronoms, il y en a qui sont de la nature des noms, et ne servent jamais à qualifier un autre nom ; ils s'appellent *pronoms substantifs* : et d'autres qui s'appellent *pronoms adjectifs*, parce qu'ils sont joints à des noms pour les qualifier.

271. Il y a des pronoms qui sont quelquefois substantifs, et quelquefois adjectifs.

272. Les pronoms ottomans sont de tous les genres, et ne subissent point de changement dans ce sens; les pronoms adjectifs sont aussi de tous les nombres.

CLASSE I. — DES PRONOMS MOTS.

273. La classe des pronoms mots comprend les *pronoms personnels*, les *pronoms démonstratifs*, et les *pronoms interrogatifs*.

§ I. *Des pronoms personnels.*

274. Les pronoms personnels sont des pronoms substantifs ; ils ont les deux nombres, le singulier et le pluriel, comme les noms; mais la distinction n'en est pas faite de la même manière; ils ont aussi trois personnes à chaque nombre, savoir :

	SINGULIER.	PLURIEL.
PREMIÈRE PERSONNE	بَن je, moi	بِز nous
DEUXIÈME PERSONNE	سَن tu, toi	سِز vous
TROISIÈME PERSONNE	اوُ (ou اوُل) il, elle, lui	اَنلَر ils, elles, eux.

275. Les deux premières personnes du pluriel ajoutent quelquefois après leur dernière lettre la syllabe لَرْ, signe caractéristique du pluriel, et forment ainsi les deux mots بِزْلَرْ et سِزْلَرْ. Ces mots sont employés par politesse, même pour désigner un seul individu, c'est-à-dire, dans le sens de *moi* et *toi*.

276. Le pronom de la troisième personne du pluriel اَنْلَرْ, exprimé ou sous-entendu, s'emploie aussi par politesse pour *lui* et même pour *toi*.

277. On voit, par ces exemples, qu'il n'y a aucune distinction dans les pronoms personnels, quant au genre.

278. Les pronoms personnels, joints à quelques prépositions, donnent naissance à certaines contractions qui sont généralement regardées comme les cas de ces mêmes pronoms. Cette manière de les envisager a des facilités, quoiqu'elle ne soit pas correcte ; c'est pourquoi nous plaçons ici le tableau de ces contractions.

279. *Tableau des contractions des pronoms personnels joints à des prépositions.*

| | SINGULIER. | | |
	1re pers.	2e pers.	3e pers.
NOMINATIF	بَنْ je, moi	سَنْ tu, toi	اَو il, elle, lui
GÉNITIF	بَنِمْ de moi	»	اَنِكْ de lui, d'elle
DATIF	بَكَا à moi	سَكَا à toi	اَكَا à lui, à elle
ACCUSATIF	»	»	اَنِى le, la
ABLATIF	»	»	اَنْدَنْ de lui, d'elle
	PLURIEL.		
NOMINATIF	بِزْ nous	سِزْ vous	اَنْلَرْ ils, elles, eux
GÉNITIF	بِزِمْ de nous	»	»
DATIF	»	»	»
ACCUSATIF	»	»	»
ABLATIF	»	»	»

280. Parmi ces contractions, بَنِمْ , اَنِكْ (ك sourd), et بِزِمْ sont respec-

tivement les représentants de كا اَكَا (les ك et سُكَا ; بِكَا , بِزِكَ et اُوِزِكَ , بَنِكَ

sont sourds) sont pour بَنَه , سَنَه et اُوِنَه ; اَنِی tient la place de اُوِیِی , et

اَنْدَنْ est pour اُوْدَنْ (voir le chapitre des prépositions). On peut retrou-

ver parmi les langues turques et tatares les variations de dialectes d'où

ces contractions sont résultées.

281. A l'exception des contractions ci-dessus indiquées, les pronoms

personnels suivent les mêmes règles que les noms pour marquer leurs

rapports avec les autres parties du discours.

282. Le mot que les grammairiens ont appelé *pronom réfléchi* est

représenté, en quelque sorte, dans la langue ottomane, par le mot كَنْدُو

ou كَنْدِی , espèce de pronom personnel, ou *substantif pronominal*, qui

s'emploie sans distinction, quant au genre, pour toutes les personnes du

singulier et du pluriel, quelquefois seul, et quelquefois accompagné des

affixes pronominaux possessifs (n° 306). Ex. :

	SINGULIER.		PLURIEL.	
PREMIÈRE PERS.	كَنْدُو *ou* كَنْدُمْ moi-même	كَنْدُو *ou* كَنْدُومِزْ nous-mêmes
DEUXIÈME PERS.	كَنْدُو *ou* كَنْدُكْ toi-même	كَنْدُو *ou* كَنْدُوكِزْ vous-mêmes
TROISIÈME PERS.	كَنْدُو *ou* كَنْدُوسِی { lui-même / elle-même	كَنْدُو *ou* كَنْدُولَرْ eux-mêmes *ou* كَنْدُولَرِی elles-mêmes

283. La différence existant dans ce mot, employé seul, ou avec

l'affixe pronominal, c'est que le premier est en usage là seulement où

il ne peut y avoir de doute sur la personne qu'il représente. Ex. :

كَنْدُو كَلُورْمِیسِنْ *viendras-tu toi-même?* كَنْدُو كَلُورِمْ *je viendrai moi-même,*

كَنْدُو كُورْدكْ *cela est arrivé de soi-même,* كَنْدُو كَنْدِینَه اُولْدِی *nous le*

vîmes nous-mêmes, etc.; tandis que le second peut être employé tou-

jours, et dans tous les cas.

284. Ce mot كَنْدُو paraît quelquefois être un *pronom adjectif* avec la

signification de *propre*. Ex. : كَنْدُو بَابَامْ *mon propre père*, كَنْدُو خَانَه‌لَوى *leur* propre *maison*.

§ II. *Des pronoms démonstratifs.*

285. Les *pronoms démonstratifs* d'origine turque sont : بُو *ou* اِشْبُو *ceci, celui-ci, celle-ci*, شُو (ou شُوَلْ) et أُو (ou اُولْ) *cela, celui-là, celle-là*; et أُولْ‌بِرْ *l'autre*; ceux d'origine persane, اِين *ceci*, et آن *cela*; et ceux d'origine arabe, هَذَا ou هَذِهِ *ceci*, et ذَلِكَ *cela*.

286. Ces mots sont quelquefois pronoms substantifs, et quelquefois pronoms adjectifs; et ils sont toujours communs à tous les genres.

287. Les mots بُو ou اِشْبُو, اِين, et هَذَا ou هَذِهِ servent à indiquer les choses placées près de celui qui parle, ou touchées par sa main, ou qu'il pourrait toucher; شُو (ou شُوَلْ) s'emploie indifféremment pour tous les objets, rapprochés ou éloignés; أُو (ou اُولْ), آن, et ذَلِكَ, servent à désigner les choses autres que celles indiquées par بُو, اِين, هَذَا, ou شُو; et أُولْ‌بِرْ à distinguer les objets encore plus éloignés que ceux désignés par أُو.

288. De ces mots, اِشْبُو n'est employé que comme adjectif et ne subit point de changement; les accidents de أُو (ou اُولْ) employé comme substantif ont déjà été démontrés (nº 279), et ceux de بُو et de شُو (ou شُوَلْ), employés aussi comme substantifs, sont exposés ci-dessous :

289. *Tableau des contractions des pronoms démonstratifs* بُو *et* شُو *joints à des prépositions.*

SINGULIER.

Nominatif.	Génitif.	Datif.	Accusatif.	Ablatif.
بُو ceci	»	بُوكَا	بُونِى	بُونْدَن
شُو cela	»	شُوكَا	شُونِى	شُونْدَن

PLURIEL.

Nominatif.	Génitif.	Datif.	Accusatif.	Ablatif.
بُونْلَر ceux-ci	»	»	»	»
شُونْلَر ceux-là	»	»	»	»

290. Les mots شوكا et بُوكا (les ك sont sourds) représentent respectivement بُونْدَن et ; شُوبِى et بُويى et شُونِى et بُوِيى sont pour بُويى et شُوبِه et بُويَه ;
et شُونْدَن pour بُودَن et شُودَن et بُودَن (voir le chapitre des prépositions).

291. Au pluriel, شُونْلَر et بُونْلَر sont formés irrégulièrement et représentent les mots شُولَر et بُولَر.

292. A l'exception des accidents particuliers indiqués ci-dessus, ces
deux mots suivent les mêmes règles que les noms dans leurs rapports avec
les autres mots.

293. Le mot, ou plutôt l'expression أُولْ‑بِر *l'autre*, employé comme
substantif, n'a rien qui exige une explication particulière.

294. Les démonstratifs arabes ne sont employés que dans des locutions arabes.

295. Les démonstratifs persans, dont l'usage est d'ailleurs assez rare
dans des passages purement ottomans, ne sont usités que comme adjectifs,
à moins qu'ils ne soient mentionnés ensemble et en opposition métaphorique; comme dans la phrase : آفرِيِنَنْدَهِ إِين وآنْ *le Créateur* de ceci
et de cela (c'est-à-dire *de toutes choses*).

§ III. *Des pronoms interrogatifs.*

296. Les pronoms interrogatifs sont كِمْ ou كِيمْ *qui?* pour les personnes, نَه *quoi?* pour les choses, et قَنغِى *lequel? laquelle?* pour les
personnes et les choses également.

297. De ces pronoms, كِيمْ est pronom substantif; mais نَه et قَنغِى
sont quelquefois pronoms substantifs, et quelquefois pronoms adjectifs.

298. Ces mots, employés substantivement, forment leur pluriel comme
les noms; seulement le ه final de نَه, n'étant que voyelle de direction,
est ordinairement supprimé dans les dérivés de ce mot. Leurs pluriels

sont donc : كيملَر qui ? quels hommes ? نَلَر quoi ? quelles choses ? et قَنغيلَر
lesquels ? lesquelles ?

299. Les mots كيم, نه , s'emploient pour s'informer de ce qu'on
ignore absolument ; et قَنغی , pour s'informer particulièrement d'un ou
de plusieurs individus pris dans une classe déjà connue ou déterminée.

300. Ces trois mots, et tous les autres interrogatifs, simples ou composés, tels que قاچ combien ? قاچنجی le quantième ? نَصل comment ?
نَرَه où ? etc., précédés du mot هَر tout, chaque ; s'emploient d'une manière indéfinie. Ex. : هَركيم quiconque , هَرنَه quoi que , هَرقَنغی quelconque , هَرنَصل de quelque espèce que , de quelque manière que , هَرنَرَه
quelque endroit que, etc.

301. Le mot هَر des expressions ci-dessus se sous-entend quelque-
fois. Ex. : هَركيم كَلورَ ايسَه ou كيم كَلورَ ايسَه quiconque viendra, نه اولورَ ايسَه
هَرنَصل يَاپدِم ايسَه ou نَصل يَاپدِم ايسَه quoi que ce soit , هَرنَه اولورَ ايسَه ou
هَرنَصل شَی ايسَه ou نَصل شَی ايسَه de quelque manière que je l'aie fait ,
quelque espèce de chose que ce soit , etc.

302. Le pronom interrogatif كيم s'emploie aussi , suivi des affixes
pronominaux possessifs pluriels, comme pronom indéfini ; alors encore
il est toujours substantif. Ex. : كيميمز كوردی كيميمز كورمَدی qui de nous
l'a vu, qui de nous ne l'a pas vu, ou : quelques-uns d'entre nous l'ont
vu, d'autres ne l'ont pas vu.

303. Le mot نَصل , dans son acception de quelle espèce de ? doit
aussi être classé parmi les pronoms interrogatifs ; il est alors toujours
adjectif. Ex. : بو نَصل يَازيدِر quelle espèce d'écriture est ceci ? Ce mot
n'a pas d'équivalent en français.

CLASSE II. — DES AFFIXES PRONOMINAUX.

304. Les affixes pronominaux sont des syllabes attachées à quelque

autre mot, sans jamais pouvoir être employées isolément, et qui ont une signification pronominale.

305. Ces affixes sont de deux espèces, *possessifs* et *relatif*.

§ I. *Des affixes pronominaux possessifs.*

306. Les affixes pronominaux possessifs correspondent à nos pronoms possessifs, et sont, comme eux, de la nature des adjectifs.

307. Ce sont, au singulier, مْ pour la première personne, كْ pour la seconde (ce ك est sourd), ى pour la troisième; et au pluriel, مِزْ pour la première personne, كِزْ pour la seconde (le ك en est sourd), et لَری pour la troisième, avec l'addition d'un اَسَرَه à la dernière lettre (si elle est quiescente) du mot auquel ils sont attachés, excepté dans le cas de l'affixe لَری. Ex. : يَدَرِمْ mon *père*, يَدَرِكْ ton *père*, يَدَرى son *père*, يَدَرِمِزْ notre *père*, يَدَرِكِزْ votre *père*, يَدَرْلَری leur *père*; où ils sont tous attachés au mot يَدَرْ *père*.

308. Quand la dernière lettre du mot auquel l'affixe est attaché ne se lie pas à celle qui suit, on écrit quelquefois يِمِزْ pour مِزْ, et يِكِزْ pour كِزْ. Ex. : يَدَرِيكِزْ, يَدَرِيمِزْ; mais ceci a lieu par la seule raison que l'orthographe des mots d'origine turque est restée vague et sans limites bien fixées[1].

309. Si le mot auquel ces affixes sont attachés finit par ا, و, ه ou

---

[1] La plupart des mots terminés en ق, qui sont d'origine turque, changent cette lettre en غ, et quelquefois en يغ ou وغ, devant les affixes, excepté celui de la troisième personne du pluriel. Ex. : بَالِقْ *poisson*, بَالِغِمْ *mon poisson*, بَالِغِكْ *ton poisson*, بَالِغى *son poisson*, بَالِغِمِزْ *notre poisson*, بَالِغِكِزْ *votre poisson*, بَالِقْلَری *leur poisson*; أُولْدِقْ *l'(action d')avoir été*, أُولْدِيغِمْ *mon avoir été*, أُولْدِيغِكْ *ton avoir été*, etc. De même le ك arabe se change en ك persan, et le ت en د (nᵒˢ 170, 171, 172).

ى, faisant fonction de voyelle, alors un س avec le signe أَسَرُه pour voyelle est introduit avant le ى, affixe de la troisième personne du singulier; et la dernière lettre du mot ne reçoit plus, dans aucun cas, l'addition du signe أَسَرُه. **Ex.** :

بَابَامْ mon père	قَپُومْ ma porte	وَالِدَهمْ ma mère	دَرِيمْ ma peau
بَابَاكْ ton père	قَپُوكْ ta porte	وَالِدَهكْ ta mère	دَرِيكْ ta peau
بَابَاسِى son père	قَپُوسِى sa porte	وَالِدَهسِى sa mère	دَرِيسِى sa peau
بَابَامِزْ notre père	قَپُومِزْ notre porte	وَالِدَهمِزْ notre mère	دَرِيمِزْ notre peau
بَابَاكِزْ votre père	قَپُوكِزْ votre porte	وَالِدَهكِزْ votre mère	دَرِيكِزْ votre peau
بَابَالَرِى leur père	قَپُولَرِى leur porte	وَالِدَهلَرِى leur mère	دَرِيلَرِى leur peau

310. Mais il faut bien prendre garde de confondre les lettres ا (ou ع qui le remplace), و, ه et ى, faisant fonction de voyelles, avec les mêmes lettres quand elles sont consonnes. Ainsi dans les mots : جُزْء *partie*, بَدْء *commencement*, أَوْ *maison*, آوْ *chasse*, پَنَاه *refuge*, پَادِشَاه *empereur*, les dernières lettres sont des consonnes, et leur combinaison avec les affixes se fait d'après ce principe. **Ex.** : جُزْئِمْ *ma partie*, بَدْئِكْ *ton commencement*, أَوِى *sa maison*, آوِمِزْ *notre chasse*, پَنَاهِكِزْ *votre refuge*, پَادِشَاهْلَرِى *leur empereur*.

311. Si le mot auquel les affixes s'attachent finit par l'une des combinaisons أَىْ ou وَىْ, il ne faut pas perdre de vue que le ى fait alors fonction de consonne (n° **152**). **Ex.** :

بُويِمْ ma taille		پَايِمْ ma portion
بُويِكْ ta taille		پَايِكْ ta portion
بُويِى sa taille		پَايِى sa portion
بُويِمِزْ notre taille		پَايِمِزْ notre portion
بُويِكِزْ votre taille		پَايِكِزْ votre portion
بُويِلَرِى leur taille		پَايِلَرِى leur portion

312. Le mot صُو *eau*, se construit avec ses pronoms comme s'il s'écrivait صُوىّ, excepté avec celui de la troisième personne du pluriel; ainsi on dit : صُوِيِمْ *mon eau*, صُوِيكْ *ton eau*, صُوِبِي *son eau*, صُوِيمِزْ *notre eau*, صُوِيكِزْ *votre eau*, صُولَوِى *leur eau*. J'avoue que je ne puis rendre raison de cette anomalie.

313. Les combinaisons بِرِيسِى *son un*, *l'un d'eux*, et هَپِّسِى *son tout, le tout*, sont aussi irrégulières, et sont construites comme si le nom était بِرِى et هِپِّسِى, au lieu de بِرْ *un*, et هَپّ *tout, la totalité*.

314. Ces affixes, comme les pronoms personnels, sont, ainsi qu'on l'a vu dans les exemples, de tous les genres.

315. L'affixe de la troisième personne du singulier peut se rendre quelquefois en français par l'article défini singulier, et celui de la même personne du pluriel, par l'article défini pluriel. Ex. : أُوطَهِنِكْ بُوِيِى *la longueur de la chambre*, عَرَبَهِنِكْ تَكَرْلَكَّرِى *les roues de la charrette*. Cependant ceci n'est pas la traduction exacte de ces phrases, qui, mot à mot, signifient : *de la chambre, sa longueur*, et : *de la charrette, ses roues*.

316. Il y a une petite ambiguité qui a lieu dans l'emploi de l'affixe de la troisième personne du pluriel, causée par sa ressemblance avec le pluriel du nom suivi de l'affixe de la troisième personne du singulier; ainsi, la combinaison كِتَابْلَرِى peut indiquer : *ses livres, leur livre*, ou *leurs livres*.

317. On évite cette ambiguité, quand il en est besoin, en introduisant le génitif (c'est-à-dire, la contraction du pronom avec la préposition كَ) du pronom personnel, singulier ou pluriel, selon le cas, pour corroborer l'affixe; et alors on peut substituer l'affixe de la troisième personne du singulier à celui du pluriel, pour préciser la seconde de ces

trois idées. Ainsi ‫انلرك كتابلری‬ , ‫انلك كتابلری‬ et ‫انلرك كتابی‬ , représentent respectivement : *ses livres*, *leur livre*, et *leurs livres*, sans
laisser aucun doute sur qui ou à quoi la pluralité s'attache.

§ II. *De l'affixe pronominal relatif.*

318. Il n'y a qu'un seul affixe pronominal relatif, et celui-ci sert
pour les personnes et pour les choses. C'est la particule ‫كی‬ (‫ك‬ arabe),
qui est quelquefois substantif et quelquefois adjectif; il est commun à
tous les genres.

319. Cet affixe s'attache à deux espèces de mots, savoir : aux noms
et aux pronoms substantifs; et cela de deux manières.

320. 1° Il s'y attache par l'intermédiaire de la préposition de possession ‫ك‬ ou ‫نك‬ (nos 559, 561). Ex. :

‫پدر‬	père	‫پدرك‬ du père	‫پدركی‬	celui *ou* celle du père, *ou* qui est au père, *ou* qui appartient au père
‫قپو‬	porte	‫قپونك‬ de la porte	‫قپونككی‬	celui *ou* celle de la porte, *ou* qui appartient à la porte
‫سن‬	tu, toi	‫سنك‬ de toi, ton, ta	‫سنككی‬	celui *ou* celle qui est à toi, *ou* qui t'appartient; le tien, la tienne
‫انلر‬	ils, elles	‫انلرك‬ d'eux, d'elles	‫انلرككی‬	celui *ou* celle qui est à eux, à elles; *ou* qui leur appartient, le leur, la leur
‫بو‬	ceci	‫بونك‬ de ceci	‫بونككی‬	celui *ou* celle qui appartient à ceci
‫كیم‬	qui?	‫كیمك‬ de qui?	‫كیمككی‬	celui *ou* celle de qui?
‫نه‬	quoi?	‫ننك‬ de quoi?	‫ننككی‬	celui *ou* celle de quoi?
‫قنغی‬ { laquelle? lequel?		‫قنغینك‬ { de laquelle? duquel?	‫قنغینككی‬	{ celui, *ou* celle qui appartient auquel? *ou* à laquelle?

321. Comme les mots بَنِمْ *mon, ma, mes*; بِزِمْ *notre, nos*; et أَنِكْ *son, sa, ses*, sont respectivement pour بَنِكْ, بِزِكْ et أُونِكْ, on fait aussi les combinaisons suivantes :

بَنِمْكِى celui, *ou* celle qui m'appartient; le mien, la mienne

بِزِمْكِى celui, *ou* celle qui nous appartient; le nôtre, la nôtre

أَنِكْكِى celui, *ou* celle qui lui appartient; le sien, la sienne

322. Dans cette combinaison, l'affixe كِى est toujours pronom substantif, ayant la valeur de *celui qui* ou *celle qui*. Il prend la forme plurielle, et s'assujettit à toutes les règles qui régissent les noms dans leurs rapports avec d'autres noms dans le discours.

323. Le pluriel de cette combinaison se forme comme celui du nom. Ex. : پَدَرِكْكِى *celui du père*, پَدَرِكْكِيلَرْ *ceux du père*.

324. L'affixe pronominal possessif peut être introduit dans cette combinaison; sa place est alors immédiatement après le nom. Ex. : پَدَرِمْ *mon père*, پَدَرِمْكَ *de mon père*, پَدَرِمْكِى *celui ou celle de mon père*, پَدَرِمْكِيلَرْ *ceux ou celles de mon père*.

325. 2° L'affixe pronominal relatif كِى s'attache aux noms et aux pronoms substantifs, par le moyen de la préposition de demeure دَه (n° 588). Ex. :

پَدَرْ père   پَدَرْدَه au père, auprès du père   پَدَرْدَهكِى celui, *ou* celle qui est, *ou* se trouve, *ou* demeure auprès du père, *ou* que le père tient *ou* possède; celui, *ou* celle du père

صَنْدِق coffre   صَنْدِقْدَه dans le coffre   صَنْدِقْدَهكِى celui, *ou* celle qui est dans le coffre

فِرَانْسَه la France   فِرَانْسَهدَه en France   فِرَانْسَهدَهكِى celui, *ou* celle qui est en France

بَن moi   بَنْدَه chez moi, au-   بَنْدَهكِى celui, *ou* celle qui est chez
près de moi   moi, *ou* dans ma pos-
session

326. Dans cette seconde combinaison, كِى est quelquefois substantif, ayant la valeur de *celui*, ou *celle qui est*, comme dans les exemples précédents; et alors son pluriel se forme de la même manière que celui des noms, et il s'assujettit à toutes les règles qui régissent les noms dans leurs rapports avec les autres mots dans le discours.

327. D'autres fois il est adjectif; et alors il n'a que la valeur simple du relatif français *qui*, joint au verbe *est* ou *sont*. Ex. : بَدَرَّدَهكِى مَعْلُومَات *les connaissances* qui sont *auprès du père*, *que le père possède;* فرَانْسَهدَهكِى فَابْرِيقَالَر صَنْدِقْدَهكِى أَقْچَه *l'argent* qui est *dans le coffre;* بَنْدَهكِى عِلَّت *les fabriques* qui sont *en France;* *la maladie* qui est *dans moi, la maladie que j'ai.*

328. Cet affixe se combine d'une troisième manière avec des noms substantifs, et sans l'intervention d'aucune préposition; mais cette combinaison à lieu seulement quand ces noms font la fonction d'adverbes de temps. Ex. :

بُوكُون aujourd'hui   بُوكُونكِى celui, *ou* celle d'aujourd'hui
دُون hier   دُونكِى celui, *ou* celle d'hier
صَبَاح le matin   صَبَاحكِى celui, *ou* celle du matin

329. Cette troisième combinaison est quelquefois substantif, et quelquefois adjectif.

330. Dans le premier cas, son pluriel se forme comme celui du nom, et il s'assujettit aux mêmes règles qui régissent le nom dans ses rapports avec les autres mots dans le discours.

CHAPITRE QUATRIÈME.

DU VERBE.

331. Il y a dans la langue ottomane des verbes *simples*, comme : كِتْمَك *aller*, كَلْمَك *venir* ; et des verbes *composés*, comme : تَقْسِيم اِيتْمَك *diviser*, بَاوَر قِيلْمَق *croire, ajouter foi*.

CLASSE I. — DES VERBES SIMPLES.

332. Les verbes simples sont ou *primitifs* ou *dérivés*.

333. Les verbes simples primitifs sont de deux espèces, savoir : le verbe *substantif* ou *abstrait*, et le verbe *adjectif* ou *concret affirmatif*.

334. Le verbe substantif est *défectueux*, et n'a point de dérivés (n° 435).

335. Les verbes simples primitifs adjectifs sont ou *actifs* ou *neutres*.

336. Il y a un grand nombre de verbes simples dérivatifs qui proviennent du verbe simple primitif adjectif affirmatif ; ce sont : le *réfléchi* et le *réciproque*, *actifs affirmatifs* ; les *causatifs* ou *transitifs affirmatifs*, de ces deux derniers et du primitif ; les *passifs affirmatifs*, des six espèces sus-mentionnées ; ce qui forme douze espèces de verbes simples *affirmatifs*. Viennent ensuite les *négatifs* et les *impossibles* de chacune de ces douze espèces ; formant ainsi un ensemble de trente-six espèces de verbes simples, dont chacune a une forme qui lui est particulière, et qui la fait connaître de prime abord.

§ I. *De la formation des verbes simples dérivés et de leurs valeurs.*

337. La *forme* d'un verbe est composée de deux parties : la *racine*, qui est immuable dans la conjugaison ; et la *terminaison*, qui change avec chaque variation de valeur à exprimer.

338. La racine du verbe constitue la forme simple de la seconde personne du singulier de l'impératif. Ex. : يَاپْ *fais*, racine de يَاپْمَقْ *faire*; بِقِلْ *sois jeté par terre*, de بِقِلْمَقْ *être jeté par terre*; بَاقَمَه *ne regarde pas*, de بَاقَمَامَقْ *ne pas regarder*. Dans ce dernier exemple, le ه et le ا, à la fin de la racine, ne sont que voyelles de direction.

339. Le *réfléchi actif affirmatif* se forme en ajoutant un ن à la racine du primitif, avec un أَسْرَه à sa dernière lettre, si elle est quiescente, mais si elle a un son voyelle, elle le conserve. Ainsi, de بَاقَمَقْ *regarder*, se forme بَاقِنْمَقْ; de چَالْقَامَقْ *agiter*, چَالْقَانْمَقْ; et de قُومَقْ *placer*, قُونُمَقْ.

340. La valeur de cette espèce de verbe est proprement réfléchie; car, bien qu'elle ait quelquefois un régime direct, son action ne regarde jamais autre chose que son sujet. Ainsi, بَاقِنْمَقْ signifie *regarder, promener ses regards çà et là sans objet fixe, et de manière qu'on ne peut pas dire qu'on regarde quelque chose*; et چَالْقَانْمَقْ *s'agiter comme les vagues de la mer*. De même, سَوِنْمَكْ veut dire *se plaire en soi-même, se réjouir*; et كَزِنْمَكْ *se promener en long et en large seulement pour l'exercice, et sans le but d'arriver à quelque endroit déterminé, ni de voir quelque endroit*.

341. Il y a des verbes réfléchis qui n'ont point de primitif, ou qui sont plutôt primitifs eux-mêmes. Ex. : ذُوقْلَنْمَكْ *se moquer, trouver dans son esprit que certaine chose est plaisante et ridicule*; صَاقِنْمَقْ *prendre garde pour éviter quelque chose*.

342. Le verbe اِيتْمَكْ *faire*, forme اِيدِنْمَكْ *faire pour soi, se procurer*.

343. Le réciproque actif affirmatif se forme en ajoutant un ش à la racine du primitif, avec un أَسْرَه à sa dernière consonne, si elle est quiescente ; mais si cette lettre a un son voyelle, elle le conserve. Ainsi, de دُوكَّمَك *battre*, se forme دُوكِشَمَك, et de سُوَيْلَمَك *dire*, سُوَيْلِشَمَك.

344. La valeur de ce dérivé est d'exprimer une action faite réciproquement l'un à l'autre, par deux ou plusieurs agents ; de manière que chacun d'entre eux est en même temps l'objet de l'action des autres. Ainsi, دُوكِشَمَك veut dire *se battre mutuellement, se combattre*, et سُوَيْلِشَمَك *se dire l'un à l'autre son opinion, consulter, conférer*.

345. Le verbe ايتَمَك *faire*, forme ايدِشَمَك *se faire mutuellement*.

346. Le *causatif* ou *transitif*, affirmatif de chacune des trois espèces précédentes, se forme en ajoutant la syllabe دِرْ à la racine de cette espèce. Ainsi, de بَاقَمَق *regarder*, se fait بَاقْدِرْمَق ; de سُونْمَك *se réjouir*, سُونْدِرْمَك ; et de دُوكِشَمَك *se combattre*, دُوكِشْدِرْمَك.

347. Si la dernière syllabe de la racine du verbe dont on désire former ce dérivé consiste en deux lettres consonnes, avec ou sans lettre de direction ou de prolongation entre elles, et dont la dernière est un ر ou un ل ; ou si cette syllabe est composée d'une seule lettre consonne, avec un son voyelle, ce qui d'ailleurs ne peut avoir lieu que dans les primitifs ; alors le *causatif* se forme en ajoutant un ت quiescent au lieu de la syllabe دِرْ. Ex. : كَتُورْمَك *apporter*, fait اوكْسِرْتَمَك *tousser*, اوكْسِرْتَمَك ; قِصَالْتَمَق *se raccourcir*, قِصَالْتَمَق ; دَرْلَتَمَك *sucer*, دَرْلَتَمَك ; et كَتُورْتَمَك ; اوقُونْتَمَق *lire*, اوقُونْمَق.

348. Cependant, pour que cette dernière règle soit applicable, il faut que la racine soit de deux syllabes au moins ; car, avec les racines monosyllabiques, on suit la règle générale. Ex. : ايرِشَمَك *atteindre*, fait ايرِشْدِرْمَك ; اَلْدِرْمَق *prendre*, اَلْمَق.

349. Quelques verbes sont sujets à différentes irrégularités sous ce rapport ; c'est pourquoi l'on a jugé nécessaire d'en donner ici quelques-

uns pour exemple : قاچمق *s'échapper*, fait قاچیرمق كچمك *passer*, طاشمق *déborder, se répandre*, ایچیرمك et ایچمك *boire*, كچیورمك ; آشیرمق *outrepasser*, شاشیرمق ; آشمق *s'ébahir*, طاشیرمق *sentir, entendre*, دویورمق ; باتمق *couler, ne pas surnager*, دویرمق اوكرنمك *apprendre*, قالقمق ; باترمق *se lever*, قالدرمق et اوكرتمك.

350. Le verbe كلمك *venir*, n'a point de causatif; on se sert du primitif analogue كتورمك *apporter, faire venir*, pour suppléer à ce défaut; اليقومق *rester*, n'a point non plus de causatif, et c'est le verbe قالمق *arrêter*, qui remplit cette lacune.

351. L'idée représentée par ce dérivé est : *agir de manière, ou être cause, qu'un autre fasse l'action exprimée par le verbe d'où il dérive.* Ainsi, باقدرمق signifie *faire regarder*; سوندرمك *faire réjouir*, etc.

352. Il y a aussi des verbes *doublement causatifs*. Ex. : قیردرتمق *faire faire casser* (c'est-à-dire, par exemple, *ordonner à un individu de faire casser par un autre*); باترتمق *faire faire couler*.

353. Le verbe دیدرتمك, sous une forme doublement causative, est employé comme causatif de دیمك *dire*, et signifie *faire dire, faire parler*.

354. Les *passifs* des six espèces précédentes actives et neutres se forment en ajoutant un ل quiescent, quelquefois précédé d'un ی de direction, à leurs racines, avec un أسره à leur dernière lettre consonne, si elle est quiescente. Ainsi, قیرمق *casser*, fait قیرلمق ; سونمك *se réjouir*, سونلمك ; دوكشمك *se combattre*, یاپدرمق *faire faire*, یاپدرلمك ; سوندرمك *faire réjouir*, سوندرلمك ; et دوكشدرمك *faire combattre*, دوكشدرلمك.

355. Le passif de la plupart des verbes primitifs dont la racine est ter-

minée en ت quiescent, et celui des causatifs figurés avec ت, au lieu de
دْر, se forment en changeant cette lettre en د devant le ل du passif.
Ex. : كُتُورْتَمَقْ *créer*, fait يَرَادِلَمَكْ ; ايْتَمَكْ *faire*, ايدِلَمَكْ ; *faire*
apporter, كُتُورِدِلَمَكْ ; أُوقُوتَمَقْ *faire lire*, أُوقُودِلَمَقْ.

356. Le verbe كِتْمَكْ *aller*, fait كِيدِلَمَكْ, avec un ى de direction.

357. Si la dernière syllabe de la racine du verbe dont on désire former le passif est composée de deux consonnes, avec ou sans lettre de
direction ou de prolongation entre elles, et dont la dernière est un ل ;
ou si elle est formée d'une seule consonne, avec un son voyelle et une
lettre de direction ou de prolongation, alors le passif se forme par l'addition d'un ن au lieu du ل, et devient ainsi de la même figure que le
réfléchi. Ainsi بُولْمَقْ *trouver*, fait بُولِنْمَقْ ; قَابْلَمَقْ *couvrir*, قَابْلِنْمَقْ ;
et أُوقُومَقْ *lire*, أُوقُونْمَقْ.

358. Dans ce dernier cas, on ajoute quelquefois un ل après le ن ;
et alors on donne à celui-ci un أَسَرَه pour son voyelle. Ex. : أُوقُونِلْمَقْ
pour أُوقُونْمَقْ.

359. Bien qu'il ne soit pas nécessaire de donner une explication de
la nature du verbe passif en général, cependant il devient opportun de
dire un mot sur les passifs des verbes *neutres*, *réfléchis*, et *réciproques*,
auxquels le génie de la langue française n'accorderait guère une voix
passive.

360. Effectivement, les formes passives dérivées de ces espèces de
verbes n'expriment pas, et, à vrai dire, ne pourraient exprimer l'idée
qui se rattache au verbe passif, c'est-à-dire, celle d'énoncer l'action passive directe du sujet. L'idée exprimée par ces formes, c'est : *être*, ou
pouvoir être le moyen par lequel, ou *l'objet pour lequel*, *l'action ex-*
primée par la forme active se fait. Ex. : كِتْمَكْ *aller*, كِيدِلَمَكْ *être tel*

qu'on puisse y aller, ou qu'on puisse aller par là; سونمَك se réjouir, دوكِشِلمَك être tel qu'on s'en réjouit; دوكِشمَك se combattre, سونِلمَك être l'objet pour lequel on se combat.

361. On se sert ordinairement de ces formes passives dans la langue ottomane, de même que du verbe réciproque dans l'italien, et avec la même idée secondaire de possibilité, là où on emploie le pronom indéfini avec un verbe actif en français. Ex. : بوبولدن كيديليور (si passa *per questa via*) on passe (on peut passer) *par ce chemin*; بويله يَردَه باقِلورمي (si può *stare a riguardare in parecchio luogo?*) est-ce qu'on reste (on peut rester) *à regarder dans un pareil endroit?* بويله جزئى شَى اجون (non si batte *per sì leggiera cosa*) on ne se bat pas *pour si peu de chose*; آدَم باقمَز ايسَه بَعضًا باقدِريلور (se l'uomo non guarda, si fa guardare *alle volte*) si l'homme ne regarde pas, on *lui* fait regarder quelquefois.

362. En se souvenant des deux règles précédentes, et en s'y exerçant, l'étudiant parviendra à surmonter beaucoup de difficultés, qui autrement pourraient lui donner de l'embarras.

363. Les verbes négatifs se forment en ajoutant la syllabe مَا, مُ, ou مَه (où l'ا et le ه ne sont que voyelles de direction), à la racine du verbe affirmatif. Ex. : بولمَق *trouver*, fait بولمَامَق ; قيريلمَق *se casser*, سونمَك *réjouir*, سونمَامَك ; سونِدِرمَك *se réjouir*, قيريلمَامَق ; دوكِشمَك *combattre*, دوكِشمَامَك.

364. La valeur des négatifs en général n'exige aucun commentaire, mais il faut prévenir l'étudiant que les négatifs des causatifs ont, outre leur valeur ordinaire, une signification *prohibitive*, ou *d'empêchement*. Ex. : قيردِرمَامَق signifie *empêcher de casser*, tout aussi bien que *ne pas*

faire casser ; et سونذرُمامَك *empêcher de se réjouir*, aussi bien que *ne*
pas réjouir.

365. Les verbes *impossibles* se forment par l'introduction d'un ه (ou
quelquefois d'un ا) voyelle de direction, avant le مَا, etc., des négatifs,
avec l'addition d'un أَسْتُون à la dernière lettre consonne de la racine, si
elle n'a pas elle-même un son voyelle. Ex. : باقَهمَمَق *ne pouvoir pas*
regarder ; باقِلهمامَق *ne pouvoir pas être regardé ;* قيرْدِرَهمَمَق *ne pouvoir*
pas faire casser ; قيـرْدِرِلَهمامَـق *ne pouvoir pas être fait casser ;*
دوكشدِرلَهمامَك *être tels qu'on ne peut pas être fait battre ensemble.*

366. Si la dernière lettre consonne de la racine a un son voyelle, elle
le conserve, et alors on introduit la syllabe يَه au lieu du ه et de l'أَسْتُون,
pour former l'impossible. Ex. : أوزامَمَق *traîner en longueur*, أوزامَمَق
ne pas traîner en longueur, أوزايَهمامَق *ne pas pouvoir traîner en*
longueur ; ذَرْلَهمَك *suer,* ذَرْلَهمَك *ne pas suer,* ذَرْلَيَهمامَك *ne pas pou-*
voir suer.

367. Si la racine du verbe d'où l'impossible est dérivé se termine en
ت, cette lettre se change pour la plupart en د dans la forme impossible. Ex. : ابدهمامَك *ne pas pouvoir faire*, de ايتمَك *faire ;* يَرادَهمَق
ne pas pouvoir créer, de يَراتمَق *créer.*

Dans le Tableau suivant (pages **70 , 71**), nous avons donné tous les
verbes à l'infinitif, pour faciliter aux étudiants l'application des infinitifs
français. — Les ا qui suivent les م caractéristiques des *négatifs* et des
impossibles ne sont que des voyelles de direction, et n'ont aucune
influence sur les règles de dérivation.

		ACTIFS	
		PRIMITIF.	RÉFLÉCHI.
AFFIRMATIF	SIMPLE	بَاقْمَقْ regarder	بَاقْبْمَقْ regarder (sans but extérieur)
	CAUSATIF	بَاقْدِرْمَقْ faire regarder	بَاقْدِرْمَقْ faire regarder (sans but extérieur)
NÉGATIF	SIMPLE	بَاقْمَامَقْ ne pas regarder	بَاقْنمَامَقْ ne pas regarder (sans but extérieur)
	CAUSATIF	بَاقْدِرْمَامَقْ ne pas faire regarder, *ou* faire qu'on ne regarde pas ; empêcher de regarder	بَاقْدِرْمَامَقْ ne pas faire regarder, *ou* empêcher de regarder (sans but extérieur)
IMPOSSIBLE	SIMPLE	بَاقَهمَامَقْ ne pas pouvoir regarder	بَافِنهمَامَقْ ne pas pouvoir regarder (sans but extérieur)
	CAUSATIF	بَاقْدِرَهمَامَقْ ne pas pouvoir faire regarder	بَاقْدِرَهمَامَقْ ne pas pouvoir faire regarder (sans but extérieur)

<table>
<tr><th></th><th colspan="4">VERBES</th></tr>
<tr><th></th><th></th><th colspan="3">PASSIFS</th></tr>
<tr><th>RÉCIPROQUE.</th><th>RÉCIPROQUE.</th><th>PRIMITIF.</th><th>RÉFLÉCHI.</th><th>RÉCIPROQUE.</th></tr>
<tr>
<td>but</td>
<td>بَاقِشْمَقْ
se regarder mutuelle-
ment</td>
<td>بَاقِلْمَقْ
être regardé</td>
<td>بَاقِنِلْمَقْ
être l'objet pourquoi on regarde (sans but extérieur)</td>
<td>بَاقِشِلْمَقْ
être l'objet pourquoi on se regarde mu-tuellement</td>
</tr>
<tr>
<td>sàns
)</td>
<td>بَاقِشْدِرمَقْ
faire regarder mu-tuellement</td>
<td>بَاقْدِرلْمَقْ
être fait regarder</td>
<td>بَاقِنْدِرلْمَقْ
être fait regarder (sans but exté-rieur)</td>
<td>بَاقِشْدِرلْمَقْ
être fait regarder mutuellement</td>
</tr>
<tr>
<td>sans
)</td>
<td>بَاقِشْمَامَقْ
ne pas regarder mu-tuellement</td>
<td>بَاقِلْمَامَقْ
ne pas être regardé</td>
<td>بَاقِنِلْمَامَقْ
ne pas être l'objet pourquoi on re-garde (sans but ex-térieur)</td>
<td>بَاقِشِلْمَامَقْ
ne pas être l'objet pourquoi on se re-garde mutuelle-ment</td>
</tr>
<tr>
<td>gar-
cher
sans</td>
<td>بَاقِشْدِرمَامَقْ
ne pas faire regar-der, ou empêcher de regarder mu-tuellement</td>
<td>بَاقْدِرلْمَامَقْ
ne pas être fait re-garder, ou être em-pêché de regarder</td>
<td>بَاقِنْدِرلْمَامَقْ
ne pas être fait, ou être empêché de re-garder (sans but extérieur)</td>
<td>بَاقِشْدِرلْمَامَقْ
ne pas être fait, ou être empêché de regarder mutuelle-ment</td>
</tr>
<tr>
<td>re-
but</td>
<td>بَاقِشُهمَامَقْ
ne pas pouvoir se regarder mutuelle-ment</td>
<td>بَاقِلَهمَامَقْ
ne pas pouvoir être regardé</td>
<td>بَاقِنِلَهمَامَقْ
ne pas pouvoir être l'objet pourquoi on regarde (sans but extérieur)</td>
<td>بَاقِشِلَهمَامَقْ
ne pas pouvoir être l'objet pourquoi on se regarde mutuel-lement</td>
</tr>
<tr>
<td>aire
but</td>
<td>بَاقِشْدِرَهمَامَقْ
ne pas pouvoir faire qu'on se regarde mutuellement</td>
<td>بَاقْدِرلَهمَامَقْ
ne pas pouvoir être fait regarder</td>
<td>بَاقِنْدِرلَهمَامَقْ
ne pas pouvoir être fait regarder (sans but extérieur)</td>
<td>بَاقِشْدِرلَهمَامَقْ
ne pas pouvoir être fait regarder mu-tuellement</td>
</tr>
</table>

368. Il y a encore deux formes de verbes dérivés qu'il est utile de connaître ; mais ce sont plutôt des composés que de simples dérivés : l'une peut se nommer la forme *possible*, l'autre la *facile*.

369. Le *verbe possible* se forme en ajoutant à la racine d'un verbe affirmatif un ه suivi du verbe بلمك *savoir*, et, en même temps, un أستون à la dernière lettre consonne de la racine du verbe d'où le possible est formé, si cette lettre est quiescente. Ex. : يابمق *faire*, يابهبلمك *savoir* ou *pouvoir faire* ; يابلمق *être fait*, يابلهبلمك *pouvoir être fait* ; يابدرمق *faire faire*, يابدرهبلمك *pouvoir faire faire*.

370. Si la dernière lettre de la racine a un son voyelle, elle le conserve, et l'on introduit un ى consonne avant le ه, avec un أستون comme son voyelle, pour former le verbe possible. Ex. : درلمك *suer*, درليهبلمك *pouvoir suer* ; سويلمك *dire*, سويليهبلمك *pouvoir dire*.

371. On ne se sert jamais du négatif de ce dérivé ; car il y a, ainsi qu'on l'a vu, une forme particulière (nº 365) pour exprimer l'idée de l'impossibilité.

372. Le *verbe facile* correspond à peu près à l'idée de *facilité*, de *légèreté* et de *rapidité*, que l'on exprime en français, en ajoutant à un verbe quelconque les mots *tout de suite*, ou *tout bonnement*, ou *sans trop y penser*, ou *de prime abord*, et d'autres phraséologies semblables.

373. Le verbe facile se forme par l'addition du verbe ويرمك *donner*, à la racine d'un verbe primitif ou dérivatif, avec un أسره suivi d'un ى de direction à la dernière lettre de cette racine, si elle est quiescente. Ex. : يابمق *faire*, يابيويرمك *faire tout bonnement*, *faire sans trop y penser*.

374. Si la dernière lettre de la racine d'où le verbe facile se forme a un son voyelle, le ى additionnel devient consonne et prend un أسره

pour signe voyelle. Ex. : دَرْلَمَكْ *suer*, دَرْلَيِوِيرْمَكْ *suer tout de suite* ; بُويَامَقْ *teindre*, بُويَايِوِيرْمَكْ *teindre sans trop y penser*.

375. Il ne faut pas supposer que. tous les verbes ottomans sans exception soient susceptibles de toutes ces dérivations ; par exemple, l'auxiliaire
أَيِلَمَكْ n'a d'autres dérivés que le négatif أَيِلَمَامَكْ et l'impossible
أَيْلَيَمَامَكْ. Cependant ces exceptions sont peu nombreuses.

§ II. *Des modes.*

376. Les verbes ottomans ont six modes, savoir : l'*impératif*, l'*indicatif*, le *nécessitatif* [1], l'*optatif*, le *conditionnel* et l'*infinitif*.

[1] Il y a encore une espèce de mode qu'on peut appeler le *dubitatif*, et qui sert
à énoncer l'accomplissement passé, présent, ou futur, d'une action, indicative-
ment ou nécessitativement, sans prendre sur soi de répondre de la vérité ou de
l'exactitude de ce qu'on énonce ; mais on fait savoir par là, sans le dire explici-
tement, qu'on l'a seulement entendu, ou qu'on le suppose. On s'en sert aussi pour
jeter du doute, ironiquement, sur ce qu'on dit soi-même, quand on répète les paroles, ou quand on explique les pensées d'autrui. Ainsi, si quelqu'un me demande :
« *un tel est-il venu?* » et que je ne sache pas positivement s'il est venu ou non,
mais si je l'ai entendu dire, ou si je le pense, je répondrai dubitativement كَلْمِشْ
(*je crois qu'*) *il est venu*, et non pas كَلْدِى *il est venu*. Si, par exemple, un
officier s'aperçoit que quelqu'un dit ou fait une chose contraire à son autorité, il
pourra commenter là-dessus ironiquement, en disant : بَنْ ضَابِطْ دِكِلْمِى اِيمِشَمْ
ne suis-je donc pas officier?

Il sera question plus loin des temps de cette espèce de mode [*].

[*] Viguier a entrevu quelque chose de ce mode et de sa vraie nature ; et de là il a formé son
parfait indéterminé. Davids aussi dit, à la suite de son *second prétérit* ou *imparfait* du verbe
défectueux اِيمِشَمْ, اِيمْ *je fus*, etc., « on se sert souvent aussi de ce temps dans le sens du présent. » Cependant, aucun de mes devanciers n'a émis la doctrine d'un mode entier dubitatif,
qui, du reste, constitue une des caractéristiques les plus frappantes de la langue ottomane.

377. Parmi ces modes, le nécessitatif, l'optatif et le conditionnel demandent quelque explication quant à leur emploi.

378. Le nécessitatif énonce qu'une action qui ne s'est pas accomplie, doit ou aurait dû nécessairement avoir lieu; il tient ainsi la place de l'impersonnel français *il faut*, et du verbe *devoir*. Ex. : كِتْمَلُودِم *il faut que j'aille*, je dois (*nécessairement*) *aller*; كِتْمَلُوايِدِم *il fallait que j'al-lasse*, je devais, *ou* j'aurais dû *aller*.

379. L'optatif sert à indiquer un désir, un souhait, ou un but; ce qui s'exprime en français par le subjonctif. Ex. : كِيـدَه *qu'il aille*, كِيدَيْدِى ou كِيدَهايِدِى *qu'il allât*.

380. Le conditionnel sert à exprimer la condition sous laquelle une autre action a eu, a, ou aura lieu, et non pas, comme les *temps* condi-tionnels français, la conséquence d'une condition. Il a donc toujours un complément. Ex. : كِتْسَه *s'il va*, بَنْ دَخِى كِيدَرِم (*moi aussi j'irai*); كِتْسَيْدِى *s'il était allé*, (بَنْ دَخِى كِيدَرْايِدِم *moi aussi je serais allé*).

381. Quelquefois le complément est supprimé, et alors le conditionnel a la force de l'optatif; car ce complément supprimé est : *je serais*, ou *aurais été bien aise*, ou toute autre phrase correspondante.

§ III. *Des temps.*

382. Les temps se distinguent par leur terminaison : pour reconnaître cette terminaison, il faut avoir égard seulement à la troisième personne du singulier de chaque temps.

383. Les temps sont ou *primitifs* ou *composés*, comme on le verra dans les observations suivantes sur leur formation. Les composés se forment en ajoutant la terminaison, affectée au passé, دِى ou ايِدِى aux temps primitifs correspondants.

384. L'impératif n'a qu'un seul temps, le *présent;* il y en a huit à l'indicatif, savoir : le *présent*, l'*imparfait*, l'*aoriste*, le *passé*, le *parfait*, le *plus-que-parfait*, le *futur*, et le *futur passé;* deux au nécessitatif : le *présent* et le *parfait;* deux à l'optatif : le *présent* et le *parfait;* deux au conditionnel : l'*aoriste* et le *parfait;* et enfin un à l'infinitif : le *présent*.

385. Le présent de l'impératif contient la racine du verbe; c'est la forme simple de la seconde personne du singulier.

386. Ce temps n'a point de première personne au singulier, et ses autres personnes se forment d'une manière particulière, qui est expliquée dans la section où il est traité des nombres et des personnes.

387. Le présent de l'indicatif indique que l'action s'accomplit au moment même où le discours a lieu.

388. Quelquefois aussi il exprime une habitude présente, mais qui n'est pas durable; une action qu'on a actuellement l'habitude de répéter, sans qu'elle ait lieu à l'instant même du discours.

389. La troisième personne du singulier de ce temps se forme en ajoutant la syllabe يُور à la racine du verbe, avec un أَسَرُه à la dernière consonne, si elle est quiescente; mais si cette lettre a un son voyelle, elle le conserve. Ex. : يَاپْ *fais*, يَاپِيُورْ *il fait* (soit *actuellement*, soit *habituellement*); دَرْلَه *sue*, دَرْلَيُورْ *il sue*; بَاشْلَا *commence*, بَاشْلَايُورْ *il commence*.

390. Les lettres de direction qui se trouvent à la fin de la racine du verbe se suppriment ou se conservent dans ce temps, selon le cas; et si la racine se termine en ت, cette lettre se change le plus souvent en د. Ex. : يَرَاتْ *crée*, يَرَادِيُورْ *il crée*.

391. L'imparfait de l'indicatif indique qu'une action avait lieu et n'était pas encore achevée dans un instant défini de temps passé.

392. La troisième personne du singulier se forme en ajoutant la terminaison دی ou ایدی à celle du temps précédent. Ex. : یاپیورْدی ou دُرْلَیُورْدی *il faisait* (alors, dans cet instant-là); یاپیورَایدی ou دُرْلَیُورَایدی *il suait*; باشلایورْدی ou باشلایورَایدی *il commençait*.

393. L'aoriste de l'indicatif se rapporte quelquefois au présent, c'est-à-dire, à une durée qui n'est pas encore terminée ; il exprime alors une habitude, ainsi que le fait le présent dans l'un de ses emplois ; la différence entre les deux étant que le présent est plus déterminé et plus positif dans son rapport au présent, tandis que celui-ci indique plutôt une habitude générale et durable.

394. L'aoriste se rapporte aussi quelquefois au futur, et alors il indique une promesse.

395. La troisième personne du singulier de ce temps a la même force que le participe aoriste actif (n° 457), c'est-à-dire que dans les verbes affirmatifs, autres que les causatifs ; elle se forme en ajoutant à la racine la terminaison رْ dans le cas des verbes d'un ton doux , ou ارْ dans le cas de ceux d'un ton dur, ou enfin ورْ dans le cas des verbes dont la racine se termine en ل ou ن , et رْ toujours dans le cas des verbes causatifs, avec un أُسْتون dans les deux premiers cas, un أوتُورِی dans le troisième, et un أَسَرَه dans le quatrième ; pour son voyelle, à la dernière consonne de la racine, si elle est quiescente ; si cette lettre a un son voyelle, elle le conserve ; mais si elle est suivie d'une voyelle de direction, celle-ci se supprime. Ex. : کَسْ *coupe*, کَسَرْ *il coupe* (habituellement), *il coupera* (je te le promets); قیرْ *casse*, قیرَارْ *il casse*, *il cassera*; کَلْ *viens*, کَلُورْ *il vient, viendra*; طوپْلَنْ *sois ramassé*, طوپْلَنُورْ *il se ramasse, sera ramassé*; یَازْدِرْ *fais écrire*, یَازْدِررْ *il fait, fera écrire*; دَرْلَه *sue*, دَرْلَرْ *il sue, suera*; یُورُو *marche*, یُورُورْ *il marche, marchera*.

396. La plupart des verbes dont la racine se termine en ت quiescent changent cette lettre en د pour former ce temps ; cette lettre prend
alors quelquefois (toujours dans les causatifs) أَسَرُه pour son voyelle. Ex. :
إِيبَدَر *il fait*, de اِيتَّمَك ; كِيبَرَر *il va*, de كَتَّمَك ; أَرَادِرّ *il fait chercher*, de
أَرَاتَمَق ; يَرَادِرّ *il crée*, de يَرَاتَمَق.

397. Mais dans les verbes négatifs et impossibles, la troisième personne
de ce temps, dont l'orthographe est toujours la même que celle du participe actif aoriste, se forme en ajoutant un زْ à la racine et en supprimant
la dernière lettre de direction. Ex. : كَسِّمْدَه *ne coupe pas*, كَسِّمْزَر *il ne coupe
pas, ne coupera pas* ; كَسْمِدْزَر *il ne peut, ne pourra couper*.

398. Le passé de l'indicatif sert à indiquer une habitude qui avait lieu
dans un temps déjà terminé.

399. Il sert aussi à indiquer, sans négation, et comme complément
d'un verbe au conditionnel (nᵒ 380), exprimé ou sous-entendu, que
l'action qu'il exprime ne s'est pas, ou ne sera pas accomplie ; il correspond, dans ce dernier cas, à ce que les grammairiens français ont appelé
le conditionnel.

400. La troisième personne du singulier se forme en ajoutant la terminaison دِى ou إِيبِدى à celle du temps précédent. Ex. : كَسَرْدِى ou
كَسَرَايِدى *il coupait* (habituellement), et *il couperait*, ou *il aurait
coupé* ; كَسْمَزْرَايِدى ou كَسْمَزْدِى *il ne coupait pas* (habituellement), et *il
ne couperait pas*, ou *il n'aurait pas coupé*.

401. Le parfait de l'indicatif n'exige aucune explication ; il est tout à
fait analogue à ce même temps en français, à l'exception seulement qu'il
embrasse le défini et l'indéfini.

402. La troisième personne du singulier se forme en ajoutant la terminaison دِى à la racine du verbe, dont la lettre de direction finale, s'il y

en a une, se supprime presque toujours. Ex. : كَسَّر *coupe*, كَسْدِى *il coupa, il a coupé*; كَسْمَهْ *ne coupe pas*, كَسْمَدِى *il ne coupa pas, il n'a pas coupé*.

403. Le plus-que-parfait de l'indicatif correspond au même temps et au prétérit antérieur en français.

404. La troisième personne du singulier se forme en ajoutant la terminaison دِى ou اِيدِى à celle du temps précédent. Ex. : كَسْدِيدِى ou كَسْدِى اِيدِى *il avait coupé, il eut coupé*.

405. Le futur de l'indicatif diffère du même temps en français, en ce qu'il n'en remplit que la moitié des fonctions; il ne sert jamais à promettre, signification réservée à l'aoriste (n° 394), et s'emploie seulement comme énonciatif.

406. La troisième personne du singulier de ce temps se forme de la même manière que le participe actif futur (n° 465), c'est-à-dire en ajoutant la terminaison جَقْ ou جَكْ (ك arabe) à la racine du verbe, avec un أُسْتُون et un ه de direction à la dernière consonne, si elle est quiescente; mais si cette lettre a un son voyelle, elle le conserve, la lettre de direction qui la suit, s'il y en a une, se conservant en même temps, ou se supprimant, selon le cas; et alors on ajoute un ى consonne avec un أُسْتُون pour voyelle avant le ه de direction. Ex. : قِيرَرْ *casse*, قِيرَهجَقْ *il va casser*; أُوطُورْمِيَهجَكْ *coupe*, كَسَهجَكْ *il va couper*; أُوطُورْمَهْ *ne t'assieds pas*, كَسْ *il ne va pas s'asseoir*; سُويْلَمَهْ *ne dis pas*, سُويْلَمَيَهجَكْ *il ne va pas dire*.

407. La plupart des verbes dont la racine se termine en ت quiescent changent cette lettre en د pour former ce temps. Ex. : أَرَادَهجَقْ *il va faire chercher*, de أَرَاتْمَقْ *faire chercher*; اِيدَهجَكْ *il va faire*, de اِيتْمَكْ *faire*; يَرَادَهجَقْ *il va créer*, de يَرَاتْمَقْ *créer*.

408. Le futur passé de l'indicatif sert à indiquer qu'une action allait avoir lieu dans un temps passé, présent ou futur.

409. La troisième personne du singulier se forme en ajoutant la terminaison دى ou ايدى à celle du temps précédent. Ex. : قيره‌جقدى ou كسه‌جك‌ايدى ou كسه‌جكدى *il allait casser*, قيره‌جق‌ايدى *il allait couper* [1].

---

[1] Chaque verbe possède à l'indicatif, outre les huit temps que nous avons nommés dans le corps de l'ouvrage, trois catégories entières de temps complexes, composées chacune de huit temps qui correspondent aux huit temps simples.

Ces catégories sont formées des trois participes *aoriste* (n° 457), *passé* (n° 460), et *futur* (n° 465) du verbe, joints aux huit temps de l'indicatif de l'auxiliaire neutre اولمق *être, devenir* (n° 546). Faute de savoir comment les mieux désigner, nous en nommerons les temps : le *présent*, *imparfait*, etc., *complexe*, de la *première*, *seconde* et *troisième catégorie*.

Comme nous avons donné ailleurs la conjugaison entière de l'auxiliaire اولمق (n° 519), nous aurions pu nous dispenser de placer ici la suite de ces temps complexes ; cependant, pour mieux fixer la forme et la signification de chacun d'entre eux, nous avons préféré en donner la troisième personne du singulier, avec une explication succincte.

PREMIÈRE CATÉGORIE.

PRÉSENT.

أجار اوليور *il ouvre*, c'est-à-dire, il est (*ou il devient* [*]) celui qui ouvre habituellement ; non pas : *il ouvre dans cet instant même*, ou : *il a simplement une* habitude *présente d'ouvrir* ; mais : *il a* (ou *il acquiert*) la qualité *d'être celui qui ouvre*.

---

[*] Cette nuance de signification provient de ce que le verbe اولمق veut dire *devenir*, aussi bien qu'*être*.

410. Le présent du nécessitatif sert à indiquer qu'il y a une nécessité présente pour l'accomplissement de l'action exprimée par le verbe.

IMPARFAIT.

آچار اُوليسور ايدی   *il ouvrait,* c'est-à-dire, il avait (*ou* il acquérait) la *qualité* d'être celui qui ouvre.

AORISTE.

اُچار اُولور   *il ouvre, il ouvrira;* c'est-à-dire, il a, il aura (*ou* il acquerra) la *qualité* d'être celui qui ouvre.

PASSÉ.

آچار اُولور ايدی   *il ouvrait;* et *il ouvrirait, il aurait ouvert;* c'est-à-dire, il avait, *ou* il aurait eu (*ou* aurait acquis) dans un temps passé, *ou* il aurait (*ou* il acquerrait), à présent ou dans un temps futur, la *qualité* d'être celui qui ouvre [*].

PARFAIT.

اُچار اُولدی   *il ouvrit, il a ouvert;* c'est-à-dire, il fut, il a été (*ou* devint) celui dont la *qualité* était d'ouvrir.

PLUS-QUE-PARFAIT.

اُچار اُولدی ايدی   *il avait, il eut ouvert;* c'est-à-dire, il avait été, il eut été (*ou* était devenu) celui dont la *qualité* était d'ouvrir.

---

[*] Comme les significations d'*habitude* et de *qualité* ont beaucoup de rapprochement, et que, d'après ce qui est dit dans le corps de l'ouvrage comme explication du *présent,* de l'*aoriste,* et du *passé,* simples, ces temps servent, sous certaines conditions, à exprimer des *habitudes,* il s'ensuit que l'usage de ces trois temps complexes de la première catégorie est très-rare dans les sens qui correspondent aux significations d'habitude des mêmes temps simples. L'*imparfait* simple, de même, indique, de sa nature, une *habitude* au moins momentanée; et pour cette raison on emploie rarement l'imparfait complexe de cette première catégorie. Toutefois, quand on veut bien préciser les idées ci-dessus indiquées, on se sert des temps complexes correspondants; et l'emploi de l'aoriste dans le sens futur, et celui du passé dans le sens conditionnel, sont, pour ainsi dire, d'un usage fréquent.

411. La troisième personne du singulier se forme en ajoutant la terminaison مَلُو à la racine du verbe, dont la lettre de direction finale, s'il y

FUTUR.

اَجَـاُر اُولَهجَق *il va ouvrir;* c'est-à-dire, il va être (*ou* devenir) celui dont la *qualité* est d'ouvrir.

FUTUR PASSÉ.

اَجَاُر اُولَهجَق اِيـدِى *il allait ouvrir;* c'est-à-dire, il allait être (*ou* devenir) celui dont la *qualité* est d'ouvrir *.

SECONDE CATÉGORIE.

PRÉSENT.

اَجِمِش اُولِيُورْ *il a ouvert;* c'est-à-dire, il est (*ou* devient) maintenant celui qui a (*ou* qui acquiert) la qualité d'avoir ouvert déjà.

IMPARFAIT.

اَجِمِش اُولِيُورْ اِبِدِى *il avait ouvert;* c'est-à-dire, il était (*ou* devenait) alors celui qui avait (*ou* qui acquérait) la qualité d'avoir ouvert déjà.

AORISTE.

اَجِمِش اُولُورْ *il aura ouvert;* c'est-à-dire, il sera (*ou* deviendra) celui qui aura (*ou* qui acquerra) la qualité d'avoir ouvert déjà.

PASSÉ.

اَجِمِش اُولُورْ اِيدِى *il aurait ouvert;* c'est-à-dire, il aurait été (*ou* serait devenu) celui qui aurait eu (*ou* qui aurait acquis) la qualité d'avoir ouvert déjà **.

______

* L'emploi du *parfait* et du *plus-que-parfait* complexes de la première catégorie est assez fréquent; mais celui du *futur* et du *futur passé* ne l'est pas autant.

** L'*aoriste* complexe de cette seconde catégorie n'a point la signification d'habitude présente; ni son passé complexe, celle d'habitude passée, ou de conditionnel présent.

en a une, se supprime ou se conserve, selon le cas. Ex. : قيـرّمَلُو *il faut qu'il casse, il doit casser ;* كَسْمَلُو *il faut qu'il coupe, il doit couper ;* دَرْلَهمَلُو ou دَرْلَمَلُو *il faut qu'il sue, il doit suer.*

PARFAIT.

أَچْمِش أُولْدِى *il eut ouvert ;* c'est-à-dire, il fut, il a été (*ou* devint) celui qui eut (*ou* qui acquit) la qualité d'avoir ouvert déjà.

PLUS-QUE-PARFAIT.

أَچْمِش أُولْدِيدِى *il a eu ouvert ;* c'est-à-dire, il avait, *ou* eut été (*ou* était devenu) celui qui avait *ou* eut eu (*ou* qui avait, *ou* eut acquis) la qualité d'avoir ouvert déjà.

FUTUR.

أَچْمِش أُولَهجَق *il aura ouvert ;* c'est-à-dire, il va être (*ou* devenir) celui qui a (*ou* qui acquerra) la qualité d'avoir ouvert déjà.

FUTUR PASSÉ.

أَچْمِش أُولَهجَق اِيدِى *il aurait ouvert ;* c'est-à-dire, il allait être (*ou* devenir) celui qui aurait eu (*ou* qui aurait acquis) la qualité d'avoir ouvert déjà.

TROISIÈME CATÉGORIE.

PRÉSENT.

أَچَهجَق أُولِيُورْ *il va ouvrir ;* c'est-à-dire, il est (*ou* devient) maintenant celui qui a la qualité de devoir ouvrir prochainement.

IMPARFAIT.

أَچَهجَق أُولِيُورْ اِيدِى *il allait ouvrir ;* c'est-à-dire, il était (*ou* devenait) alors celui qui avait la qualité de devoir ouvrir prochaine-ment.

AORISTE.

أَچَهجَق أُولُورْ . . . . ; c'est-à-dire, il est (habituellement (*ou* sera (*ou* deviendra) celui qui a (*ou* qui acquerra) la

412. Le parfait du nécessitatif s'emploie pour indiquer qu'il y avait une nécessité passée pour l'accomplissement de l'action exprimée par le verbe.

qualité de devoir ouvrir prochainement. (On ne peut rendre cette idée en français que par une périphrase, telle que : *il est* (habituellement) ou *sera près* (ou *sur le point*, ou *dans l'intention*) *d'ouvrir* ou *d'aller ouvrir*.)

PASSÉ.

أَچَهْجَقّ اُولُورَايِدِى ....; c'est-à-dire, il était (habituellement) *ou* il serait, *ou* aurait été, celui qui avait, *ou* qui aurait eu la qualité de devoir ouvrir prochainement. (La remarque qui précède s'applique également à ce temps ; il peut se rendre ainsi : *il serait*, ou *aurait été près* (ou *sur le point*, ou *dans l'intention*) *d'ouvrir*.)

PARFAIT.

أَچَهْجَقّ اُولْدِى *il allait ouvrir;* c'est-à-dire, il fut, il a été (*ou* devint) celui qui avait la qualité de devoir ouvrir prochainement.

PLUS-QUE-PARFAIT.

أَچَهْجَقّ اُولْدِيِدِى ....; c'est-à-dire, il avait été (*ou* il était devenu) celui qui avait eu la qualité de devoir ouvrir prochainement. (La remarque placée à l'aoriste s'applique aussi à ce temps ; il peut se rendre ainsi : *il avait été près* (ou *sur le point*, ou *dans l'intention*) *d'ouvrir*.

FUTUR et FUTUR PASSÉ.

Manquent.

(Je pense que l'euphonie empêche l'emploi de ces deux temps, dont les formes auraient été : أَچَهْجَقّ اُولَهْجَقّ

413. La troisième personne du singulier se forme en ajoutant la terminaison ايدی à celle du temps précédent. Ex. : قيرملوايدی *il fallait qu'il cassât, il aurait dû casser* ; كَسْمَلُوايدی *il fallait qu'il coupât, il aurait dû couper* ; دَرْلَدَملُوايدی *il fallait qu'il suât, il aurait dû suer* [1].

أَچهَجَقّ اوْلهَجَقّ ايدی ; au reste, l'aoriste pour le premier, et le passé pour le second, suppléent à cette lacune.)

[1] Les nécessitatifs complexes des *trois catégories* sont :

PREMIÈRE CATÉGORIE.

PRÉSENT.

أَچَارْ اوْلْمَلُو *il faut qu'il ouvre, il doit ouvrir* ; c'est-à-dire, il faut qu'il soit, il doit être celui qui a la qualité d'ouvrir.

PARFAIT.

أَچَارْ اوْلْمَلُوايدی *il fallait qu'il ouvrît, il aurait dû ouvrir* ; c'est-à-dire, il fallait qu'il fût, il aurait dû être celui qui avait la qualité d'ouvrir :

SECONDE CATÉGORIE.

PRÉSENT.

أَچْمِشْ اوْلْمَلُو *il faut qu'il ait ouvert, il doit avoir ouvert* ; c'est-à-dire, il faut qu'il soit, il doit être celui qui a la qualité d'avoir ouvert déjà.

PARFAIT.

أَچْمِشْ اوْلْمَلُوايدی *il fallait qu'il eût ouvert, il aurait dû avoir ouvert* ;

414. Le présent de l'optatif sert à indiquer que l'action est, a été, ou sera le but d'une autre action, avec l'idée secondaire de l'espoir qu'elle puisse s'accomplir.

415. La troisième personne du singulier de ce temps se forme en

c'est-à-dire, il fallait qu'il fût, il aurait dû être celui qui avait la qualité d'avoir ouvert déjà.

TROISIÈME CATÉGORIE.

PRÉSENT.

أُوَلْمَلُو جَقّ أَچَهْ *il faut qu'il aille ouvrir*. . . . . ; c'est-à-dire, il faut qu'il soit, il doit être celui qui a la qualité de devoir ouvrir prochainement. (L'idée renfermée dans cette combinaison se rendrait plus exactement en français par une périphrase telle que : *il doit être près* (ou *sur le point*, ou *dans l'intention*) *d'ouvrir*).

PARFAIT.

أُوَلْمَلُوايِدِى جَقّ أَچَهْ *il fallait qu'il allât ouvrir*. . . . . ; c'est-à-dire, il fallait qu'il fût, il aurait dû être celui qui avait la qualité de devoir ouvrir prochainement. (Cette idée se rendrait également d'une manière exacte, par cette périphrase française : *il aurait dû être près* (ou *sur le point*, ou *dans l'intention*) *d'ouvrir*)[*].

[*] C'est ici le lieu de dire quelques mots au sujet des temps dubitatifs.

Chaque temps, soit primitif, soit composé, soit complexe, de l'indicatif et du nécessitatif, peut recevoir la forme dubitative, qui consiste dans la simple addition de la syllabe dubitative مِشْ ou ايمِشْ à la fin des temps qui ne finissent pas en دِى ou ايدِى, et immédiatement avant cette terminaison, dans les temps qui l'ont, excepté le parfait de l'indicatif, qui a besoin d'être expliqué plus au long.

Il nous suffira de donner la désinence et la valeur de quelques temps sous la forme dubitative;

ajoutant pour terminaison un اُسْتُونْ à la dernière lettre consonne de la racine du verbe, suivi d'un ه de direction, si cette lettre est quiescente; si elle a un son voyelle elle le conserve, la lettre de direction qui la suit,

car on ne peut en rendre la valeur en français que par une périphrase, comme : *je pense, je crois que ....; on dit que ....* , etc.

EXEMPLES DE QUELQUES TEMPS DUBITATIFS.

INDICATIF.

PRÉSENT.

اَچِيُورَايِمِشْ *il ouvre*; c'est-à-dire, je pense, je crois, on dit, j'ai entendu, qu'il ouvre.

IMPARFAIT.

اَچِيُورْمِشْ اِيدِى *il ouvrait*; c'est-à-dire, je pense, je crois, on dit, j'ai entendu, qu'il ouvrait.

PARFAIT.

اَچْمِشْ *il ouvrit, il a ouvert*; c'est-à-dire, je crois, je pense, on dit, j'ai entendu qu'il ouvrit, qu'il a ouvert. (Ce temps paraît être un temps primitif, et on s'en sert effectivement comme tel. L'usage a sanctionné dans la littérature l'emploi des différentes personnes de ce temps pour tenir lieu des mêmes personnes du parfait de l'indicatif. La similitude de ce temps, quant à la forme, avec le participe actif parfait, dont on se sert pour former une catégorie de temps complexes, a toujours, d'après les apparences, formé une pierre d'achoppement pour les auteurs qui ont traité de la langue ottomane; cette conformité est ainsi devenue une source féconde d'erreurs et de malentendus, dont un grand nombre disparaissent quand on se souvient de la signification dubitative de ce temps.)

PLUS-QUE-PARFAIT.

اَچْمِشْ اِيدِى *il avait, il eut ouvert*; c'est-à-dire, je crois, je pense, etc., qu'il avait, qu'il eût ouvert.

AORISTE *complexe de la première catégorie*.

اَچَار اُولُورَايِمِشْ *il ouvrira*; c'est-à-dire, je pense, etc., qu'il aura (*ou* acquerra) la qualité d'être celui qui ouvre.

s'il y en a une, se conservant en même temps, ou se supprimant selon le cas ; et alors on ajoute un ى consonne avec un أُسْتُون pour voyelle, avant le ه de direction. Ex. : قِيرَه *qu'il casse*, كَسَه *qu'il coupe*, ذَرْلَيَه *qu'il sue*, بَاشْلَايَه *qu'il commence.*

PASSÉ *complexe de la seconde catégorie.*

أَچْمِشْ أُولُورْ اِيمِشْدِی *il aurait ouvert*; c'est-à-dire, je pense, etc., qu'il aurait été (*ou* serait devenu) celui qui aurait eu (*ou* qui aurait acquis) la qualité d'avoir ouvert déjà.

PLUS-QUE-PARFAIT *complexe de la troisième catégorie.*

أَچَهجَقْ أُولْمِش اِيدِی *il allait ouvrir*; c'est-à-dire, je pense, etc., qu'il fut, qu'il a été (*ou* devint) celui qui avait la qualité de devoir ouvrir prochainement.

NÉCESSITATIF.

PRÉSENT.

أَچْمَلُو اِيمِشْ *il faut qu'il ouvre, il doit ouvrir*; c'est-à-dire, je pense, etc., qu'il faut qu'il ouvre, qu'il doit ouvrir.

PRÉSENT *complexe de la première catégorie.*

أَچَارْ أُولْمَلُو اِيمِشْ *il faut qu'il ouvre, il doit ouvrir*; c'est-à-dire, je pense, etc., qu'il faut qu'il soit, qu'il doit être celui dont la qualité est d'ouvrir.

PRÉSENT *complexe de la seconde catégorie.*

أَچْمِشْ أُولْمَلُو اِيمِشْ *il faut qu'il ait ouvert, il doit avoir ouvert*; c'est-à-dire, je pense, etc., qu'il faut qu'il soit, qu'il doit être celui dont la qualité est d'avoir ouvert.

Ces exemples suffiront pour faire comprendre l'usage des temps dubitatifs, et pour démontrer que l'idée, quant au temps, ne change pas par suite de l'addition de la syllabe dubitative مِشْ, et que le parfait dubitatif de l'indicatif est une chose bien différente du participe actif parfait ; la confusion de ces deux mots dans le discours est un arménianisme des plus choquants de cette espèce de barbarisme.

416. La plupart des verbes dont la racine se termine en ت quiescent, changent ce ت en د pour former ce temps. Ex. : ايده *qu'il fasse*, de أرانمق *qu'il aille*, de كتمك ; ارادﻩ *qu'il fasse chercher*, de ايتمك.

417. Le parfait de l'optatif s'emploie de deux manières : 1° pour indiquer que l'on a peu d'espoir que l'action qu'il exprime se fasse, quoique souhaitée; et alors il se rapporte au futur;

418. 2° Pour exprimer le regret que l'action ne se soit pas faite dans un temps passé.

419. La troisième personne du singulier se forme en ajoutant la terminaison ايدى à celle du temps précédent. Ex. : قيره ايدى *qu'il cassât, s'il eût cassé* ; كسه ايدى *qu'il coupât, s'il eût coupé*.

420. On supprime assez souvent le ﻩ et le ا, et on écrit le mot de cette manière : كسيدى , قيريدى. [1]

---

[1] Les trois catégories des temps complexes sont en usage à l'optatif. En voici les formes et les valeurs :

PREMIÈRE CATÉGORIE.

PRÉSENT.

أچار أوله *qu'il ouvre*; c'est-à-dire, qu'il soit (*ou* qu'il devienne) celui qui a la qualité d'ouvrir.

PARFAIT.

أچار أوليدى *qu'il ouvrît, qu'il ait* ou *eût ouvert*; c'est-à-dire, qu'il fût, qu'il ait *ou* eût été (*ou* qu'il devînt *ou* fût devenu) celui qui avait la qualité d'ouvrir.

SECONDE CATÉGORIE.

PRÉSENT.

أچمش أوله *qu'il ait ouvert*; c'est-à-dire, qu'il soit (*ou* qu'il devienne) celui qui a la qualité d'avoir ouvert déjà.

421. L'aoriste du conditionnel se rapporte quelquefois au présent, et quelquefois au futur.

422. Il se rapporte au présent, comme exprimant une habitude, et au futur, tantôt comme habitude et tantôt comme simple action ; il laisse l'incertitude de la condition dans toute sa force, et n'établit rien de positif.

423. La troisième personne du singulier se forme en ajoutant la terminaison ـه à la racine du verbe, dont la lettre de direction finale, s'il y en a une, se conserve ou se supprime, selon le cas. Ex. : قِيبْرُسَه *s'il casse* (s'il a actuellement l'habitude de casser, *ou* s'il va casser après ce temps-ci) ; دَرُّلَسَه *s'il sue*, بَاشْلَاسَه *s'il commence*.

PARFAIT.

أَجْمِشْ أُولَيْدِى *qu'il eût ouvert* ; c'est-à-dire, qu'il fût, *ou* eût été (*ou* qu'il devînt, *ou* fût devenu) celui qui avait la qualité d'avoir ouvert déjà.

TROISIÈME CATÉGORIE.

PRÉSENT.

أَجَهَجَّق أُولَه .... ; c'est-à-dire, qu'il soit (*ou* qu'il devienne) celui qui a la qualité de devoir ouvrir prochainement. (On peut aussi rendre ce temps par ces périphrases : *qu'il soit près*, ou *sur le point*, ou *dans l'intention, d'ouvrir*.)

PARFAIT.

أَجَهَجَّق أُولَيْدِى .... ; c'est-à-dire, qu'il fût, *ou* eût été (*ou* qu'il devînt, *ou* fût devenu) celui qui avait la qualité de devoir ouvrir prochainement. (Ce temps peut se rendre ainsi : *qu'il fût, ou eût été près*, ou *sur le point*, ou *dans l'intention, d'ouvrir*.)

12

424. Le parfait du conditionnel révoque en doute et combat l'idée de l'accomplissement de la condition dans un temps passé, présent, ou futur, selon la signification du contexte.

425. La troisième personne du singulier se forme en ajoutant la terminaison ایدی à celle du temps précédent, ou سَیْدی à la racine du verbe; et, dans ce dernier cas, la lettre de direction finale de la racine, s'il y en a une, se conserve ou se supprime, selon le cas. Ex. : قیرسَه‌ایدی ou قیرسَیْدی *s'il cassait, s'il avait* ou *eût cassé*; دَرلَسَیِه‌ایدی ou دَرلَسَیْدی *s'il suait, s'il avait* ou *eût sué* [1].

---

[1] Les trois catégories de temps complexes sont en usage au conditionnel. En voici les formes et les valeurs :

PREMIÈRE CATÉGORIE.

AORISTE.

أَچَارْ اولَسَه *s'il ouvre*; c'est-à-dire, s'il est (*ou* s'il devient) celui dont la qualité est d'ouvrir.

PARFAIT.

أَچَارْ اولَسَیْدی *s'il ouvrait, s'il avait* ou *eût ouvert*; c'est-à-dire, s'il était, s'il avait *ou* eût été (*ou* s'il était devenu) celui dont la qualité était d'ouvrir.

SECONDE CATÉGORIE.

AORISTE.

أَچْمِش اولَسَه *s'il avait ouvert*; c'est-à-dire, s'il était (*ou* s'il était devenu) celui qui a la qualité d'avoir ouvert déjà.

PARFAIT.

أَچْمِش اولَسَیْدی *s'il eût ouvert*; c'est-à-dire, s'il eût été (*ou* s'il fût devenu) celui dont la qualité était d'avoir ouvert déjà.

426. Le présent de l'infinitif sert à énoncer une action d'une manière absolue, pouvant s'appliquer à tous les temps, nombres et personnes.

427. Il se forme en ajoutant la terminaison مَق ou مَك (كت arabe) à la racine du verbe, selon les règles de l'euphonie ; et alors la dernière voyelle de direction de la racine, s'il y en a une, se supprime ou se conserve, selon le besoin. Ex. : قِيـرَ *casse*, قِيـرَمَق *casser* ; كَسّ *coupe*, كَسّمَك *couper* ; دَرْأَه *sue*, دَرْلَمَك *suer* ; بَاشْلَا *commence*, بَاشْلَامَق *commencer* [1].

TROISIÈME CATÉGORIE.

AORISTE.

أَجَهجَق أُولْسَه *s'il allait ouvrir* ; c'est-à-dire, s'il était (*ou* s'il devenait) celui dont la qualité est de devoir ouvrir prochainement.

PARFAIT.

أَجَهجَق أُولْسَيْدِى *s'il allait ouvrir* ; c'est-à-dire, s'il eût été (*ou* s'il fût devenu) celui dont la qualité est de devoir ouvrir prochainement [*].

[1] Les trois catégories de temps complexes sont en usage à l'infinitif ; voici leurs formes et leurs valeurs :

PREMIÈRE CATÉGORIE.

أَجَارْ أُولْمَق *ouvrir* ; c'est-à-dire, être (*ou* devenir) celui qui a la qualité d'ouvrir.

[*] On voit, par les différents temps simples et complexes du conditionnel, dont les formes sont définies ci-dessus, que la terminaison سَه est l'indice d'une condition. Ceci est tellement vrai, que si on l'ajoute aux différents temps, simples ou complexes, de l'indicatif, du nécessitatif et du dubitatif, ces temps aussi deviennent tous conditionnels ; de manière que le nombre des temps du mode conditionnel semble être très-considérable, sans l'être cependant en réalité. On pourrait considérer la syllabe سَه ou son équivalent إِسَه comme une conjonction, ayant la signification de *si* ; mais, en la voyant unie d'une manière inséparable à la racine du verbe dans les temps primitifs, et

§ IV. *Des nombres et des personnes*.

428. Les verbes ottomans, comme les noms, ont deux nombres : le singulier et le pluriel.

429. Comme les pronoms, ils ont, dans chaque nombre, trois personnes qui restent invariables, quel que soit le genre de leur sujet.

430. Les personnes de chaque nombre, dans tous les temps, sont formées de la troisième personne du singulier, en ajoutant certaines terminaisons qui sont particulières à chaque personne.

SECONDE CATÉGORIE.

أَچْمِش اُولْمَق *avoir ouvert* ; c'est-à-dire, être (*ou* devenir) celui qui a la qualité d'avoir ouvert déjà.

TROISIÈME CATÉGORIE.

أَچَـجَـق اُولْمَق *devoir ouvrir* ; c'est-à-dire, être (*ou* devenir) celui qui a la qualité de devoir ouvrir, d'aller ouvrir prochainement.

incorporée dans le verbe dans les temps composés, j'ai préféré la considérer comme une inflexion ou terminaison significative du verbe lui-même, et avec d'autant plus de raison que le verbe ainsi modifié peut être précédé de conjonctions, comme on le voit dans la syntaxe. Il n'est besoin ici, ni de donner les formes, ni d'expliquer les significations de ces tournures conditionnelles ; car, en ajoutant la conjonction *si* au français des temps d'où elles sont dérivées, on en a de suite la traduction. Ex. :

INDICATIF PRÉSENT SIMPLE.	CONDITIONNEL.
أَچِـيُـور *il ouvre*	أَچِـيُـور اِيْسَـه *s'il ouvre*

PARFAIT COMPLEXE, IIᵉ CATÉGORIE.	CONDITIONNEL.
أَچْمِش اُولْدِى *il eût ouvert*	أَچْمِش اُولْدِيْسَه *s'il eût ouvert*

NÉCESSITATIF PRÉSENT SIMPLE.	CONDITIONNEL.
أَجْمَـلُـو *il doit ouvrir*	أَجْمَـلُـو اِيْسَـه *s'il doit ouvrir*

DUBITATIF PARFAIT SIMPLE.	CONDITIONNEL.
أَچْمِش *il a ouvert*	أَچْمِش اِيْسَـه *s'il a ouvert*

431. Le présent de l'indicatif, cependant, est une exception; car, ici, la troisième personne du singulier se forme en ajoutant la terminaison سُون à la racine du verbe, c'est-à-dire, à la forme simple de la seçonde personne, dont la dernière lettre de direction, s'il y en a une, se supprime ou se conserve selon le cas. Ex. : قِيرَ *casse*, قِيرِرْسُونْ *qu'il casse*; دَرْلَه *sue*, دَرْلَسُونْ *qu'il sue*; بَاشلَا *commence*, بَاشلَاسُونْ *qu'il commence.*

432. La première personne du singulier de tous les temps, en général, se forme en ajoutant la terminaison مْ ou يِمْ (et dans quelques ouvrages demi-barbares, la terminaison بِن, qui représente la prononciation de l'Anatolie) à la troisième personne, avec un أَسَرَه à la dernière consonne si elle est quiescente; mais si cette lettre a un son voyelle, elle le conserve, et si elle est suivie d'un ى ou ه de direction, le ى est toujours supprimé et le ه quelquefois seulement. Ex. : قِيرِيُورْ *il casse*, قِيرِيُورِمْ *je casse*; قِيردِى *il cassa*, قِيردِمْ *je cassai*; قِيرَسَه *s'il casse*, قِيرسَهمْ ou قِيرسَمْ *si je casse.*

433. A la première personne de l'aoriste de l'optatif, on ajoute aussi quelquefois un ى consonne avec un أَسَرَه pour voyelle avant le مْ. Ex. : قِيرَمْ, قِيرَيِمْ ou *que je casse*; كِيدَمْ, كِيدَيِمْ ou *que j'aille.*

434. Pour la première personne du singulier de l'aoriste dans l'indicatif des verbes négatifs et impossibles, on suit quelquefois (toujours dans les interrogations) la règle générale; mais, plus souvent, on supprime le ز final de la troisième personne, avant d'ajouter le مْ caractéristique de la première. Ex. : قِيرمَزْ *il ne casse, ne cassera pas*, قِيرمَمْ ou rarement قِيرمَزِمْ *je ne casse, ne casserai pas*; قِيرمَزمِيم *ne cassè-je, ne casserai-je pas?* Les temps qui dérivent de celui-ci se forment régulièrement.

435. Le présent de l'impératif n'a point de première personne au singulier.

436. La seconde personne du singulier se forme de la troisième, en ajoutant un ك (sourd) à sa fin, si elle se termine en دی ou ﻪﺳ, et alors on supprime toujours le ی, et le ﻩ quelquefois seulement; ou en ajoutant la syllabe ﺳﻦ si la troisième personne a toute autre terminaison. Ex. : كﺘﺪی *il alla,* كﺘﺪك *tu allas;* یﺎﭙﺴﻪ *s'il fait,* یﺎﭙﺴﻚ ou یﺎﭙﺴﻚ *si tu fais;* كﻳﺪﻳﻮﺭ *il va,* كﻳﺪﻳﻮﺭﺳﻦ *tu vas;* اﻗﺼﺮﻩ *qu'il éternue,* اﻗﺼﺮﻩﺳﻦ *que tu éternues.*

437. La seconde personne du singulier dans le présent de l'impératif est une exception à cette règle; car elle est, dans sa forme simple, la racine du verbe.

438. Elle a une forme énergique[1] qui peut se rendre en français par l'impératif suivi du mot *donc,* et qui s'indique en ajoutant un ك (sourd) à sa forme simple, avec un اﺳﺮﻩ à sa dernière consonne, si elle est quiescente; ou la syllabe ﻳﻚ si cette lettre a un son voyelle. Ex. : ﻗﻳﺮ *casse,* ﻗﻳﺮﻚ *casse donc;* دﺭﻟﻪ *sue,* دﺭﻟﻪﻳﻚ *sue donc.*

439. La première personne du pluriel se forme en ajoutant un ق ou un ك (arabe), selon les règles de l'euphonie, à la troisième personne du singulier, si elle est terminée par la syllabe دی ou ﻪﺳ, et dans ce cas le ی est toujours supprimé, et le ﻩ quelquefois seulement; ou en ajoutant un ز ou ﻳﺰ si la troisième personne du singulier a toute autre terminaison, et alors on ajoute un اﺳﺮﻩ à la dernière consonne, si elle est quiescente. Ex. : یﺎﭙﺪی *il fit,* یﺎﭙﺪق *nous fîmes;* كﺴﺪی *il coupa,* كﺴﺪك *nous coupâmes;* یﺎﭙﺴﻪ *s'il fait,* یﺎﭙﺴﻪﻕ ou یﺎﭙﺴﻖ *si nous faisons;* كﺘﺴﻪ *s'il va,* كﺘﺴﻪﻚ ou كﺘﺴﻚ *si nous allons;* ﻗﻳﺮﻳﻮﺭ *il casse,* ﻗﻳﺮﻳﻮﺭﺯ *nous cassons;* كﺴﺮ *il coupe,* كﺴﺮﺯ *nous coupons.*

---

[1] Mes devanciers ont considéré, à tort, cette forme de la seconde personne du singulier comme une forme contractée de la même personne du pluriel.

440. Il faut remarquer que le ق final du futur se change en غ, et le ك arabe en ك persan, devant le ز de cette personne. Ex. : قيروهجق *il va casser,* قيروهجغز *nous allons casser ;* كسهجك *il va couper,* كسهجكز *nous allons couper.*

441. Dans la première personne du pluriel de l'aoriste de l'indicatif des négatifs et des impossibles, on suit quelquefois (toujours dans les interrogations) la règle générale ; mais ordinairement on supprime d'abord le ز final de la troisième personne du singulier, et on ajoute alors la syllabe يز pour la former. Ex. : قيرهمز *il ne casse, ne cassera pas,* ou rarement قيرهمزز *nous ne cassons, ne casserons pas ;* قيرهمزيز *ne cassons-nous, ne casserons-nous pas ?* قبروهمز *il ne peut pas casser,* ou قبروهمزز *nous ne pouvons pas casser ;* قيروهمزميز *ne pouvons-nous pas casser ?*

442. La première personne du pluriel de l'impératif est une exception à cette règle. Elle se forme en ajoutant à la dernière consonne de la racine, si elle est quiescente, un أستون accompagné d'un ه de direction, auxquels la syllabe لم est ajoutée ; ou si la dernière lettre a un son voyelle, elle le conserve, la lettre de direction qui la suit alors se conservant en même temps, ou se supprimant selon le cas ; et on intercale un ى consonne avec un أستون pour voyelle, avant le ه de direction. Ex. : قير *casse,* قيرهلم *cassons ;* يورى *marche,* يوريهلم *marchons ;* باشلا *commence,* باشلايهلم *commençons.*

443. Quelquefois on ajoute un و voyelle avant le ز à la première personne du pluriel de l'aoriste de l'optatif. Ex. : قيلاوز pour قيلهيز *que nous fassions.*

444. Quelquefois aussi on forme cette personne avec un ق ou ك (arabe), mais ceci est plutôt une règle turque qu'ottomane. Ex. : قيرهق *que nous cassions,* كسهك *que nous coupions.*

445. La seconde personne du pluriel se forme en ajoutant la syllabe
كز (ك sourd) à la troisième personne du singulier quand elle se termine
en دى ou سه, et alors le ى et le ه se suppriment quelquefois; ou en
ajoutant les syllabes سكز (ك sourd) [1], si la troisième personne du singulier a toute autre terminaison. Ex. : قيردى *il cassa*, قيردكز *vous
cassâtes* ; قيرسه *s'il casse*, قيرسهكز ou قيرسكز *si vous cassez* ; قيربوز *il
casse*, قيربوزسكز *vous cassez* ; قيره *qu'il casse*, قيرهسكز *que vous
cassiez*.

446. La seconde personne du pluriel au présent de l'impératif est une
exception. Elle se forme toujours en ajoutant la syllabe كز à la racine du
verbe, avec un اسره à la dernière lettre, si elle est quiescente ; mais si elle
a un son voyelle, elle le conserve, sa lettre de direction se conservant en
même temps, ou se supprimant, selon le cas ; et on intercale alors un ى
consonne avec un اسره pour voyelle avant la syllabe كز. Ex. : قيل *fais*,
قيلكز *faites* ; قيلمه *ne fais pas*, قيلمهيكز ou قيلميكز *ne faites pas*.

447. La troisième personne du pluriel se forme toujours en ajoutant
la syllabe لر à la troisième personne du singulier, quelle que soit d'ailleurs
la terminaison. Ex. : قيرار *il casse*, قيرارلر *ils cassent* ; قيرسون *qu'il
casse*, قيرسونلر *qu'ils cassent* ; قيردى *il cassa*, قيرديلر *ils cassèrent* ;
قيرسه *s'il casse*, قيرسهلر *s'ils cassent* ; قيره *qu'il casse*, قيرهلر *qu'ils
cassent*.

448. Cette syllabe لر de la troisième personne du pluriel se place,
dans les temps composés, quelquefois avant, et quelquefois après la ter-

---

[1] Viguier avait déjà montré avec beaucoup de clarté que سكز (que j'ai donné
ici) est la terminaison ottomane de cette personne, tandis que celle de سز, adoptée
par d'autres auteurs, appartient plutôt au langage turc de l'Asie.

minaison قیریور ایدیلـر ou دی ایدی. Ex. : قیریور ایدی il cassait,
قیریوركر ایدی ils cassaient.

§ V. Des participes.

449. Le participe ottoman réunit quelques-unes des qualités du verbe,
de l'adjectif et du nom.

450. De même qu'en latin, le participe actif et le gérondif ottomans
sont deux mots bien distincts qu'il est essentiel de ne jamais confondre
dans l'esprit.

451. Il y a dans la langue ottomane cinq participes simples actifs,
savoir : le *présent*, l'*aoriste*, le *passé*, le *parfait* et le *futur*, et deux
passifs : l'*aoriste* et le *futur*.

452. Le participe simple actif présent se forme en ajoutant pour terminaison la syllabe اٰن à la racine du verbe, avec un أُسْتُون à sa dernière
consonne, si elle est quiescente ; mais si cette lettre a un son voyelle, elle
le conserve, et alors on substitue la terminaison یَن au lieu de اٰن.
Ex. : قیرَان qui casse, بَشْلَیَن qui commence.

453. Ceci est le participe actif général, et s'applique à tous les temps,
pour indiquer également l'habitude ou la simple action.

454. La plupart des verbes dont la racine se termine en ت quiescent changent cette lettre en د, pour former ce participe. Ex. : أَرَادَان
qui fait chercher, de یَرَاتَمَق ; أَرَادَان qui crée, de یَرَاتَمَق.

455. Les verbes ایتمك faire, et كیتمك aller, font ایدَن et كیدَن
sans ا, ainsi qu'un assez grand nombre de verbes d'un son doux.

456. Ce participe s'emploie également comme substantif et comme
adjectif.

457. Le participe simple actif aoriste se forme, dans les verbes affir-

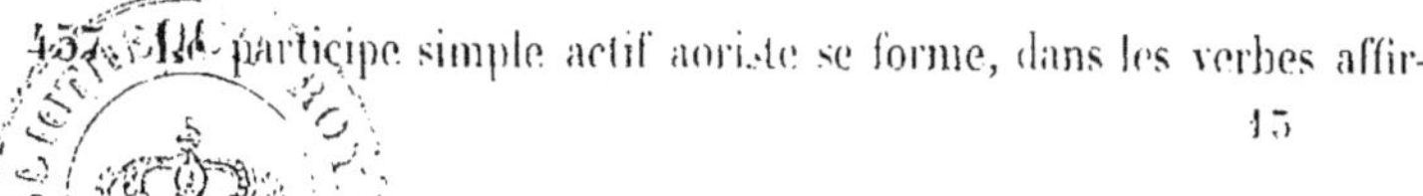

15

matifs autres que les causatifs, par la substitution d'un ر pour ceux d'un son doux, de ار pour ceux d'un son dur, de ور pour ceux dont la racine se termine en ل ou en ن, et toujours de ر pour les causatifs, à la place du ان ou يان du participe présent, avec l'addition, pour son voyelle, à la dernière consonne de la racine, d'un أَسْتُون dans les deux premiers cas, d'un أُوتُورِى dans le troisième, et d'un أَسَرَة dans le quatrième ; et dans les verbes négatifs et impossibles, en ajoutant ز ou از à la racine du verbe, c'est-à-dire qu'il a toujours la même forme que la troisième personne du singulier de l'aoriste de l'indicatif (n⁰ˢ 395, 397).

458. Ce participe, qui est quelquefois substantif et quelquefois adjectif, indique une habitude dans son rapport au présent, et une habitude ou une simple action dans son rapport au futur ; mais son usage n'est pas aussi fréquent que celui du participe présent. Ex. : كَسَّر qui coupe, qui coupera ; قِيرَار qui casse, qui cassera ; كَلُور qui vient, qui viendra ; صَانُور qui s'imagine, qui s'imaginera ; يَازْدِرِر qui fait écrire, qui fera écrire ; قِيرِمَز qui ne casse pas, qui ne cassera pas ; قِيرَهمَز qui ne peut pas casser, qui ne pourra pas casser.

459. La plupart des verbes dont la racine se termine en ت quiescent changent cette lettre en د, pour former ce participe. Ex. : إِيدَر qui fait, كِيدَر qui va, يَرَادِر qui crée, أَرَادِر qui fait chercher.

460. Le participe simple actif passé se forme en ajoutant la syllabe مِش à la racine du verbe. Ex. : قِيرمِش qui a cassé, قِيرمَامِش qui n'a pas cassé, قِيرَهمَامِش qui n'a pu casser ; قِيرُلمِش qui est ou a été cassé ; قِيرُلمَامِش qui n'est pas, n'a pas été cassé ; قِيرُلَهمَامِش qui n'a pu être cassé.

461. Comme on le voit par ces exemples, le participe *passif* des langues dérivées du latin, qui y est confondu avec le participe *passé*, est

représenté dans la langue ottomane par le participe actif passé du verbe passif, et par conséquent le participe *passé* et le participe *passif* se montrent sous deux formes différentes et distinctes.

462. Ce participe est employé beaucoup plus souvent comme adjectif que comme substantif; dans cette dernière acception, il est presque toujours suivi d'un affixe pronominal de la troisième personne, singulier ou pluriel.

463. Le participe simple actif parfait se forme en ajoutant la terminaison دِقّ ou دُك (ك arabe), selon les règles de l'euphonie (n° 167), à la racine du verbe. Ex. : قِيَرْدِقّ *qui a cassé*, كَسْدِك *qui a coupé*.

464. Cette forme de participe actif n'est pas d'un usage aussi fréquent que la précédente; elle s'emploie comme substantif et comme adjectif, au singulier, mais jamais comme substantif pluriel.

465. Le participe simple actif futur se forme tout à fait de la même manière que la troisième personne du singulier du futur de l'indicatif (n° 406), c'est-à-dire, en ajoutant la terminaison جَقّ ou جَك (ك arabe), selon les règles de l'euphonie (n° 167), à la racine du verbe, avec un أَسْتُون et un ه de direction à sa dernière consonne, si elle est quiescente; mais si cette lettre a un son voyelle, elle le conserve, la lettre de direction se conservant ou se supprimant selon le cas, et on ajoute un ى consonne avec أَسْتُون pour voyelle avant le ه de direction. Ex. : قِيَرَهجَقّ *qui va casser*, كَسَهجَك *qui va couper*, قِيَرْمَيَهجَقّ *qui ne va pas casser*, كَسْمَيَهجَك *qui ne va pas couper*, بَاشْلَايَهجَقّ *qui va commencer*.

466. La plupart des verbes dont la racine se termine en ت quiescent changent cette lettre en د, pour former ce participe. Ex. : إيدَهجَك *qui va faire*, يَرَادَهجَقّ *qui va créer*.

467. Ce participe s'emploie très-rarement comme substantif, et par conséquent ne subit presque jamais aucun changement.

468. Il y a un autre participe actif futur qui se rencontre dans les livres, mais qui est plutôt turc qu'ottoman ; il se forme en ajoutant un أَسْرَه à la dernière consonne de la racine du verbe, si elle est quiescente, la faisant suivre de la syllabe سَرْ précédée d'un ى de direction ; si la dernière lettre de la racine a un son voyelle, elle le conserve ; le ى additionnel devient consonne et prend un أَسْرَه pour voyelle. Ex. : قيريسَرْ *qui va casser*, قيرَميسَرْ *qui ne va pas casser*.

469. Les participes actifs, employés comme adjectifs, qualifient toujours le nom du sujet du verbe d'où ils sont dérivés. Ex. : قيرَان اغِرلِق *un poids qui casse*, كَسَرْ بَالْطَه *une hache qui coupe*, قيرِلمِش چيرَق *une perche qui est cassée*, كُورْمَدِك آدَمْ *un homme qui n'a pas vu*, چيقَهجَق أُرْدُو *une armée qui va se mettre en marche* [1].

---

[1] Il y a encore, outre les simples dont il est fait mention dans le corps de l'ouvrage, dix autres participes actifs qui sont complexes ; ils proviennent des combinaisons des participes aoriste, passé, et futur du verbe, avec les participes présent, passé, parfait, et futur de l'auxiliaire neutre أُولْمَق, conformément aux trois catégories de temps complexes des modes. Voici leurs formes et leurs valeurs :

PREMIÈRE CATÉGORIE.

PRÉSENT.

أَچَارْ أُولَان *qui ouvre*; c'est-à-dire, qui a la qualité d'ouvrir.

PASSÉ.

أَچَارْ أُولْمِش *qui ouvrait*; c'est-à-dire, qui a eu la qualité d'ouvrir.

PARFAIT.

أَچَارْ أُولْدِق *qui ouvrait*; c'est-à-dire, qui a eu la qualité d'ouvrir.

FUTUR.

أَچَارْ أُولَجَق *qui va ouvrir*; c'est-à-dire, qui va avoir la qualité d'ouvrir.

470. Le participe simple passif aoriste est de la même forme que le participe simple actif parfait (n° 463). Ex. : قِيرِدُقْ *qui est cassé*, كَسْبِكْ *qui est coupé* [1].

SECONDE CATÉGORIE.

PRÉSENT.

أَچْمِشْ أُولاَن *qui a ouvert;* c'est-à-dire, qui a la qualité d'avoir ouvert déjà.

PASSÉ.

(*Manque; l'euphonie en empêche l'emploi.*)

PARFAIT.

أَچْمِشْ أُولْدِقْ *qui a ouvert;* c'est-à-dire, qui a eu la qualité d'avoir ouvert déjà.

FUTUR.

أَچْمِشْ أُولَهَجَقْ *qui aura ouvert;* c'est-à-dire, qui va avoir la qualité d'avoir ouvert déjà.

TROISIÈME CATÉGORIE.

PRÉSENT.

أَچَهَجَقْ أُولاَن *qui va ouvrir;* c'est-à-dire, qui a la qualité de devoir ouvrir prochainement.

PASSÉ.

أَچَهَجَقْ أُولْمِشْ *qui allait ouvrir;* c'est-à-dire, qui avait la qualité de devoir ouvrir prochainement.

PARFAIT.

أَچَهَجَقْ أُولْدِقْ *qui allait ouvrir;* c'est-à-dire, qui a eu la qualité de devoir ouvrir prochainement.

FUTUR.

(*Manque; l'euphonie en empêche l'emploi.*)

[1] Viguier et ses successeurs n'ont pas su distinguer ce dérivé du participe simple actif parfait, ni même du nom verbal de la même forme, dont il est fait mention plus loin (n° 486).

471. Le participe simple passif futur est de la même forme que le participe simple actif futur (n° 465). Ex. : قيره‌جَق *qui va être cassé,* كَسه‌جَك *qui va être coupé* [1].

[1] Il y a cinq participes passifs complexes, provenant des trois catégories. En voici les formes et les valeurs :

PREMIÈRE CATÉGORIE.

AORISTE.

أَجَار أُولْدِق *qui est ouvert*; c'est-à-dire, qui a, avait, a eu la qualité d'être ouvert (par un agent qui ouvre).

FUTUR.

أَجَار أُولَه‌جَق *qui sera ouvert*; c'est-à-dire, qui aura la qualité d'être ouvert (par un agent qui ouvre).

SECONDE CATÉGORIE.

AORISTE.

أَجِمِش أُولْدِق *qui a été ouvert*; c'est-à-dire, qui a, avait, a eu la qualité d'avoir été ouvert (par un agent qui ouvre).

FUTUR.

أَجِمِش أُولَه‌جَق *qui aura été ouvert*; c'est-à-dire, qui aura la qualité d'avoir été ouvert (par un agent qui ouvre).

TROISIÈME CATÉGORIE.

AORISTE.

أَجَه‌جَق أُولْدِق *qui allait être ouvert*; c'est-à-dire, qui a, avait, a eu la qualité de devoir être ouvert prochainement (par un agent qui ouvre).

FUTUR.

(*Manque; l'euphonie en empêche l'emploi.*)

472. Les participes passifs s'emploient comme substantifs et comme adjectifs.

473. Ils sont toujours suivis d'un affixe pronominal possessif qui s'accorde en personne et en nombre avec leur sujet, lequel est ainsi indiqué et ne reste jamais douteux.

474. Pour la raison de cette addition des affixes pronominaux, le ق final se présente toujours (à l'exception du cas où l'affixe est celui de la troisième personne du pluriel, car alors il n'y a aucun changement) sous la forme d'un غ (nº 170), et le ك (arabe) prend le son persan (nº 171); au participe passif aoriste, l'usage fait précéder ces lettres d'un ى voyelle, pour lequel un و est quelquefois substitué. Ex. : قيردیغم *que j'ai cassé*, *qui est cassé par moi*; کَسْدیكَك *qui est coupé par toi*; اَلْدِقْلَری *qui est pris par eux*.

475. Comme les participes passifs ottomans sont d'une nature qui n'a point d'équivalent dans les langues dérivées du latin, il devient nécessaire de s'étendre un peu sur les détails analytiques et synthétiques de leur emploi.

476. 1º Le nom qu'ils qualifient quand ils sont employés comme adjectifs, ou qu'ils remplacent quand ils le sont substantivement, est toujours le régime direct ou indirect logique du verbe d'où les participes sont dérivés, si ce verbe est actif; par conséquent ils ont nécessairement un sujet agent.

477. Ce sujet est désigné par un affixe pronominal possessif qui suit le participe, et qui se corrobore, s'il est nécessaire pour la clarté du discours, par le nom du sujet, ou par le pronom personnel qui y correspond; mais celui-ci, qu'il soit nom ou pronom, exige en général après lui la préposition ك ou ذَك (nᵒˢ 559, 561), ou bien la contraction qui en tient lieu (nᵒˢ 279, 280). Ex. :

بَنِمْ كَسْدِيكِمْ اَتَّهَكْ بَيَاضْدِرْ سِزِكْ كَسْدِيكِكِزْ سِيَاهْ وَقَرِنْدَاشِمِكْ كَسْدِيكِى اَسْمَرْدِرْ

Le pain *que je coupe* est blanc, *celui que vous coupez* est noir, et *celui
que mon frère coupe* est bis (litt. : *le mon coupé pain est blanc, le
ton coupé est noir, et le de mon frère coupé est bis*).

Ici le participe passif كَسْدِك est employé comme adjectif, dans le premier membre de la phrase, et comme substantif dans les deux autres;
le mot *pain* est le régime *direct* du verbe actif *couper*, dont les trois
sujets dans les trois membres sont *je*, *tu*, et *mon frère* (بَن، سَن، et
قَرِنْدَاشِمْ) qui sont tous combinés avec la préposition ك, et dont les affixes
pronominaux possessifs مْ، كْ et ى, suivent respectivement les participes
dont il est question. Ex.

اَتَّهَكْ كَسْدِيكْلَرِى بِچَاقْ كَسْكِينْدِرْ

Le couteau *avec lequel on coupe* le pain est tranchant.

Dans cet exemple, le participe passif كَسْدِك est employé comme adjectif,
et le mot *couteau*, qu'il qualifie, est le régime *indirect* logique du
verbe actif *couper*, dont le sujet agent est indiqué par l'affixe pronominal لَرِى *leur* (*ils, on*).

478. 2° Mais quand le verbe d'où les participes passifs sont dérivés est
neutre ou *passif*, alors le nom qu'ils qualifient quand ils sont employés
comme adjectifs, ou qu'ils remplacent quand ils le sont substantivement,
est toujours le régime *indirect* logique du verbe.

479. Le sujet du verbe d'où le participe est dérivé se désigne, dans
ces cas aussi, de la même manière que dans celui des verbes actifs. Ex. :

بُوزِشْدِقْلَرِى سَبَبْ بُودِرْ

Ceci est la cause *pour laquelle ils se sont brouillés*.

Ici le participe passif بُوزِشْدِق est employé comme adjectif, et il qualifie
le nom سَبَبْ, qui est le régime indirect logique du verbe neutre réci-

proque بوزشمق *se brouiller*, d'où le participe est dérivé, et dont le sujet
ils s'indique par l'affixe pronominal لری. **Ex.** :

رَدُوسْ اَطَهسِنكْ فَتْحِ اُولِنْدِيغِى سَنَه

L'an *où* l'île de Rhodes *fut conquise.*

بَنِمْ بُو مَأْمُورِيَّتَه تَعْيِينْ اُولِنْدِيغِمْ هَنْكَامْ

L'époque *où je fus nommé* à cet emploi.

480. 3° Quand le sujet du participe est un nom substantif, on omet
quelquefois, mais rarement, la préposition ك à sa suite, tout en conservant l'affixe pronominal à la suite du participe. **Ex.** :

رَدُوسْ اَطَهسِى فَتْحِ اُولِنْدِيغِى سَنَه

§ VI. *Des noms verbaux.*

481. Il y a trois noms verbaux simples qui dérivent de chaque verbe,
et qui sont d'un fréquent usage dans la langue ottomane.

482. L'emploi de ces noms verbaux offre beaucoup de difficultés aux
étrangers, à cause de la conformité orthographique qui existe entre deux
d'entre eux et deux formes de participes. Ils sont cependant tous les trois
des noms d'action, et ne diffèrent l'un de l'autre, quant au sens, que par
leur rapport avec les temps verbaux. Pour cette raison, je les désigne ici
par les titres de *présent*, *parfait* et *futur*.

483. Le nom verbal présent se forme en ajoutant la syllabe مَه à la
racine du verbe.

484. Le ه de cette syllabe est voyelle de direction, et par conséquent
se perd ou se conserve dans les combinaisons orthographiques, selon le
besoin.

485. Ce nom sert à exprimer d'une manière générale l'action désignée
par le verbe d'où il dérive. **Ex.** : اُوطُورمَه (l'action de) *s'asseoir,* قِيزِلمَه

14

(l'action de) *se casser, d'être cassé*, چکشمه (l'action de) *se quereller mutuellement*, کتورديلهمامه (l'action de) *ne pas pouvoir être apporté*.

486. Le nom verbal parfait a la même forme que le participe simple actif parfait (nᵒ 463) et que le participe passif aoriste (nᵒ 470).

487. De même que le participe passif aoriste, ce nom verbal, en prenant à la suite un affixe pronominal, change son ق en غ et son ك arabe en گ persan, et reçoit aussi le ی ou le و intercalé (nᵒ 474).

488. Il sert à exprimer une action accomplie dans un temps passé. Ex. : اوطورزدق (l'action de) *s'être assis*, قيريلدق (l'action de) *s'être cassé, avoir été cassé*, چکشدك (l'action de) *s'être querellé mutuellement*, کتورديلهمدك (l'action de) *ne pas avoir pu être apporté* [1].

489. Le nom verbal futur est toujours de la même forme que les participes futurs, actif (nᵒ 465) et passif (nᵒ 471).

490. Il sert à désigner une action qui va avoir lieu. Ex. : اوطورهجق (l'action de) *devoir s'asseoir*, قيريلهجق (l'action de) *devoir être cassé*, کتورديلهميهجك (l'action de) *devoir se quereller mutuellement*, چکشهجك (l'action de) *ne pas devoir pouvoir être apporté* [2].

---

[1] Je m'étonne que M. Viguier, avec son exactitude accoutumée, n'ait pas su distinguer, malgré sa forme, ce dérivé, du participe actif parfait et du participe passif aoriste.

[2] Les trois catégories complexes s'appliquent aux noms verbaux de la même manière qu'aux autres parties du verbe. Voici les noms verbaux complexes qui en résultent :

PREMIÈRE CATÉGORIE.

PRÉSENT.

اجار اولمه (l'action d') *ouvrir*; c'est-à-dire, (l'action d')être celui qui a la qualité d'ouvrir.

491. Il est facile de distinguer et de reconnaître si les mots de ces formes appartiennent aux deux dernières espèces de noms verbaux ci-dessus indiquées, ou à la classe des participes de la même forme. Le nom

PARFAIT.

أَجَارْ أُوَلَـٰدِقْ (l'action d') *avoir ouvert*; c'est-à-dire, (l'action d') avoir été celui qui a la qualité d'ouvrir.

FUTUR.

أَجَارْ أُولَـهَجَقْ (l'action de) *devoir ouvrir*; c'est-à-dire, (l'action de) devoir être celui qui a la qualité d'ouvrir.

SECONDE CATÉGORIE.

PRÉSENT.

أَجْمِشْ أُولَّمَـه (l'action d') *avoir ouvert*; c'est-à-dire, (l'action d') être celui dont la qualité est d'avoir ouvert déjà.

PARFAIT.

أَجْمِشْ أُولَـٰدِقْ (l'action d') *avoir eu ouvert*; c'est-à-dire, (l'action d') avoir été celui dont la qualité était d'avoir ouvert déjà.

FUTUR.

أَجْمِشْ أُولَهَجَقْ (l'action de) *devoir avoir ouvert*; c'est-à-dire, (l'action de) devoir être celui qui aura la qualité d'avoir ouvert déjà.

TROISIÈME CATÉGORIE.

PRÉSENT.

أَجَهَجَقْ أُولَمَـه (l'action de) *devoir ouvrir*; c'est-à-dire, (l'action d') être celui qui a la qualité de devoir ouvrir prochainement.

PARFAIT.

أَجَهَجَقْ أُولَـٰدِقْ (l'action d') *avoir dû ouvrir*; c'est-à-dire, (l'action d') avoir été celui dont la qualité était de devoir ouvrir prochainement.

FUTUR.

(*Manque; l'euphonie en empêche l'emploi.*)

verbal est toujours substantif, tandis que les participes sont toujours adjectifs au fond, quoiqu'ils soient quelquefois employés substantivement, et par conséquent il y a toujours dans la phrase un substantif, exprimé ou sous-entendu, auquel ils se rapportent.

§ VII. *Des gérondifs.*

492. Le gérondif est un mot qui se dérive du verbe, et est absolu en lui-même quant aux modes, aux temps, aux nombres et aux personnes ; sous ces rapports, il se conforme en général au mode, au temps, au nombre et à la personne d'un autre verbe, auquel il est toujours assujetti dans le discours.

493. Il y a sept gérondifs simples qui dérivent de chaque espèce de verbe.

494. Le premier gérondif simple se forme en ajoutant la terminaison وب à la racine du verbe, avec un اوتوری à la dernière consonne, si elle est quiescente ; mais si elle a un son voyelle, elle le conserve, et on ajoute un ی consonne avec un اوتوری pour son voyelle avant le وب ; et dans ce cas, si la dernière consonne de la racine est suivie d'une voyelle de direction, celle-ci est quelquefois supprimée. Ex. : كلوب de كلمك *venir*, يوريوب de يوریمك *traîner en longueur*, اوزایوب de اوزامق *marcher*.

495. La plupart des verbes dont la racine se termine en ت quiescent changent cette lettre en د, pour former ce gérondif. Ex. : يرادوب de يراتمق *créer*, ارادوب de ارانمق *faire chercher*.

496. Ce premier gérondif, comme le gérondif français, a la valeur d'un verbe suivi de la conjonction *et*; il sert toujours à indiquer la fin d'un des membres de la phrase, qu'il unit ainsi à celui qui suit. Ex. : كلوب كندی *venant, il est parti*; c'est-à-dire : *il est venu et il est parti*.

497. Le second gérondif se forme toujours en substituant un ر au ج de la dernière syllabe du participe actif futur. Ex. : كلەرك de كلمك *venir*, باشلايەرق de باشلامق *casser*, درلیەرك de درلەمك *suer*, قیرەرق de قیرمق *commencer*.

498. Il a la force du gérondif français précédé de la préposition *en*, et sert à indiquer une action secondaire qui se fait en même temps que celle désignée par le verbe auquel il est assujetti dans la phrase. Ex. : كولدرك كلدی *il est venu* en riant.

499. Il s'emploie aussi pour empêcher la répétition trop fréquente du premier gérondif.

500. Le troisième gérondif se forme toujours en substituant ى au ه du participe actif futur. Ex. : كلیجك de كلمك *venir*, قیربجق de قیرمق *casser*, باشلايبجق de باشلامق *suer*, درلەبجق de درلەمك *commencer*.

501. Ce gérondif a la force du gérondif composé français, ou de la phrase : *aussitôt que....* Ex. : فرمانمز واصل اولیجق معلوم اولەکه *notre ordonnance* étant parvenue, *qu'on sache ;* ou : *aussitôt que* notre ordonnance sera parvenue.

502. Le quatrième gérondif se forme en changeant le ى du gérondif précédent en ن, et son ق ou ك en ه de direction. Ex. : قیرنجه , كلنجه , باشلاینجه , درلەینجه.

503. Il a la même signification que le gérondif précédent ; mais il a aussi celle de *jusqu'à ce que* dans les négatifs. Ex. : فرمانم واصل اولنجه معلوم اولەکه *aussitôt l'arrivée de notre ordonnance, qu'on sache...;* بابام كلمینجه کتمه *ne partez pas* jusqu'à ce que *mon père soit venu*.

504. Le cinquième gérondif se forme en ajoutant un اشتون à la dernière consonne de la racine du verbe, si elle est quiescente, et la faisant suivre d'un ه de direction ; mais si la dernière consonne a un son voyelle, elle le conserve, et alors il faut intercaler un ى consonne avec un اُسْتُوُنْ pour voyelle, avant le ه de direction ; c'est-à-dire, ce gérondif a la même forme que la troisième personne du singulier du présent de l'optatif (n° 415). Ex. : كَلَه de كَلْمَكْ *venir*, قِيرُمَقْ de قِيروُه *casser*, دَرْلَيَه de بَاشْلَامَقْ *suer*, بَاشْلَايَه de دَرْلَمَكْ *commencer*.

505. L'exception mentionnée (n° 495) pour les verbes dont la racine se termine en ت a lieu également dans la formation de ce gérondif. Ex. : يَرَاتَمَقْ de يَرَادَه *créer* ; أَرَاتْمَقْ de أَرَادَه *faire chercher*.

506. Ce cinquième gérondif sert à indiquer l'action par le moyen de laquelle on parvient à faire l'action exprimée par le verbe auquel il est assujetti dans la phrase, et en général il se répète. Ex. : بَاقَه بَاقَه يَاپْدِمْ *je l'ai fait* tout en regardant, يُورِيَه يُورِيَه كَلْدِمْ *je suis venu* tout en marchant.

507. Le sixième gérondif se forme en changeant le ق de l'infinitif en غ, ou le ك arabe en ك persan, en leur donnant pour voyelle un أَسَرَه, et les faisant suivre par les lettres يِنْ. Ex : كَلْمَكِينْ de كَلْمَكْ *venir*, دَرْلَمَكِينْ de دَرْلَمَكْ *suer*, قِيرْمَغِينْ de قِيرْمَقْ *casser*, بَاشْلَامَغِينْ de بَاشْلَامَقْ *commencer*.

508. Ce gérondif sert à exprimer le moyen ou la cause de l'action indiquée par le verbe auquel il est assujetti dans la phrase. Ex. : بَابَامْ كَلْمَكِينْ قَرِنْدَاشِمْ كِتْدِى *mon père* étant venu, *mon frère s'en alla* ; c'est-à-dire, qu'il a pu, *ou* qu'il a dû partir.

509. Le septième [1] gérondif se forme en ajoutant la syllabe لُو ou لِى à la fin du cinquième gérondif. Ex. : كَلَلُو de كَلْمَكْ *venir*, قِيرَهلِى de

[1] Outre ces sept gérondifs simples, il y en a de complexes qui proviennent des

قِيرْمَق *casser,* دَرْلَيَهلُو de بَاشْلَايَهلِى de بَاشْلَامَق *suer,* دَرْلَمَك commencer.

trois catégories ; il y a aussi des locutions qui en font les fonctions, et il est nécessaire de détailler ici ces différents dérivés.

PREMIÈRE CATÉGORIE.

أَچَارْ أُولُوب　*ouvrant;* c'est-à-dire, étant celui qui a la qualité d'ouvrir.

أَچَارْ أُولَهرَقْ　*en ouvrant;* c.-à-d., en étant celui qui a la qualité d'ouvrir.

أَچَارْ أُولبجَقْ　*quand, aussitôt que,* je, tu, etc., suis, es, etc., étais, fus, etc.,

أَچَارْ أُولَنجَه　celui qui a la qualité d'ouvrir, *j'ouvre,* etc., *j'ouvrais,* etc.

أَچَارْ أُولَه　*en ouvrant;* c'est-à-dire, en étant celui qui a la qualité
d'ouvrir *.

أَچَارْ أُولْمَغِينْ　*par le moyen d'être,* ou *par la raison que, parce que,* je,
tu, etc., *ouvre, ouvrais,* etc.; c'est-à-dire, que je, tu, etc.,
ai, avais, etc., la qualité d'ouvrir.

أَچَارْ أُولَهلُو　*depuis que* je, tu, etc., *ouvre,* etc.; c'est-à-dire, que je,
tu, etc., ai, as, etc., la qualité d'ouvrir.

SECONDE CATÉGORIE.

أَچْمِش أُولُوب	étant....................	
أَچْمِش أُولَهرَق	en étant....................	
أَچْمِش أُولبجَقْ	quand, aussitôt que je, tu, etc., suis,	celui qui a
أَچْمِش أُولَنجَه	es, etc.; étais, etc.; serai, etc......	la qualité
أَچْمِش أُولَه	étant....................	d'avoir ouvert déjà.
أَچْمِش أُولْمَغِينْ	parce que je, etc., suis, etc., étais, etc.	
أَچْمِش أُولَهلُو	depuis que je, etc., suis, etc......	

* Pour les géroudifs complexes de cette forme, dans chaque catégorie, l'auxiliaire seul se répète,
et non pas le gérondif entier (nº 506). Ex. : أَچَارْ أُولَه أُولَه *à force d'être celui qui ouvre,*
أَچْمِش أُولَه أُولَه *à force d'avoir ouvert,* أَچَهجَقْ أُولَه أُولَه *à force de devoir ouvrir*
prochainement.

510. Ce gérondif sert à indiquer l'époque depuis laquelle l'action

TROISIÈME CATÉGORIE.

أَچِه جَقْ أُولُوبْ	étant.....................................	
أَچِه جَقْ أُولَهرَقْ	en étant.................................	
أَچِه جَقْ أُولِيجَـقْ	(inusité).................................	celui qui a
أَچِه جَقْ أُولِنَجِه	quand, aussitôt que je, tu, etc., suis, es, etc.; étais, etc.; serai, etc.......	la qualité
أَچِه جَقْ أُولَه	étant.....................................	de devoir ouvrir
أَچِه جَقْ أُولَمَعِيـنْ	parce que je, etc., suis, etc., étais, etc.	prochainement.
أَچِه جَقْ أُولَدُوِ	depuis que je, etc., suis, etc..........	

Locutions faisant fonction de gérondifs.

Il y a deux sortes de locutions qui servent à désigner l'action qui est la cause de celle indiquée par le second verbe auquel elles sont assujetties dans la phrase, et qui se rendent en français par les locutions : *parce que, puisque, par la raison que....* L'une est absolue, et se compose de l'infinitif (dont le قْ ou كْ (arabe) est changé préalablement en غ ou en ك persan) et de la préposition لَه (n° 603); l'autre est relatif quant à la personne, et se compose du nom verbal parfait, de l'affixe pronominal possessif de la personne à laquelle le gérondif se rapporte, et de la préposition دَنْ (n° 598). Ex. :

أَچْمَغْلَه *ou* أَچْمَكْلَه

أَچْدِيغِمْدَنْ أَچْدِيغِكْدَنْ أَچْدِيغِنْدَنْ أَچْدِيغِمِزْدَنْ أَچْدِيغِكِزْدَنْ أَچْدِقْلَرِنْدَنْ

parce que, puisque, par la raison que je, tu, il, etc., ouvris, etc., ai ouvert, etc.,

eus ouvert, etc.

كَلْمَكْلَه *ou* كَلْمَغْلَه

كَلْدِيكِمْدَنْ كَلْدِيكِكْدَنْ كَلْدِيكِنْدَنْ كَلْدِيكِمِزْدَنْ كَلْدِيكِكِزْدَنْ كَلْدِكْلَرِنْدَنْ

parce que, puisque, par la raison que je, tu, il, etc., vins, etc., suis venu, étais

venu, etc.

Il y a aussi une locution qui indique la proportion ou mesure de l'action désignée par le verbe auquel elle est assujettie dans la phrase. Elle se forme en ajoutant la

exprimée par le verbe auquel il est assujetti dans la phrase, a lieu ou a

syllabe جَه au nom verbal parfait. Ex. : أَجْدِقْجَه كُلْدِكْجَه *autant qu'on ouvre,* *autant qu'on vient.*

Enfin, il y a une série de six locutions qui indiquent différents temps par rapport à une action.

La première indique le temps avant l'action ; la seconde, le temps pendant lequel on se prépare à accomplir l'action ; la troisième, le temps où l'action se fait ; la quatrième, le moment où l'action s'accomplit ; la cinquième, la durée où l'action reste accomplie ; la sixième, le temps après que l'action s'est accomplie.

La première de ces six locutions a deux formes, qui sont négatives et absolues ; l'une est composée du nom verbal présent négatif du verbe, et de la préposition دَن (n° 601), qui, à l'occasion de cette combinaison, s'écrit dans les vieux livres دِين ; l'autre est formée de la troisième personne du singulier de l'aoriste de l'indicatif négatif du verbe, et de la même préposition. Ex. : أَجْمَزْدَن ou أَجْمَدَن *avant d'ouvrir,* كَلْمَزْدَن ou كَلْمَدَن *avant de venir.* Cette locution prend généralement après elle le mot أَوَّلْ ou مُقَدَّم *avant.*

La seconde est composée du participe actif futur, et du gérondif du verbe substantif défectueux ايكَن : elle est absolue. Ex. : أَجَهْجَق ايكَن *pendant que je, tu, il,* etc., *allais,* etc., *ouvrir,* كَلَهجَك ايكَن *pendant-que je, tu, il,* etc., *allais,* etc., *venir.*

La troisième, absolue, est formée du participe actif aoriste, et du gérondif auxiliaire ايكَن. Ex. : أَجَارْ ايكَن *pendant que je, tu, il,* etc., *ouvres, ouvrais,* etc. ; كَلُورْ ايكَن (chemin faisant) *pendant que je, tu, il,* etc., *viens, venais,* etc.

La quatrième se rend de deux manières : 1° l'une, absolue, se forme du nom verbal parfait, avec la préposition دَه (n° 595) ; 2° l'autre, relative quant à la personne, se compose du même nom verbal, suivi de l'affixe pronominal posses-

eu lieu. Ex. : بَنْ كَلْدِلُو *depuis que je suis venu*, سَنْ قِيرَهْلِى *depuis que*

sif de la personne à laquelle le gérondif se rapporte, avec la même préposition دَه.
Exemples :

أَچْدِقْدَه *ou*

أَچْدِقْلَرِنْدَه   أَچْدِيغِكِزْدَه   أَچْدِيغِمِزْدَه   أَچْدِيغِنْدَه   أَچْدِيغِكْدَه   أَچْدِيغِمْدَه

quand je, tu, il, etc., ouvres, ouvrais, ouvris, ouvrirai, etc.

كَلْدِكْدَه *ou*

كَلْدِكْلَرِنْدَه   كَلْدِيكِكِزْدَه   كَلْدِيكِمِزْدَه   كَلْدِيكِنْدَه   كَلْدِيكْكْدَه   كَلْدِيكِمْدَه

quand je, tu, il, etc., viens, venais, vins, viendrai, etc.

La cinquième se compose du participe actif passé et du gérondif auxiliaire
إِيكَنْ. Ex. : أَچْمِشْ إِيكَنْ *pendant que je, tu, il, etc., ai, avais, aurai, etc., la
qualité d'avoir ouvert*; كَلْمِشْ إِيكَنْ *pendant que je, tu, il, etc., ai, avais, aurai, etc., la qualité d'être venu.*

La sixième a deux formes : 1° l'absolue, qui se compose du nom verbal parfait
suivi de la préposition دَنْ (n° 601) et de l'adjectif صَكْرَه *après, plus tard*; 2° la
relative, quant à la personne, se forme de même, mais avec l'intercalation de l'affixe pronominal possessif de la personne à laquelle le gérondif se rapporte. Ex. :

أَچْدِقْدَنْصَكْرَه *ou*

أَچْدِيغِمِزْدَنْصَكْرَه   أَچْدِيغِنْدَنْصَكْرَه   أَچْدِيغِكْدَنْصَكْرَه   أَچْدِيغِمْدَنْصَكْرَه

أَچْدِيغِكِزْدَنْصَكْرَه   أَچْدِقْلَرِنْدَنْصَكْرَه *après avoir ouvert ; après que je, tu,
il, etc., ouvre, ai ouvert, aurai ouvert, etc.*

كَلْدِكْدَنْصَكْرَه *ou*

كَلْدِيكِمِزْدَنْصَكْرَه   كَلْدِيكِنْدَنْصَكْرَه   كَلْدِيكْمْدَنْصَكْرَه

كَلْدِيكِكِزْدَنْصَكْرَه   كَلْدِكْلَرِنْدَنْصَكْرَه *après être venu; après que je, tu, il, etc.,
viens, suis venu, serai venu, etc.*

Outre les locutions que nous venons d'énumérer, il y a encore les locutions
complexes des trois catégories pour chacune d'elles; à l'exception, cependant, du

tu as cassé, خَسْتَه‌مِزْ دَرْلَيْدَه‌لُو *depuis que notre malade a transpiré*,

présent de la troisième des six locutions, du parfait de la cinquième, et du futur de la seconde, dont l'euphonie empêche l'emploi. Nous ne donnerons ici que les modèles de ces formes, sans explications ; car celles-ci ne sont que des nuances de celles déjà données.

PREMIÈRE CATÉGORIE.

أَجَارْ اُولْدِيغِنْدَنْ　اَجَارْ اُولْدِيغِكْدَنْ　اَجَارْ اُولْدِيغِمْدَنْ *ou* اَجَارْ اُولْمَغْلَه

اَجَارْ اُولْدِقْلَرِنْدَنْ　اَجَارْ اُولْدِيغِكِزْدَنْ　اَجَارْ اُولْدِيغِمِزْدَنْ

اَجَارْ اُولْدِقْجَه

اَجَارْ اُولْمَزْدَنْ　*ou*　اَجَارْ اُولْمَدَنْ

اَجَارْ اُولَه‌جَقْ اِيكَنْ

اَجَارْ اُولُورْ اِيكَنْ (inusité)

اَجَارْ اُولْدِيغِنْدَه　اَجَارْ اُولْدِيغِكْدَه　اَجَارْ اُولْدِيغِمْدَه *ou* اَجَارْ اُولْدِقْدَه

اَجَارْ اُولْدِقْلَرِنْدَه　اَجَارْ اُولْدِيغِكِزْدَه　اَجَارْ اُولْدِيغِمِزْدَه

اَجَارْ اُولْمِشْ اِيكَنْ

اَجَارْ اُولْدِيغِكْدَنْصَكْرَه　اَجَارْ اُولْدِيغِمْدَنْصَكْرَه *ou* اَجَارْ اُولْدِقْدَنْصَكْرَه

اَجَارْ اُولْدِيغِمِزْدَنْصَكْرَه　اَجَارْ اُولْدِيغِنْدَنْصَكْرَه

اَجَارْ اُولْدِقْلَرِنْدَنْصَكْرَه　اَجَارْ اُولْدِيغِكِزْدَنْصَكْرَه

SECONDE CATÉGORIE.

أَجْمِشْ اُولْدِيغِمْدَنْ *ou* اَجْمِشْ اُولْمَغْلَه

اَجْمِشْ اُولْدِيغِمِزْدَنْ　اَجْمِشْ اُولْدِيغِنْدَنْ

اَجْمِشْ اُولْدِقْلَرِنْدَنْ　اَجْمِشْ اُولْدِيغِكِزْدَنْ

اَجْمِشْ اُولْدِقْجَه

اَجْمِشْ اُولْمَزْدَنْ *ou* اَجْمِشْ اُولْمَدَنْ

اَجْمِشْ اُولَه‌جَقْ اِيكَنْ

سِزْ يازِى يَه باشلادِكِدَنْ برى   *depuis que vous avez commencé à écrire.*

أَچْمِشْ أُولُورْ إِيكَنْ

أَچْمِشْ أُولْدِيغِكْدَه   *ou*   أَچْمِشْ أُولْدِقْدَه

أَچْمِشْ أُولْدِيغِمْزْدَه

أَچْمِشْ أُولْدِقْلَرِنْدَه

(inusité) أَچْمِشْ أُولْمِشْ إِيكَنْ

أَچْمِشْ أُولْدِيغِكْدَنْصَكْرَه   *ou*   أَچْمِشْ أُولْدِقْدَنْصَكْرَه

أَچْمِشْ أُولْدِيغِمْزْدَنْصَكْرَه

أَچْمِشْ أُولْدِقْلَرِنْدَنْصَكْرَه

TROISIÈME CATÉGORIE.

أَچَهْجَقْ أُولْدِيغِكْدَنْ   *ou*   أَچَهْجَقْ أُولْمَغْلَه

أَچَهْجَقْ أُولْدِيغِمْزْدَنْ

أَچَهْجَقْ أُولْدِقْلَرِنْدَنْ

أَچَهْجَقْ أُولْدِقْجَه

أَچَهْجَقْ أُولَمَزْدَنْ   *ou*   أَچَهْجَقْ أُولْمَدَنْ

(inusité) أَچَهْجَقْ أُولَهْجَقْ إِيكَنْ

أَچَهْجَقْ أُولُورْ إِيكَنْ

أَچَهْجَقْ أُولْدِيغِكْدَه   *ou*   أَچَهْجَقْ أُولْدِقْدَه

أَچَهْجَقْ أُولْدِيغِمْزْدَه

أَچَهْجَقْ أُولْدِقْلَرِنْدَه

أَچَهْجَقْ أُولْمِشْ إِيكَنْ

أَچَهْجَقْ أُولْدِيغِكْدَنْصَكْرَه   *ou*   أَچَهْجَقْ أُولْدِقْدَنْصَكْرَه

أَچَهْجَقْ أُولْدِيغِمْزْدَنْصَكْرَه

أَچَهْجَقْ أُولْدِقْلَرِنْدَنْصَكْرَه أَچَهْجَقْ أُولْدِيغِكَزْدَنْصَكْرَه

§ VIII. *Modèles de conjugaisons.*

511. MODÈLE DE LA CONJUGAISON D'UN VERBE SIMPLE.

IMPÉRATIF.

PRÉSENT.

Singulier.

Point de première personne.

أَچ *ou* أَچَكْ ouvre

أَچْسُون qu'il *ou* qu'elle ouvre.

Pluriel.

أَچَالِمْ ouvrons

أَچِكَزْ ouvrez

أَچْسُونْلَرْ qu'ils *ou* qu'elles ouvrent.

INDICATIF.

PRÉSENT.

Singulier.

أَچِيُورِمْ j'ouvre (dans cet instant même)

أَچِيُورْسِنْ tu ouvres

أَچِيُورْ il *ou* elle ouvre.

Pluriel.

أَچِيُورُزْ nous ouvrons

أَچِيُورْسِكَزْ vous ouvrez

أَچِيُورْلَرْ ils *ou* elles ouvrent.

IMPARFAIT.

Singulier.

أَچِيُورْ اِيدِمْ j'ouvrais (dans cet instant-là)

أَچِيُورْ اِيدِكْ tu ouvrais

أَچِيُورْ اِيدِى il *ou* elle ouvrait.

Pluriel.

أَچِيُورْ اِيدِكْ nous ouvrions

أَچِيُورْ اِيدِكَزْ vous ouvriez

أَچِيُورْلَرْ اِيدِى ils *ou* elles ouvraient.

AORISTE.

Singulier.

أَجَارِمْ j'ouvre (habituellement), j'ouvrirai

أَجَارْسِن tu ouvres, tu ouvriras

أَجَارْ il *ou* elle ouvre, ouvrira.

Pluriel.

أَجَارْز nous ouvrons, ouvrirons

أَجَارْسِكِزْ vous ouvrez, ouvrirez

أَجَارْلَرْ ils *ou* elles ouvrent, ouvriront.

PASSÉ.

Singulier.

أَجَارْ إِيدِمْ j'ouvrais (habituellement); j'ouvrirais, j'aurais ouvert

أَجَارْ إِيدِكْ tu ouvrais; tu ouvrirais, aurais ouvert

أَجَارْ إِيدِى il *ou* elle ouvrait; ouvrirait, aurait ouvert.

Pluriel.

أَجَارْ إِيدِكْ nous ouvrions; nous ouvririons, aurions ouvert

أَجَارْ إِيدِكِزْ vous ouvriez; vous ouvririez, auriez ouvert

أَجَارْلَرْ إِيدِى ils *ou* elles ouvraient; ouvriraient, auraient ouvert.

PARFAIT.

Singulier.

أَجْدِمْ j'ouvris, j'ai ouvert

أَجْدِكْ tu ouvris, tu as ouvert

أَجْدِى il *ou* elle ouvrit, a ouvert.

Pluriel.

أَجْدِق nous ouvrîmes, avons ouvert

أَجْدِكِزْ vous ouvrîtes, avez ouvert

أَجْدِيلَرْ ils *ou* elles ouvrirent, ont ouvert.

PLUS-QUE-PARFAIT.

Singulier.

أَچْدِمْ إِيدِى ou أَچْدِيدِمْ j'avais ouvert, j'eus ouvert

أَچْدُكْ إِيدِى ou أَچْدِيدُكْ tu avais ouvert, tu eus ouvert

أَچْدِى إِيدِى ou أَچْدِيدِى il *ou* elle avait ouvert, eut ouvert.

Pluriel.

أَچْدِقْ إِيدِى ou أَچْدِيدِكْ nous avions ouvert, eûmes ouvert

أَچْدِكِزْ إِيدِى ou أَچْدِيدِكِزْ vous aviez ouvert, eûtes ouvert

أَچْدِيلَرْ إِيدِى ou أَچْدِيدِيلَرْ ils *ou* elles avaient ouvert, eurent ouvert.

FUTUR.

Singulier.

أَچَهْجَغِمْ je vais ouvrir

أَچَهْجَقْسِنْ tu vas ouvrir

أَچَهْجَقْ il *ou* elle va ouvrir.

Pluriel.

أَچَهْجَغِزْ nous allons ouvrir

أَچَهْجَقْسِكِزْ vous allez ouvrir

أَچَهْجَقْلَرْ ils *ou* elles vont ouvrir.

FUTUR PASSÉ.

Singulier.

أَچَهْجَقْ إِيدِمْ j'allais ouvrir

أَچَهْجَقْ إِيدُكْ tu allais ouvrir

أَچَهْجَقْ إِيدِى il *ou* elle allait ouvrir.

Pluriel.

أَچَهْجَقْ إِيدُكْ nous allions ouvrir

أَچَهْجَقْ إِيدِكِزْ vous alliez ouvrir

أَچَهْجَقْلَرْ إِيدِى ils *ou* elles allaient ouvrir.

NÉCESSITATIF.

PRÉSENT.

Singulier.

أَجْمَلُويِمْ il faut que j'ouvre, je dois ouvrir.

أَجْمَلُوسِنْ il faut que tu ouvres, tu dois ouvrir

أَجْمَلُو il faut qu'il *ou* qu'elle ouvre, il *ou* elle doit ouvrir.

Pluriel.

أَجْمَلُويِزْ il faut que nous ouvrions, nous devons ouvrir

أَجْمَلُوسِكِزْ il faut que vous ouvriez, vous devez ouvrir

أَجْمَلُولَرْ il faut qu'ils *ou* qu'elles ouvrent, ils *ou* elles doivent ouvrir.

PARFAIT.

Singulier.

أَجْمَلُوايِدِمْ il fallait que j'ouvrisse, que j'eusse ouvert; je devais *ou* j'aurais dû ouvrir

أَجْمَلُوايِدِكْ il fallait que tu ouvrisses, que tu eusses ouvert; tu devais, tu aurais dû ouvrir

أَجْمَلُوايِدِى il fallait qu'il *ou* qu'elle ouvrît, *ou* eût ouvert; il *ou* elle devait, aurait dû ouvrir.

Pluriel.

أَجْمَلُوايِدِكْ il fallait que nous ouvrissions, *ou* eussions ouvert; nous devions, aurions dû ouvrir

أَجْمَلُوايِدِكِزْ il fallait que vous ouvrissiez, *ou* eussiez ouvert; vous deviez, auriez dû ouvrir

أَجْمَلُوايِدِيلَرْ il fallait qu'ils *ou* qu'elles ouvrissent, *ou* eussent ouvert; ils *ou* elles devaient, auraient dû ouvrir.

OPTATIF.

PRÉSENT.

Singulier.

أَجَيِمْ *ou* أَجَمْ que j'ouvre

أَجَسِنْ que tu ouvres

أَجَه qu'il *ou* qu'elle ouvre.

Pluriel.

أُچَەيِز *ou* أُچَوُز que nous ouvrions

أُچَەسِكِز que vous ouvriez

أُچَەلَر qu'ils *ou* qu'elles ouvrent.

PARFAIT.

Singulier.

أُچِيدِم *ou* أُچَەايِدِم que j'ouvrisse, que j'eusse ouvert

أُچِيدِك *ou* أُچَەايِدِك que tu ouvrisses, que tu eusses ouvert

أُچِيدِی *ou* أُچَەايِدِی qu'il *ou* qu'elle ouvrît, qu'il *ou* qu'elle eût ouvert.

Pluriel.

أُچِيدِق *ou* أُچَەايِدِك que nous ouvrissions, que nous eussions ouvert

أُچِيدِكِز *ou* أُچَەايِدِكِز que vous ouvrissiez, que vous eussiez ouvert

أُچِيدِيلَر *ou* أُچَەايِدِيلَر qu'ils *ou* qu'elles ouvrissent, qu'ils *ou* qu'elles eussent

ouvert.

CONDITIONNEL.

AORISTE.

Singulier.

أُچِسَم si j'ouvre

أُچِسَك si tu ouvres

أُچِسَه s'il *ou* si elle ouvre.

Pluriel.

أُچِسَق si nous ouvrons

أُچِسَكِز si vous ouvrez

أُچِسَەلَر s'ils *ou* si elles ouvrent.

PARFAIT.

Singulier

أُچِسَيِدِم si j'ouvrais, si j'avais, eusse ouvert

أُچِسَيِدِك si tu ouvrais, si tu avais, eusses ouvert

أُچِسَيِدِی s'il *ou* si elle ouvrait, s'il *ou* si elle avait, eût ouvert.

Pluriel.

أَچْسَيْدِقْ si nous ouvrions, si nous avions, eussions ouvert

أَچْسَيْدِكِزْ si vous ouvriez, si vous aviez, eussiez ouvert

أَچْسَيْدِيلَرْ s'ils *ou* si elles ouvraient, s'ils *ou* si elles avaient, eussent ouvert.

INFINITIF.

PRÉSENT.

أَچْمَقْ ouvrir.

PARTICIPES.

ACTIFS.

PRÉSENT.

أَچَان qui ouvre.

AORISTE.

أَچَارْ qui ouvre, qui ouvrira.

PASSÉ.

أَچْمِشْ qui a ouvert.

PARFAIT.

أَچْدِقْ qui a ouvert.

FUTUR.

أَچَهْجَقْ qui va ouvrir.

PASSIFS.

AORISTE.

أَچْدِقْ qui est ouvert (par un agent qui ouvre).

FUTUR.

أَچَهْجَقْ qui va être ouvert (par un agent qui ouvre).

NOMS VERBAUX.

PRÉSENT.

أَچْمَه (l'action d') ouvrir.

PARFAIT.

أَچْدِقْ (l'action d') avoir ouvert.

FUTUR.

أَچَهْجَقْ (l'action de) devoir ouvrir.

GÉRONDIFS.

أَچُوب   ouvrant, ayant ouvert.

أَچَەرَق   ouvrant, en ouvrant.

أَچیجَق
أَچنَجَه   quand je, tu, il, etc., ouvre, ai ouvert, aurai ouvert, etc.

أَچَه   ouvrant.

أَچْمِغِين   ayant ouvert.

أَچَەلُو   depuis que je, tu, il, etc., ai, as, etc., ouvert.

512. MODÈLE DE L'AORISTE DE L'INDICATIF D'UN VERBE NÉGATIF.

Singulier.

أَچْمَمْ *ou* أَچْمَزْمْ   je n'ouvre, je n'ouvrirai pas

أَچْمَزْسِن   tu n'ouvres, tu n'ouvriras pas

أَچْمَزْ   il *ou* elle n'ouvre, il *ou* elle n'ouvrira pas.

Pluriel.

أَچْمَزْز *ou* أَچْمِيز   nous n'ouvrons, nous n'ouvrirons pas

أَچْمَزْسِكِز   vous n'ouvrez, vous n'ouvrirez pas

أَچْمَزْلَزْ   ils *ou* elles n'ouvrent, ils *ou* elles n'ouvriront pas.

513. MODÈLE DE L'AORISTE DE L'INDICATIF D'UN VERBE IMPOSSIBLE.

Singulier.

أَچَەمَمْ *ou* أَچَەمَزْمْ   je ne puis, je ne pourrai pas ouvrir

أَچَەمَزْسِن   tu ne peux, tu ne pourras pas ouvrir

أَچَەمَزْ   il *ou* elle ne peut, il *ou* elle ne pourra pas ouvrir.

Pluriel.

أَچَەمَزْز *ou* أَچَەمِيز   nous ne pouvons, nous ne pourrons pas ouvrir

أَچَەمَزْسِكِز   vous ne pouvez, vous ne pourrez pas ouvrir

أَچَەمَزْلَزْ   ils *ou* elles ne peuvent, ils *ou* elles ne pourront pas ouvrir.

514. Chacun des verbes simples dérivés a une conjugaison entière qui

lui est propre, et qui est conforme en toutes choses au modèle que nous venons de donner.

515. Pour faciliter à l'étudiant l'application de cette remarque, nous indiquons ici la conjugaison entière d'un verbe passif, كَسِلْمَكْ *être coupé.*

IMPÉRATIF.

PRÉSENT.

Singulier.

Point de première personne.

كَسِـلْ *ou* كَسِلْكْ sois coupé [1]

كَسِلْسُونْ qu'il soit coupé.

Pluriel.

كَسِلَلِمْ soyons coupés

كَسِلِكِزْ soyez coupés

كَسِلْسُونْلَرْ qu'ils soient coupés.

INDICATIF.

PRÉSENT.

Singulier.

كَسِلِيُورِمْ je suis coupé (on me coupe actuellement)

كَسِلِيُورْسِن tu es coupé

كَسِلِيُورْ il est coupé.

Pluriel.

كَسِلِيُورِزْ nous sommes coupés

كَسِلِيُورْسِكِزْ vous êtes coupés

كَسِلِيُورْلَرْ ils sont coupés.

IMPARFAIT.

Singulier.

كَسِلِيُورْ ايدِمْ j'étais coupé (on me coupait alors)

كَسِلِيُورْ ايدِكْ tu étais coupé

كَسِلِيُورْ ايدِى il était coupé.

---

[1] Chaque personne du verbe passif sert également pour le féminin français : *sois coupée, qu'elle soit coupée, soyons coupées,* etc.

Pluriel.

كَسِلِيُورْ إِيدِكْ nous étions coupés

كَسِلِيُورْ إِيدِكِزْ vous étiez coupés

كَسِلِيُورْلَرْ إِيدِى ils étaient coupés.

AORISTE.
Singulier.

كَسِلُورِمْ je suis coupé (habituellement), je serai coupé

كَسِلُورْسِنْ tu es coupé, tu seras coupé

كَسِلُورْ il est, il sera, coupé.

Pluriel.

كَسِلُورِزْ nous sommes, nous serons, coupés

كَسِلُورْسِكِزْ vous êtes, vous serez, coupés

كَسِلُورْلَرْ ils sont, seront, coupés.

PASSÉ.
Singulier.

كَسِلُورْ إِيدِمْ j'étais coupé (habituellement); je serais, j'aurais été, coupé

كَسِلُورْ إِيدِكْ tu étais coupé; tu serais, tu aurais été, coupé

كَسِلُورْ إِيدِى il était coupé; il serait, aurait été, coupé.

Pluriel.

كَسِلُورْ إِيدِكْ nous étions coupés; nous serions, aurions été, coupés

كَسِلُورْ إِيدِكِزْ vous étiez coupés; vous seriez, auriez été, coupés

كَسِلُورْلَرْ إِيدِى ils étaient coupés; ils seraient, auraient été, coupés.

PARFAIT.
Singulier.

كَسِلْدِمْ je fus, j'ai été, coupé

كَسِلْدِكْ tu fus, tu as été, coupé

كَسِلْدِى il fut, ou a été, coupé.

Pluriel.

كَسِلْدِكْ nous fûmes, nous avons été, coupés

كَسِلْدِكِزْ vous fûtes, vous avez été, coupés

كَسِلْدِيلَرْ ils furent, ou ont été, coupés.

PLUS—QUE—PARFAIT.

Singulier.

كَسِلْدِمْ إِيدِى   j'avais, j'eus, été coupé

كَسِلْدِكْ إِيدِى   tu avais, tu eus, été coupé

كَسِلْدِى إِيدِى   il avait, *ou* eut été, coupé.

Pluriel.

كَسِلْدِكْ إِيدِى   nous avions, nous eûmes, été coupés

كَسِلْدِكِزْ إِيدِى   vous aviez, vous eûtes, été coupés

كَسِلْدِيلَرْ إِيدِى   ils avaient, *ou* eurent, été coupés.

FUTUR.

Singulier.

كَسِلَه‌جَكِمْ   je vais être coupé

كَسِلَه‌جَكْسِنْ   tu vas être coupé

كَسِلَه‌جَكْ   il va être coupé.

Pluriel.

كَسِلَه‌جَكِزْ   nous allons être coupés

كَسِلَه‌جَكْسِكِزْ   vous allez être coupés

كَسِلَه‌جَكْلَرْ   ils vont être coupés.

FUTUR PASSÉ.

Singulier.

كَسِلَه‌جَكْ إِيدِمْ   j'allais être coupé

كَسِلَه‌جَكْ إِيدِكْ   tu allais être coupé

كَسِلَه‌جَكْ إِيدِى   il allait être coupé

Pluriel.

كَسِلَه‌جَكْ إِيدِكْ   nous allions être coupés

كَسِلَه‌جَكْ إِيدِكِزْ   vous alliez être coupés

كَسِلَه‌جَكْلَرْ إِيدِى   ils allaient être coupés.

NÉCESSITATIF.

PRÉSENT.

Singulier.

كَسِلْمَلُویِم il faut que je sois coupé, je dois être coupé

كَسِلْمَلُوسِن il faut que tu sois coupé, tu dois être coupé

كَسِلْمَلُو il faut qu'il soit coupé, il doit être coupé.

Pluriel.

كَسِلْمَلُویِز il faut que nous soyons coupés, nous devons être coupés

كَسِلْمَلُوسِکِز il faut que vous soyez coupés, vous devez être coupés

كَسِلْمَلُولَر il faut qu'ils soient coupés, ils doivent être coupés.

PARFAIT.

Singulier.

كَسِلْمَلُو اِیدِم il fallait que je fusse, que j'eusse été, coupé; je devais, j'aurais dû, être coupé

كَسِلْمَلُو اِیدِك il fallait que tu fusses, que tu eusses été, coupé; tu devais, tu aurais dû, être coupé

كَسِلْمَلُو اِیدی il fallait qu'il fût, *ou* eût été, coupé; il devait, *ou* aurait dû, être coupé.

Pluriel.

كَسِلْمَلُو اِیدِك il fallait que nous fussions, que nous eussions été, coupés; nous devions, *ou* aurions dû, être coupés

كَسِلْمَلُو اِیدِکِز il fallait que vous fussiez, que vous eussiez été, coupés; vous deviez, *ou* auriez dû, être coupés

كَسِلْمَلُو اِیدِیلَر il fallait qu'ils fussent, *ou* eussent été, coupés; ils devaient, *ou* auraient dû, être coupés.

OPTATIF.

PRÉSENT.

Singulier.

كَسِلَمْ *ou* كَسِلَویِم que je sois coupé

كَسِلَسِن que tu sois coupé

كَسِلَه qu'il soit coupé.

Pluriel.

كَسِلَهيِز que nous soyons coupés

كَسِلَهسِكِز que vous soyez coupés

كَسِلَهلَر qu'ils soient coupés.

PARFAIT.

Singulier.

كَسِلَيْدِم que je fusse, *ou* eusse été, coupé

كَسِلَيْدِك que tu fusses, *ou* eusses été, coupé

كَسِلَيْدِى qu'il fût, *ou* eût été, coupé.

Pluriel.

كَسِلَيْدِك que nous fussions, *ou* eussions été, coupés

كَسِلَيْدِكِز que vous fussiez, *ou* eussiez été, coupés

كَسِلَيْدِيلَر qu'ils fussent, *ou* eussent été, coupés.

CONDITIONNEL.

AORISTE.

Singulier.

كَسِلسَم si je suis coupé

كَسِلسَڭ si tu es coupé

كَسِلسَه s'il est coupé.

Pluriel.

كَسِلسَك si nous sommes coupés

كَسِلسِكِز si vous êtes coupés

كَسِلسَهلَر s'ils sont coupés.

PARFAIT.

Singulier.

كَسِلسَيْدِم si j'étais, *ou* si j'avais été, *ou* eusse été, coupé

كَسِلسَيْدِك si tu étais, *ou* si tu avais été, *ou* eusses été, coupé

كَسِلسَيْدِى s'il était, *ou* s'il avait été, *ou* eût été, coupé.

Pluriel.

كِسِلْسَيْدِكْ si nous étions, *ou* si nous avions été, *ou* eussions été, coupés

كِسِلْسَيْدِكِزْ si vous étiez, *ou* si vous aviez été, *ou* eussiez été, coupés

كِسِلْسَيْدِيلَرْ s'ils étaient, *ou* s'ils avaient été, *ou* eussent été, coupés.

INFINITIF.

PRÉSENT.

كِسِلْمَكْ être coupé.

PARTICIPES.

ACTIFS.

PRÉSENT.

كَسِلَانْ qui est coupé.

AORISTE.

كِسِلُورْ qui est coupé, qui sera coupé.

PASSÉ.

كَسِلْمِشْ qui est, qui a été, coupé.

PARFAIT.

كَسِلْدِكْ qui est, qui a été, coupé.

FUTUR.

كِسِلَهجَكْ qui va être coupé.

PASSIFS.

AORISTE.

كَسِلْدِكْ par, avec, dans, à, de, etc., qui on est coupé.

FUTUR.

كَسِلَهجَكْ par, avec, dans, à, de, etc., qui on va être coupé.

NOMS VERBAUX.

PRÉSENT.

كِسِلْمَه (l'action d') être coupé.

PARFAIT.

كَسِلْدِكْ (l'action d') avoir été coupé.

FUTUR.

كَسِلَهجَكْ (l'action de) devoir être coupé.

GÉRONDIFS.

كَسِلُوب   étant coupé, ayant été coupé.

كَسِلَهرَك   étant coupé, en étant coupé.

كَسِلايجَك
كَسِلَنجَه }   quand je, tu, il, etc., suis, étais, ai été, serai, etc., coupé.

كَسِلَه   étant coupé.

كَسِلَمَكِين   ayant été coupé.

كَسِلَدُو   depuis que je, tu, il, etc., suis, étais, ai été, etc., coupé.

§ IX. *Des verbes auxiliaires.*

516. Parmi les verbes simples, il y en a qui servent d'auxiliaires; ce sont ايتمَك, *faire, pratiquer;* قيلمَق, *faire, rendre;* ايتلَمَك, *faire, pratiquer; faire, rendre;* بُيُورمَق, *commander* (dans le sens de *faire,* comme cela s'emploie en italien); et اولمَق, *être,* et leurs dérivés.

517. Quoique ces verbes auxiliaires se conjuguent d'après les modèles donnés ci-dessus; cependant, comme l'emploi de ايتمَك, de اولمَق et du passif de ce dernier اولنمَق, est presque continuel, la troisième personne du singulier de chacun de leurs temps est indiquée ici, pour en faciliter l'étude.

518. Conjugaison du verbe auxiliaire actif ايتمَك *faire, pratiquer.*

IMPÉRATIF.

PRÉSENT.

ايت   fais (*seconde personne du singulier*).

INDICATIF.

PRÉSENT.

ايدِيُورَ   il fait.

IMPARFAIT.

ايدِيُورَ ايدِى   il faisait.

AORISTE.

اِيدَرْ il fait, il fera.

PASSÉ.

اِيدَرْ اِيدِى il faisait, il ferait *ou* aurait fait.

PARFAIT.

اِيتّدى il fit, il a fait.

PLUS-QUE-PARFAIT.

اِيتّدِيدى il avait fait, il eut fait.

FUTUR.

اِيدَه جَك il va faire.

FUTUR PASSÉ.

اِيدَه جَك اِيدى il allait faire.

NÉCESSITATIF.

PRÉSENT.

اِيتّمَلُو il faut qu'il fasse, il doit faire.

PARFAIT.

اِيتّمَلُو اِيدى il fallait qu'il fît, qu'il eût fait ; il devait, *ou* aurait dû, faire.

OPTATIF.

PRÉSENT.

اِيدَه qu'il fasse.

PARFAIT.

اِيدَه اِيدى qu'il fît, qu'il eût fait.

CONDITIONNEL.

AORISTE.

اِيتّسَه s'il fait.

PARFAIT.

اِيتّسَيدى s'il faisait ; s'il avait, *ou* eût, fait.

INFINITIF.

PRÉSENT.

اِيتّمَك faire.

PARTICIPES.

ACTIFS.

PRÉSENT.

ايدَن qui fait.

AORISTE.

ايدَرْ qui fait, qui fera.

PASSÉ.

ايتمِشْ qui a fait.

PARFAIT.

ايتدِكْ qui a fait.

FUTUR.

ايدَه جَكْ qui va faire.

PASSIFS.

AORISTE.

ايتدِكْ qui est fait (par un agent qui fait).

FUTUR.

ايده جَكْ qui va être fait (par un agent qui fait).

NOMS VERBAUX.

ايتمَه (l'action de) faire.

PARFAIT.

ايتدِكْ (l'action d') avoir fait.

FUTUR.

ايده جَكْ (l'action de) devoir faire.

GÉRONDIFS.

ايدُوب faisant, ayant fait.

ايده رَكْ faisant, en faisant.

ايديجَكْ
ايدنجَه } quand je, tu, il, etc., fais, ai fait, aurai fait, etc.

ايده faisant.

ايتمَكسِينْ ayant fait.

ايده لُو depuis que je, tu, il, etc., ai fait, etc.

519. CONJUGAISON DU VERBE AUXILIAIRE NEUTRE اُولْمَقْ *être.*

IMPÉRATIF.

PRÉSENT.

اُولْ sois (*seconde personne du singulier*).

INDICATIF.

PRÉSENT.

اُولِيُورْ il est.

IMPARFAIT.

اُولِيُورْ اِيدِى il était.

AORISTE.

اُولُورْ il est, il sera.

PASSÉ.

اُولُورْ اِيدِى il était, il serait, il aurait été.

PARFAIT.

اُولْدِى il fut, il a été.

PLUS—QUE—PARFAIT.

اُولْدِيدِى il avait été, il eut été.

FUTUR.

اُولَهجَقْ il va être.

FUTUR PASSÉ.

اُولَهجَقْ اِيدِى il allait être.

NÉCESSITATIF.

PRÉSENT.

اُولْمَلُو il faut qu'il soit, il doit être.

PARFAIT.

اُولْمَلُو اِيدِى il fallait qu'il fût, qu'il eût été; il devait, *ou* aurait dû, être.

OPTATIF.

PRÉSENT.

اُولَه qu'il soit.

PARFAIT.

اُولَيْدِى qu'il fût, qu'il eût été.

CONDITIONNEL.

AORISTE.

اولسه s'il est.

PARFAIT.

اولسيدى s'il était ; s'il avait, *ou* eut, été.

INFINITIF.

PRÉSENT.

اولمق être.

PARTICIPES.

ACTIFS.

PRÉSENT.

اولان qui est.

AORISTE.

اولور qui est, qui sera.

PASSÉ.

اولمش qui a été.

PARFAIT.

اولدق qui a été.

FUTUR.

اوله‌جق qui va être.

PASSIFS.

AORISTE.

اولدق par, avec, à, de, dans, etc., qui on est.

FUTUR.

اوله‌جق par, avec, à, de, dans, etc., qui on va être.

NOMS VERBAUX.

PRÉSENT.

اولمه (l'action d') être.

PARFAIT.

اولدق (l'action d') avoir été.

FUTUR.

اوله‌جق (l'action de) devoir être.

GÉRONDIFS.

أُولُوب   étant, ayant été.

أُولَهرَقْ   étant, en étant.

أُولِيجَقْ
أُولَنْجه   quand je, tu, il, etc., suis, étais, ai été, serai, etc.

أُولَه   étant.

أُولَمَغِين   ayant été.

أُولَهلُو   depuis que je, tu, il, etc., suis, ai été, etc.

520. CONJUGAISON DU VERBE AUXILIAIRE PASSIF أُولِنْمَقْ *être*.

IMPÉRATIF.

PRÉSENT.

أُولِن   sois (*seconde personne du singulier*).

INDICATIF.

PRÉSENT.

أُولِنِيُورْ   il est.

IMPARFAIT.

أُولِنِيُورْ اِيدِى   il était.

AORISTE.

أُولِنُورْ   il est, il sera.

PASSÉ.

أُولِنُورْ اِيدِى   il était, il serait, il aurait été.

PARFAIT.

أُولِنْدِى   il fut, il a été.

PLUS-QUE-PARFAIT.

أُولِنْدِيدِى   il avait été, il eut été.

FUTUR.

أُولِنَهجَقْ   il va être.

FUTUR PASSÉ.

أُولِنَهجَقْ اِيدِى   il allait être.

NÉCESSITATIF.

PRÉSENT.

اُولِنَّمَلُو il faut qu'il soit, il doit être.

PARFAIT.

اُولِنَّمَلُو ايدِى il fallait qu'il fût, qu'il eût été; il devait, il aurait dû, être.

OPTATIF.

PRÉSENT.

اُولِنَه qu'il soit.

PARFAIT.

اُولِنَيْدِى qu'il fût, qu'il eût été.

CONDITIONNEL.

AORISTE.

اُولِنْسَه s'il est.

PARFAIT

اُولِنْسَيْدِى s'il était; s'il avait, ou eût, été.

INFINITIF.

PRÉSENT.

اُولِنْمَقْ être.

PARTICIPES.

ACTIFS.

PRÉSENT.

اُولِنَانْ qui est.

AORISTE.

اُولِنُورْ qui est, qui sera.

PASSÉ.

اُولِنْمِشْ qui a été.

PARFAIT.

اُولِنْدِقْ qui a été.

FUTUR.

اُولِنَهجَقْ qui va être.

PASSIFS.

AORISTE.

اولندق par, avec, à, de, dans, etc., qui on est.

FUTUR.

اولنه‌جق par, avec, à, de, dans, etc., qui on va être.

NOMS VERBAUX.

PRÉSENT.

اولنمه (l'action d') être.

PARFAIT.

اولندق (l'action d') avoir été.

FUTUR.

اولنه‌جق (l'action de) devoir être.

GÉRONDIFS.

اولنوب étant, ayant été.

اولنه‌رق étant, en étant.

اولنبجق
اولننجه } quand je, tu, il, etc., suis, étais, ai été, serai, etc.

اولنه étant.

اولنمغین ayant été.

اولنه‌لو depuis que je, tu, il, etc., suis, ai été, etc.

§ X. *Du verbe substantif.*

521. Il y a deux autres verbes simples, qui, comme une espèce d'auxiliaires, jouent un grand rôle dans la langue ottomane, et qui n'ont pas d'équivalent dans les langues européennes dérivées du latin.

522. Ces verbes sont tous les deux défectueux ; et comme les parties qui manquent dans l'un existent dans l'autre, et *vice versa*, on a pris l'habitude de les regarder comme formant ensemble une conjugaison irrégulière.

523. Cependant, il est facile de démontrer que ce sont deux verbes bien distincts l'un de l'autre, et non pas un seul verbe. D'abord, l'un est composé de mots, l'autre de particules affixes; puis, on ne peut se dispenser de ce second verbe dans la conversation, tandis que l'autre est presque toujours sous-entendu; enfin, et pour dernière preuve, on peut se servir, et on se sert effectivement parfois, dans l'écriture, du premier à la suite du second.

524. Ce premier verbe, c'est le défectueux در *est, c'est, il est*, et son pluriel درلر *sont, ce sont, ils sont*, qui n'a ni autres temps, ni modes, ni dérivés, et qui sert, exprimé ou sous-entendu, pour la simple affirmation, ou pour liaison logique entre le sujet et l'attribut de la phrase.

525. L'autre, c'est le verbe neutre affixe م، یم، ou ایم avec ses collatéraux, qui servent comme verbe substantif, mais à qui on ne peut assigner une racine déterminée, et par conséquent point de dérivés.

526. CONJUGAISON DU VERBE SUBSTANTIF DÉFECTUEUX

م، یم، ou ایم *je suis.*

IMPÉRATIF.

PRÉSENT.

Manque.

INDICATIF.

PRÉSENT.

Singulier.

م، یم، *ou* ایم je suis

سن tu es

La troisième personne manque.

Pluriel.

ز، یز، *ou* ایز nous sommes

سکز vous êtes

La troisième personne manque.

PARFAIT.

Singulier.

دِمْ اِيدِمْ ou *ou* j'étais, je fus, j'ai été

دِكْ اِيدِكْ *ou* tu étais, tu fus, tu as été

دِى اِيدِى *ou* il *ou* elle était, fut, a été.

Pluriel.

دِكْ اِيدِكْ *ou* nous étions, fûmes, avons été

دِكِزْ اِيدِكِزْ *ou* vous étiez, fûtes, avez été

دِلَرْ اِيدِيلَرْ *ou* ils *ou* elles étaient, furent, ont été.

Tous les autres temps manquent.

NÉCESSITATIF et OPTATIF.

Manquent.

CONDITIONNEL.

AORISTE.

Singulier.

اِيسَمْ اِيسَمْ *ou* si je suis

اِيسَكْ اِيسَنْ *ou* si tu es

اِيسَه s'il *ou* si elle est.

Pluriel.

اِيسَكْ si nous sommes

اِيسَكِزْ si vous êtes

اِيسَهلَرْ s'ils *ou* si elles sont.

PARFAIT.

Singulier.

اِيسَيْدِمْ si j'étais, fus, *ou* ai été

اِيسَيْدِكْ si tu étais, fus, *ou* as été

اِيسَيْدِى s'il *ou* si elle était, fut, *ou* a été.

Pluriel.

اِيسَيْدِكْ   si nous étions, fûmes, avons été

اِيسَيْدِكِزْ   si vous étiez, fûtes, avez été

اِيسَيْدِيَارْ   s'ils *ou* si elles étaient, furent, ont été.

INFINITIF ET PARTICIPES.

Manquent.

NOMS VERBAUX.

PRÉSENT.	PARFAIT.	FUTUR.
Manque.	اِيدِكْ (l'action de déjà) être.	*Manque.*

GÉRONDIF.

اِيكَنْ étant [1].

CLASSE II. — DES VERBES COMPOSÉS.

527. Les verbes composés sont ou primitifs ou dérivés.

528. Les verbes composés primitifs sont formés d'un nom d'action, ou d'un nom d'agent joint à l'un des verbes auxiliaires actifs اِيتْمَكْ , اَيْلَمَكْ,

---

[1] Quoique mes devanciers aient tous incorporé ce verbe dans la conjugaison du régulier أُولَمَقْ, le major Boyd, en détaillant ce qu'il a nommé les temps irréguliers du négatif أُولَمَيَقْ *ne pas être*, a donné les temps de mon défectueux, précédé du mot négatif دِكِلْ *non pas* ; et après cela il a fait la remarque que « les autres temps de ce verbe se forment des temps du verbe régulier أُولَمَيَقْ. » Le major a démontré par là que la distinction que j'ai établie entre le régulier أُولَمَقْ et le défectueux اِيَمْ est véritablement fondée.

Ce que mes devanciers ont nommé *les verbes impersonnels* وَارْدِرْ et يُوقْدِرْ ne sont rien autre chose que la combinaison des deux défectueux avec le verbe régulier أُولَمَقْ, précédés des adjectifs وَارْ *existant*, et يُوقْ *non-existant*. Ils ne peuvent donc pas être regardés comme verbes impersonnels.

قيلْمَق et بُيُورْمَق , ou d'un nom d'agent joint au verbe auxiliaire neutre أولْمَق.

529. De ces auxiliaires, ايتْمَك est employé le plus souvent; بُيُورْمَق n'est en usage comme auxiliaire que lorsqu'il tient la place de l'un des trois autres; il est employé par politesse, ou par une personne d'un rang inférieur en parlant d'un supérieur, avec le sens de *faire*, quoiqu'il signifie lui-même *commander*.

530. Les composés primitifs sont ou actifs ou neutres; ainsi : مُشْعِرْ أولْمَق et إشْعَارْ بُيُورْمَق , إشْعَارْ قيلْمَق , إشْعَارْ أيْلَمَك , إشْعَارْ ايتْمَك sont actifs; تَضَرُّعْ ايتْمَك , تَضَرُّعْ أيْلَمَك et تَضَرُّعْ قيلْمَق sont neutres.

531. Les dérivés des verbes composés sont formés par les dérivés simples des verbes auxiliaires (excepté أيْلَمَك , qui n'a point d'autres dérivés que le négatif et l'impossible) joints au même nom ou adjectif que leur primitif. Ex. : إشْعَارْ بُيُورِلْمَق , إشْعَارْ قيلِنْمَق , إشْعَارْ ايدِلْمَك ou *être indiqué*, sont passifs; إشْعَارْ ايتْدِرْمَك , etc., *faire indiquer*, est causatif; إشْعَارْ ايدِشْمَك , *se donner mutuellement des renseignements*, est réciproque.

532. Il y a une remarque à faire ici sur la construction des verbes passifs composés; c'est qu'au lieu d'être toujours formés par la combinaison du nom ou adjectif donné avec le passif de l'un des verbes auxiliaires actifs ايتْمَك ou قيلْمَق , ils sont préférablement formés avec أولِنْمَق , passif de l'auxiliaire neutre أولْمَق. Ex. : ضَرْب أولِنْمَق , *être frappé*; تَقْسيم أولِنْمَق , *être divisé*.

533. L'emploi des passifs de ايتْمَك et de قيلْمَق n'est pas pour cela tout à fait inusité; seulement il n'est pas aussi fréquent que celui de أولِنْمَق.

534. Pour en faciliter l'étude, nous donnons ici comme modèle une partie de la conjugaison d'un verbe composé de chacun des auxiliaires إِيتْمَكْ, أَيْلَمَكْ ou قِيلْمَقْ, actifs, أُولْمَقْ, neutre, et أُولِنْمَقْ passif.

535. MODÈLE DE LA CONJUGAISON D'UN VERBE COMPOSÉ ACTIF.

IMPÉRATIF.

PRÉSENT.

Singulier.

Point de première personne.

تَقْسِيم { ايت / أَيْلَه / قِيلْ } divise

تَقْسِيم { إِيتْسُون / أَيْلَسُون / قِيلْسُون } qu'il, qu'elle, divise.

Pluriel.

تَقْسِيم { إِيدَهلِم / أَيْلَيَهلِم / قِيلَالِم } divisons

تَقْسِيم { ايدكِز / أَيْلَيكِز / قِيلِكِز } divisez

تَقْسِيم { إِيتْسُونلَر / أَيْلَسُونلَر / قِيلْسُونلَر } qu'ils, qu'elles, divisent.

INDICATIF.

PRÉSENT.

Singulier.

اِيدِيُورُمْ
أَيْلَيُورُمْ تَقْسِيمْ je divise
قِيلِيُورُمْ

اِيدِيُورْسِنْ
أَيْلَيُورْسِنْ تَقْسِيمْ tu divises
قِيلِيُورْسِنْ

اِيدِيُورْ
أَيْلَيُورْ تَقْسِيمْ il *ou* elle divise.
قِيلِيُورْ

Pluriel.

اِيدِيُورِزْ
أَيْلَيُورِزْ تَقْسِيمْ nous divisons
قِيلِيُورِزْ

اِيدِيُورْسِكِزْ
أَيْلَيُورِسِكِزْ تَقْسِيمْ vous divisez
قِيلِيُورْسِكِزْ

اِيدِيُورْلَرْ
أَيْلَيُورْلَرْ تَقْسِيمْ ils *ou* elles divisent.
قِيلِيُورْلَرْ

IMPARFAIT.

Singulier.

اِيدِيُورْ اِيدِمْ
أَيْلَيُورْ اِيدِمْ تَقْسِيمْ je divisais
قِيلِيُورْ اِيدِمْ

اِيدِيُورْ اِيدِكْ
أَيْلَيُورْ اِيدِكْ } نَقْسِيمْ tu divisais
قِيلِيُورْ اِيدِكْ

اِيدِيُورْ اِيدِى
أَيْلَيُورْ اِيدِى } نَقْسِيمْ il *ou* elle divisait.
قِيلِيُورْ اِيدِى

Pluriel.

اِيدِيُورْ اِيدِكْ
أَيْلَيُورْ اِيدِكْ } نَقْسِيمْ nous divisions
قِيلِيُورْ اِيدِكْ

اِيدِيُورْ اِيدِكِزْ
أَيْلَيُورْ اِيدِكِزْ } نَقْسِيمْ vous divisiez
قِيلِيُورْ اِيدِكِزْ

اِيدِيُورْلَرْ اِيدِى
أَيْلَيُورْلَرْ اِيدِى } نَقْسِيمْ ils *ou* elles divisaient.
قِيلِيُورْلَرْ اِيدِى

AORISTE.
Singulier.

اِيدَرِمْ
أَيْلَرِمْ } نَقْسِيمْ je divise, je diviserai
قِيلَارِمْ

اِيدَرِسِنْ
أَيْلَرِسِنْ } نَقْسِيمْ tu divises, tu diviseras
قِيلَارِسِنْ

اِيدَرْ
أَيْلَرْ } نَقْسِيمْ il *ou* elle divise, *ou* divisera.
قِيلَارْ

Pluriel.

نَقْسِيمْ { إيدَرِزْ / أَيْلَرِزْ / قِيلَارِزْ } nous divisons, nous diviserons.

نَقْسِيمْ { إيدَرْسِكِزْ / أَيْلَرْسِكِزْ / قِيلَارْسِكِزْ } vous divisez, vous diviserez.

نَقْسِيمْ { إيدَرْلَرْ / أَيْلَرْلَرْ / قِيلَارْلَرْ } ils *ou* elles divisent, *ou* diviseront.

Et ainsi de suite pour tous les autres modes et temps.

536. **Modèle de la conjugaison d'un verbe composé de l'auxiliaire neutre أُولْمَقْ.**

IMPÉRATIF.

PRÉSENT.

Singulier.

Point de première personne.

قَبُّلْ أُولْ (sois consentant) consens

قَبُّلْ أُولْسُونْ qu'il *ou* qu'elle consente.

Pluriel.

قَبُّلْ أُولَهلِمْ consentons

قَبُّلْ أُولِكِزْ consentez

قَائِلْ أُولْسُونْلَرْ qu'ils *ou* qu'elles consentent.

INDICATIF.

PRÉSENT.

Singulier.

قَائِلْ أُولِيُورُم je consens (je suis consentant)

قَائِلْ أُولِيُورْسِن tu consens

قَائِلْ أُولِيُورْ il *ou* elle consent.

Pluriel.

قَائِلْ أُولِيُورُزْ nous consentons

قَائِلْ أُولِيُورْسِكِزْ vous consentez

قَائِلْ أُولِيُورْلَرْ ils *ou* elles consentent.

IMPARFAIT.

Singulier.

قَائِلْ أُولِيُورْ ايدِمْ je consentais (j'étais consentant)

قَائِلْ أُولِيُورْ ايدِكْ tu consentais

قَائِلْ أُولِيُورْ ايدِى il *ou* elle consentait.

Pluriel.

قَائِلْ أُولِيُورْ ايدِكْ nous consentions

قَائِلْ أُولِيُورْ ايدِكِزْ vous consentiez

قَائِلْ أُولِيُورْلَرْ ايدِى ils *ou* elles consentaient.

AORISTE.

Singulier.

قَائِلْ أُولُورُم je consens, je consentirai

قَائِلْ أُولُورْسِن tu consens, tu consentiras

قَائِلْ أُولُورْ il *ou* elle consent, *ou* consentira.

Pluriel.

قَائِلْ أُولُورُزْ nous consentons, consentirons

قَائِلْ أُولُورْسِكِزْ vous consentez, consentirez

قَائِلْ أُولُورْلَرْ ils *ou* elles consentent, consentiront.

Et ainsi de suite pour tous les autres modes et temps.

537. MODÈLE DE LA CONJUGAISON D'UN VERBE COMPOSÉ PASSIF.

IMPÉRATIF.

PRÉSENT.

Singulier.

Point de première personne.

قَطَعْ أُولِن sois coupé [1]

قَطَعْ أُولِنْسُون qu'il soit coupé.

Pluriel.

قَطَعْ أُولِنَهلِمْ soyons coupés

قَطَعْ أُولِنكِزْ soyez coupés

قَطَعْ أُولِنْسُونْلَرْ qu'ils soient coupés.

INDICATIF.

PRÉSENT.

Singulier.

قَطَعْ أُولِنُيورِمْ je suis coupé (on me coupe actuellement)

قَطَعْ أُولِنُيورْسِن tu es coupé

قَطَعْ أُولِنُيورْ il est coupé.

Pluriel.

قَطَعْ أُولِنُيورِزْ nous sommes coupés

قَطَعْ أُولِنُيورْسِكِزْ vous êtes coupés

قَطَعْ أُولِنُيورْلَرْ ils sont coupés.

IMPARFAIT.

Singulier.

قَطَعْ أُولِنُيورْ إِيدِمْ j'étais coupé (on me coupait alors)

قَطَعْ أُولِنُيورْ إِيدِك tu étais coupé

قَطَعْ أُولِنُيورْ إِيدِى il était coupé.

---

[1] Chaque personne du verbe composé passif sert également pour le féminin français : *sois coupée, qu'elle soit coupée, soyons coupées*, etc.

Pluriel.

قطع أولنيورز ايدك nous étions coupés

قطع أولنيورز ايدكز vous étiez coupés

قطع أولنيورلز ايدى ils étaient coupés.

AORISTE.

Singulier.

قطع أولنورم je suis, je serai, coupé

قطع أولنورسين tu es, tu seras, coupé

قطع أولنور il est, sera, coupé.

Pluriel.

قطع أولنورز nous sommes, serons, coupés

قطع أولنورسكز vous êtes, serez, coupés

قطع أولنورلر ils sont, seront, coupés.

Et ainsi de suite pour tous les autres modes et temps.

CHAPITRE CINQUIÈME.

DE L'ADVERBE.

538. Il n'y a dans la langue ottomane que très-peu d'adverbes dérivés du turc ou du persan; car dans ces deux langues ce sont, pour la plupart, des noms, des adjectifs ou des périphrases, qui font les fonctions de cette espèce de mots.

539. Il n'y a pas non plus d'adverbes dans la langue arabe; mais, pour en tenir la place, on se sert d'un certain cas du nom seul, ou d'un autre cas du nom, précédé d'une préposition. On a adopté chacune de ces deux manières dans la littérature ottomane; nous ne parlerons ici que de la première, l'autre se trouvant expliquée au chapitre des prépositions (nº 639).

540. Tout nom ou adjectif emprunté de l'arabe peut devenir adverbe ottoman, en lui ajoutant un ا de direction à la fin, s'il est de forme masculine (nº 180), et en l'écrivant avec la forme ronde du ت, s'il est de forme féminine (nº 179), et ensuite donnant à la lettre qui précède l'ا, quelquefois, et au ت toujours, un اِیکی اُسْتُون (ou autrement un simple اُسْتُون) pour son voyelle. Ex. : حَقّ *vérité, justice, droit;* حَقًّا ou حَقًّا *en vérité, en justice, de droit;* تَحْقِیق *investigation pour s'assurer de la vérité;* تَحْقِیقًا ou تَحْقِیقًا *assurément, vraiment;* أَوَّل *premier;* أَوَّلًا ou أَوَّلًا *premièrement;* ثَانِی *second;* ثَانِیًا ou ثَانِیًا *deuxièmement;* مُلْك وَمِلَّت *territoire et peuple;* مُلْكًا وَمِلَّةً *quant au territoire et quant au peuple;* دِیَانَت *piété;* دِیَانَةً *par piété.*

541. Mais en général on supprime le son de l'اِیکی اُسْتُون dans les mots de forme masculine, et on ne lit que l'ا de direction.

542. Les principaux adverbes turcs simples sont les suivants :

أَوَت *ou* بَلِی	oui	کِینَه *ou* یَنَه	encore une fois
خَیِر *ou* یُوق	non	اَنْجَق	seulement, mais
دِکِل	non pas	ذَاتْ	seulement, exprès
اَشْتَه	voici	دَکِین *ou* دَك	jusque
نَها *ou* نَا	voilà	بِیَله [1]	même, aussi
قَنِی *ou* پَك	très	کِبِی	comme
هِیچ	jamais	یَنْکَا طُولَایِی, أُوتُورِی	et relativement
بَلْکَه	peut-être, plutôt	کُورَه	conformément
قَچَان	quand		

___

[1] Il ne faut confondre l'adjectif بِیَله *ensemble* avec cet adverbe.

543. Les mots persans employés principalement comme adverbes ottomans sont :

هَنُوز à peine *ou* encore (selon qu'il accompagne un verbe affirmatif ou négatif)

هَرْكِز jamais

چُون comme

كَاه quelquefois

هَمِيشَه toujours

544. Les mots principaux qui correspondent aux adverbes de lieu sont des noms de lieu, seuls, ou joints à des prépositions. Tels sont les suivants :

نَرَه et قَنِى [1] où, quel endroit

نَرَهدَه et قَنْدَه où, dans quel endroit

نَرَهيَه où, à *ou* vers quel endroit

نَرَهنِكْ de quel endroit (appartenant à quel endroit)

نَرَهدَن et قَنْدَن de quel endroit (à partir de quel endroit)

بُورَا ici, cet endroit-ci

أُورَا et شُورَا là, cet endroit-là

بَرُو ce côté-ci

أُونَه ce côté-là

پِيشْگَاه et پِيشْ, أُوكْ le devant

وَرَا et يَسْ, أَرْقَه le dos

إِيلَرُو l'espace qui est en avant

كِيرُو et أَرْدْ l'espace qui est en arrière

أُوسْتْ le dessus

آلْتْ le dessous

يُوقَارِى et بَالَا, فَوْقْ le haut

} et leurs composés.

<hr>

[1] Prononcé comme si c'était حَنِى *hani*.

اَشَاغِى et زِيرْ , نَخَت le bas

صَاغْ et رَاسْت , يَمِين la droite

صُولْ et چَپْ , يَسَارْ la gauche

اِيچَرو et اِيچْ , دَرُونْ , دَاخِلْ le dedans

طَشَرِه et طِيشْ (طِيشَارى ou) le dehors

يَانْ et طَرَفْ le côté

اَطْرَافْ les alentours

قُرْبْ et نَزْدْ le près

 } et leurs composés.

545. Il y a aussi des adjectifs employés substantivement, qui, soit seuls, soit accompagnés d'une préposition, font les fonctions d'adverbes de lieu. Ex. : يَقِين *le près* ou *près*, أُوزَاقْ et اِيرَاقْ *le loin* et *loin*.

546. Les mots principaux qui correspondent aux adverbes de temps sont :

547. 1° Des noms de temps, seuls ou accompagnés d'un adjectif, avec ou sans préposition. Ex. :

شِمْدِى le temps présent

دَمِين le moment passé

اِمْرُوزْ et بُوكُونْ ce jour, aujourd'hui

دِيرُوزْ et دُونْ hier

اَوَّلِسِى كُونْ avant-hier

يَارِينْ demain

أُوَّلْ بِرْكُونْ après-demain

فَرْدَا et اَرْتَه le lendemain

بُولْدِرْ l'année passée

صَبَاحْ le matin

اَخْشَامْ le soir

 } et leurs composés.

كُون et رُوزْ , يَوْم le jour
كُونْدِزْ la journée
كِيْجَه et شَبْ , لَيْلْ la nuit
هَرْزَمَان toujours
بَعْض وَقْت quelquefois
هِيچ بِرْزَمَان jamais

} et leurs composés.

548. 2° **Des adjectifs employés seuls, tels que :**

أَرْكَنْ de bonne heure نَدِرْ rarement

كِيچْ tard كَاهِيجَه de temps à autre

أَنْسِزْ subitement صِقْ جَه fréquemment

549. 3° **Des composés de quelques noms, avec ou sans adjectifs. Ex. :**

چُوقْدَنْ il y a longtemps

كَچِنْلَرْدَه et نَچِنْدَه il y a quelques jours

بِرْأَزْدَنْ dans quelque peu d'instants d'ici

بُو اَثْنَالَرْدَه et بُو أَرَالِقْدَه dans ces jours-ci, cet intervalle-ci

أَوَّلْ اَثْنَالَرْدَه et أَوَّلْ أَرَالِقْدَه dans ces jours-là, cet intervalle-là

550. Il y a une forme de mot qui est véritablement adverbe de temps, et qui se compose de l'addition d'un ـَرَه à la dernière consonne d'un nom de temps, si elle est quiescente, et des lettres يِنْ (si la dernière consonne a un son voyelle, le ى devient consonne avec ـَرَه pour voyelle), ou de la terminaison لَيِنْ au nom. Ex. : كُوزِيِنْ dans l'automne, بَهَارِيِنْ dans le printemps, صَبَاحْلَيِنْ dans la matinée, أَخْشَامْلَيِنْ dans la soirée, أُولَيِنْ vers midi, كُونْدِزِيِنْ dans la journée, كِيجَهلَيِنْ dans la nuit.

551. Il y a une particule adverbiale qui me paraît tout à fait propre à la langue ottomane; c'est *la particule d'interrogation* می, dont on doit absolument se servir quand on fait une interrogation, à moins qu'il n'y ait un nom ou pronom interrogatif dans la phrase pour en tenir lieu.

552. Cette particule می se place toujours après le mot de la phrase sur lequel porte la question. Ex. :

١° بُوكُونْ قَرنْداشِكِزْ پَدَرِكِزْ ایلَه بَرَابَرْ اِسْتَانْبُولَه كِتْدِیمِی

٢° بُوكُونْ قَرنْداشِكِزْ پَدَرِكِزْ ایلَه بَرَابَرْ اِسْتَانْبُولَهمِی كِتْدِی

٣° بُوكُونْ قَرنْداشِكِزْ اِسْتَانْبُولَه پَدَرِكِزْ ایلَه بَرَابَرمِی كِتْدِی

٤° بُوكُونْ قَرنْداشِكِزْ اِسْتَانْبُولَه پَدَرِكِزْ ایلَهمِی بَرَابَرْ كِتْدِی

٥° بُوكُونْ پَدَرِكِزْ ایلَه بَرَابَرْ اِسْتَانْبُولَه قَرنْداشِكِزْمِی كِتْدِی

٦° قَرنْداشِكِزْ اِسْتَانْبُولَه پَدَرِكِزْ ایلَه بَرَابَرْ بُوكُونِمِی كِتْدِی

553. On voit par ces exemples que la particule interrogative peut se placer après chaque membre de la phrase, pour déterminer ainsi d'une manière positive le véritable objet de la question.

554. On peut traduire ces six phrases de la façon suivante :

1° *Est-ce que votre frère* est allé *aujourd'hui à Constantinople avec votre père* (ou non)?

2° *Est-ce* à Constantinople (*ou* ailleurs) *que votre frère est allé aujourd'hui avec votre père?*

3° *Est-ce que c'est* en compagnie *de votre père* (*ou* seul) *que votre frère est allé aujourd'hui à Constantinople?*

4° *Est-ce avec votre père* (*ou* avec un autre) *que votre frère est allé aujourd'hui à Constantinople?*

5° *Est-ce que c'est* votre frère (*ou* une autre personne) *qui est allé avec votre père aujourd'hui à Constantinople?*

6° *Est-ce que c'est aujourd'hui* (*ou* un autre jour) *que votre frère est allé avec votre père à Constantinople?*

555. A l'égard de la place que doit occuper cette particule interrogative quand elle accompagne un verbe, il faut cependant se souvenir qu'elle ne se place pas tout à fait à la fin des premières et secondes personnes du singulier et du pluriel des temps suivants, c'est-à-dire le présent, l'imparfait, l'aoriste, le passé, le plus-que-parfait, le futur et le futur passé de l'indicatif, et le présent et parfait du nécessitatif. Dans ces cas, elle se met avant la terminaison personnelle des temps primitifs, et avant la terminaison اِيدِى même des troisièmes personnes (singulier et pluriel des temps composés). Ex. :

(et non pas)		
أَچِيُورُمِيم	et non pas	أَچِيُورُمْمِى — est-ce que j'ouvre ?
أَچِيُورْمِيدِى	. . . .	أَچِيُورْ اِيدِىمِى — est-ce qu'il ouvrait ?
أَچَارِمِيم	. . . .	أَچَارِمْمِى — est-ce que j'ouvre ? est-ce que j'ouvrirai ?
أَچَارْمِيدِكِزْ	. . . .	أَچَارْ اِيدِكِزْمِى — est-ce que vous ouvriez ? auriez-vous ouvert ?
أَچْدِىمِيدِى	. . . .	أَچْدِيدِىمِى — avait-il ouvert ?
أَچَهْ جَقْمِيم	. . . .	أَچَهْ جَغِمْمِى — est-ce que je vais ouvrir ?
أَچَهْ جَقْمِيدِكْ	. . . .	أَچَهْ جَقْ اِيدِكْمِى — est-ce que tu allais ouvrir ?
أَچْمَلُومِى بِزْ	. . . .	أَچْمَلُو يِزْمِى — est-ce que nous devons ouvrir ?
أَچْمَلُومِيدِيلَرْ	. . . .	أَچْمَلُو اِيدِيلَرْمِى — est-ce qu'ils auraient dû ouvrir ?

556. Il est vrai que l'on se sert aussi de ces autres formes d'expression ; mais elles signifient : *Est-ce que* vous dites : *j'ouvre ?* etc.

557. Les autres locutions adverbiales sont toutes composées, de même qu'un grand nombre de celles que nous avons indiquées ici, d'un nom (ou adjectif employé substantivement) seul ou accompagné d'une préposition, avec ou sans adjectif ; hors ces cas, ce sont tout simplement des adjectifs employés dans une signification adverbiale.

CHAPITRE SIXIÈME.

DES PRÉPOSITIONS.

558. Il n'y a dans la langue ottomane qu'un nombre très-borné de prépositions d'origine turque, et d'un usage journalier. Quelques-unes d'entre elles sont des particules qui se joignent à la fin des mots. Ex. : كَ, ى, ه, دَه, دَنْ et لَه. Les autres sont des mots séparés. Ex. : أُوزَرَه, بِرْلَه, ايچُونْ.

559. La préposition كَ (sourd) indique que la relation de possession existe entre les mots qu'elle sert à unir dans les phrases.

560. Elle se place à la fin du nom de possesseur défini, et un أَسَرَه est ajouté à la dernière lettre consonne de ce nom, si elle est quiescente. Ex. : آدَمِكَ de l'homme, أَتِكَ du cheval, كِتَابِكَ du livre, مُومِكَ de la chandelle.

561. Mais si la dernière consonne de ce nom, ayant un son voyelle, est suivie d'une lettre voyelle de direction ou de prolongation, elle les conserve; et alors on ajoute un نْ avec أَسَرَه pour son voyelle, avant le كَ. Ex. : بَابَانِكَ du père, قَپُونِكَ de la porte, چُوقَدِنِكَ du drap, قَارِينِكَ de la femme.

562. Avec le mot صُو l'eau, on ajoute avant le كَ un ى, au lieu du نْ, ce qui produit la combinaison صُويِكَ de l'eau.

563. Pour l'application de ces deux règles, il faut se souvenir que le ى des combinaisons أَىْ et وُىْ à la fin des mots est une consonne quiescente (n° 152). Ex. : چَاىْ le ruisseau, چَايِكَ du ruisseau; طُوىْ l'outarde, طُوبِكَ de l'outarde.

564. Quand cette préposition se joint aux pronoms personnels de la première personne du singulier et du pluriel, elle donne lieu à une contraction, et les deux mots se réunissent en un seul (n° 279). Ainsi, au lieu de بَنْكَ, on dit et on écrit بَنِمْ *de moi*; et au lieu de بِزْنَكَ, on dit بِزِمْ *de nous* (n° 280.)

565. Le pronom de la troisième personne du singulier, joint à cette préposition, se change en ا, et on dit اَنِكَ pour اُوِنَكَ *de lui* (n° 280).

566. Quand cette préposition suit un mot accompagné de l'affixe pronominal possessif de la troisième personne du singulier ى, et dont la dernière lettre se joint à l'affixe dans l'écriture, alors cet affixe disparaît de la combinaison. Ex. : كِتَابِنَكَ *de son livre*, قَلَمِنَكَ *de sa plume*.

567. De même, dans le cas de l'emploi de l'affixe سِى ou de l'affixe relatif singulier, ceux-ci perdent leur ى final devant cette préposition. Ex. : بَابَاسِنَكَ *de son père*, بَابَامِكِنَكَ *de celui de mon père*.

568. La préposition ى est le signe qui indique que le mot auquel elle est jointe est le régime direct défini d'un verbe.

569. Elle est voyelle de direction et se place à la fin des mots définis, et on ajoute alors un اَسْرَه à leur dernière consonne, si celle-ci est quiescente. Ex. : بُو آدَمِى سَوَرِكَ أَنِى كَتُورْسُونْ دِيدِيكِمْ *aimer cet homme*; *qu'il apporte le cheval dont je parle*.

570. Mais si la dernière consonne du mot ayant un son voyelle est suivie d'une lettre voyelle de direction ou de prolongation, elle les conserve, et alors on ajoute un ى consonne avec un اَسْرَه pour son voyelle, avant le ى préposition. Ex. : بُو اَلْمَايِى يَسُونْ *qu'il mange cette pomme*; أُوطَدِى سُپُورَه جَكْلَرْ قَپُويِى قَپَادِمْ *j'ai fermé la porte*; *on va balayer la chambre*; قُوزِى يِى چَالَه‌جَقْ اُولْدِيَارْ *on allait voler l'agneau*.

571. Pour l'application des deux dernières règles, il faut se souvenir

que le ى des combinaisons أَىْ et وُىْ à la fin des mots est une consonne quiescente (n° 152). Ex. : جَابِى اَتْلَادِمْ *je sautai le ruisseau*; طُوبِى اُورْدِمْ *j'atteignis l'outarde*.

572. Après les affixes pronominaux relatifs, et après les affixes possessifs de la troisième personne, singuliers ou pluriels, cette préposition devient نِى.

573. Alors on supprime le ى final des différents affixes singuliers, s'il se lie à la lettre qui le précède. Ex. : كِتَابِنِى كُورْدِمْ *j'ai vu son livre*; بَابَاسِنَكِكِنِى كُورْدِمْ *j'ai vu celui de son père*; بَابَاسِنِى كُورْدِمْ *j'ai vu son père*.

574. Mais on conserve toujours le ى final de l'affixe pluriel, et aussi de l'affixe singulier, s'il n'est pas lié à la lettre qui le précède. Ex. : كِتَابْلَرِبِنِى كُورْدِمْ *j'ai vu leur livre*; بَابَالَرِبِنِى كُورْدِمْ *j'ai vu leur père*, أُويِنِى صَانْـتُونْ اَلْدِمْ *j'ai vu son père*; بُدَرِينِى كُورْدِمْ *j'ai acheté sa maison*.

575. Quelquefois on supprime le dernier ى de cette combinaison. Ex. : بَابَالَرِيِنِى pour بَابَالَرِينْ كُورْدِمْ, et كِتَابِنِى pour كِتَابِنْ كُورْدِمْ.

576. Jointe aussi au pronom personnel de la troisième personne du singulier, et aux pronoms démonstratifs بُو et شُو, cette préposition devient نِى. Ex. : أَنِى *lui*, بُونِى *ceci*, شُونِى *cela* (n° 290).

577. Ainsi qu'on le voit dans cet exemple, le pronom personnel devant cette préposition se change de اُو en اَ (n° 280).

578. La préposition ه, qui n'est, à la vérité, que lettre de direction, indique que la chose nommée par le mot, défini ou indéfini, à la fin duquel elle est jointe, est le but, le terme vers lequel se dirige une action, ou celui auquel elle vient d'atteindre.

579. La dernière lettre consonne du mot auquel elle se joint reçoit

un اُسْتُون pour son voyelle, si elle est quiescente. Ex. : آدَمَه *à l'homme;*
اَتَه *au cheval;* كِتَابَه *au livre, dans le livre.*

580. Mais si la dernière lettre consonne du mot a un son voyelle, et
si elle est suivie d'une lettre voyelle de direction ou de prolongation, elle
les conserve, et alors on ajoute un ى consonne avec اُسْتُون pour son
voyelle, avant le ه. Ex. : بَابَایَه اِطَاعَتْ اَیْلَه *obéis au père;* قَپُویَه كَتُورْدُمْ
je le menai à la porte; قَادِیْیَه بَاقِیُورْ اِیدِمْ *je portais mes regards vers
la femme;* خُواجَهیَه كِیدِیُورْمِیْسِینِكِزْ *est-ce que vous allez chez le profes-
seur?*

581. Nous rappellerons ici, pour l'application de cette règle, l'observation citée plus haut (n°s 563, 571) au sujet du ى des combinaisons
اَیْ et وُیْ à la fin des mots, qui est une consonne quiescente. Ex. :
طُویَه نِشَانْ اَلْدِی *il visa l'ou-
tarde.*

582. Quand cette préposition suit un mot accompagné de l'affixe
pronominal relatif, ou de l'affixe possessif de la troisième personne du
singulier ou du pluriel, elle prend un ن avec اُسْتُون pour son voyelle, au
lieu du ى sus-mentionné (n° 580); et, dans ce cas, les affixes singuliers
كِی et سِی perdent leur ى final. Ex. : پَدَرِینَه *à son père,* پَدَرْلَرِینَه
à leur père; اَطَهسِینَه *à son île,* اَطَهلَرِینَه *à leur île,* اَطَهلَرِینْكِكِنَه *à celui
de leur île.*

583. De même, si la dernière lettre du mot que l'affixe singulier ى
accompagne, se lie à celui-ci, alors en prenant cette préposition, le ى
affixe disparaît dans l'écriture. Ex. : اَحْبَابِنَه *à ses amis,* قَلَمِنَه *à sa
plume.*

584. Si les lettres ne se lient pas, le ى s'écrit. Ex. : پَدَرِینَه *à son
père,* دَرْدِیَه *à sa douleur.*

585. Cette préposition indique aussi la proportion, le taux d'une division ou répartition. Ex. : يِكِرْمِى غُرُوشَه پَارَهَ‌يَه أُوتُوز *à vingt piastres,* *à trente paras,* أَلِّى آدَمَه *à cinquante hommes.*

586. Elle se joint également au nom verbal futur suivi d'un affixe pronominal possessif, pour faire entendre qu'on préfère accomplir l'action indiquée par le membre suivant de la phrase; elle correspond ainsi aux locutions françaises *au lieu de, plutôt que de,* suivies d'un infinitif. Ex. : بُورَاده قَالَه جَغِمَه بِر أَزْكَزَرِمْ *plutôt que de* rester ici, je me promènerai un *peu ;* أُوبِلَه اِيدَه جَكْلَرِينَه بُويِلَه اِيتْسَهَلَرْ أَيُو أُولْمَزْمِى *au lieu de* faire comme cela, s'ils faisaient de cette manière-ci, ne serait-ce pas mieux?

587. Quand cette préposition se joint aux pronoms personnels singuliers et aux démonstratifs singuliers employés substantivement, elle donne naissance à une contraction, et les deux mots se réunissent en un seul. Ainsi, au lieu de بَنَه, on dit et on écrit بَكَا *à moi;* au lieu de سَنَه, سَكَا *à toi;* de أُونَه, أَكَا *à lui;* de بُونَه, بُكَا *à ceci;* et de شُونَه, شُوكَا *à cela* (nᵒˢ 280, 290).

588. La préposition دَه indique le repos, la demeure, dans ou auprès de la chose nommée par le mot, défini ou indéfini, à la fin duquel elle est jointe, et qui ne subit jamais aucun changement, par suite de cette annexion. Ex. : بَابَاده *chez le père, auprès du père;* أَنَامْدَه *chez ma mère, auprès de ma mère;* قَپُوده *à la porte, auprès de la porte.*

589. Cependant, et par exception, les affixes pronominaux possessifs de la troisième personne du singulier et du pluriel, ainsi que l'affixe pronominal relatif, changent leur dernier ى voyelle en ن quiescent, avant cette préposition. Ex. : كِتَابِنْدَه *dans son livre,* بَابَاسِنْدَه *auprès de son père,* قُونَاقْلَرِنْدَه *dans leur maison,* بَابَامِكْكِنْدَه *dans celui de mon père,* بَابَامِكْكِيلَرِنْدَه *dans ceux de mon père.*

590. De même, les pronoms démonstratifs singuliers prennent un ن quiescent (n° 290), et le pronom personnel de la troisième personne du singulier se change de أو en أن (n° 280) devant cette préposition. Ex. : بوْنْدَه *à ceci, dans ceci;* شوْنْدَه *à cela, dans cela;* اَنْدَه *auprès de lui.*

591. Cette préposition s'emploie, jointe aux infinitifs et aux noms verbaux présents, pour former une combinaison qui a la force d'un participe actif futur, dont la valeur, quant au temps, dépend du verbe de la phrase, et qu'on peut rendre en français par l'introduction du participe *occupé* ou *employé*, avant sa traduction littérale. Ex. : يَازْمَقْدَهدِر ou يَازْمَقْدَه ايدِى *il est maintenant* employé *à écrire;* يَازْمَدَهدِر ou يَازْمَدَه ايدِى *il était alors* occupé *à écrire.*

592. La préposition دَه sert aussi à indiquer le temps d'une action ou d'un état de choses; mais cela a lieu par ellipse. Ex. : چوجقْلقْدَه *dans* (le temps de) *l'enfance.*

593. Alors, si elle est jointe à un nom verbal parfait, les deux mots ensemble se rendent en français par un gérondif ou par une périphrase. Ex. : يَازِدقْدَه *écrivant, en écrivant, ayant écrit;* ou *quand je, tu, il,* etc., *écris, écrivais, écrivis,* etc. ; كَتْدِكْدَه *allant, en allant, étant allé;* ou *quand je, tu, il,* etc., *vais, allais, suis allé,* etc.

594. La préposition دَن indique que la chose nommée par le mot, défini ou indéfini, à la fin duquel elle se joint, est le commencement d'une action, l'endroit d'où elle part.

595. Les mêmes règles données plus haut (n°ˢ 589, 590) sur la préposition دَه s'observent également pour celle-ci, quant à sa jonction avec les mots, et quant au changement du dernier ـى des affixes pronominaux possessifs et relatifs. Ex. : بَبَادَن *de père,* اَتْدَن *de cheval,* قَپُودَن *de la porte,* كَتَبِنْدَن *de son livre,* بَبَسِنْدَن *de son père,* قونْظارْنْدَن *de leur* maison, بَابَامِكَكِيلَرِنْدَنْ de celui de mon père, بَابَامِكَكِيلَرِنْدَنْ de ceux de mon père, بُونْدَنْ de ceci, شُونْدَنْ de cela, اَنْدَنْ de lui.

596. Elle sert aussi à indiquer l'objet à travers lequel une action se fait. Ex. : پَنْجَرَهدَنْ چِيقْدِى قَپُودَنْ كِيرْدِى il est entré par la porte; il est sorti par la fenêtre; دَكِزْدَنْ كِتْدِى il est allé par mer.

597. Elle démontre quelquefois la cause d'une action ou d'un état de choses. Ex. : نَدَنْ لَازِمْ كَلْدِى زِهِرْدَنْ اُولْدِى il est mort par le poison; par quelle raison est-ce que cela est devenu nécessaire?

598. Dans ce sens, elle se joint aux noms verbaux parfaits suivis d'un affixe pronominal. Ex. : كَلْدِيكِمْدَنْ à cause de mon arrivée, parce que je suis arrivé; كِتْمَدِيكِنْدَنْ à cause de son (action de) ne pas être allé, parce qu'il n'est pas allé.

599. Cette préposition indique aussi la matière dont une chose est faite. Ex. : بُو قُوطِى اَلْطُونْدَنْدِرْ cette boîte est d'or, en or.

600. Elle s'emploie aussi, jointe à un nom et suivie d'un adjectif, pour faire des comparaisons. Ex. : مِنَارَهدَنْ يُوكْسَكْ plus haut qu'un minaret; اَخْشَامْدَنْ اَوَّلْ avant le soir (plus tôt que le soir).

601. Dans ce sens, elle se joint au nom verbal présent et à la troisième personne du singulier de l'aoriste de l'indicatif des négatifs, pour faire des comparaisons de priorité; et aux noms verbaux parfaits des affirmatifs, pour faire des comparaisons de postériorité. Ex. : كِتْمَدَنْ اَوَّلْ ou كِتْمَزْدَنْ اَوَّلْ avant d'aller, plus antérieur que (le temps où) l'action d'aller (n'eût encore eu lieu); كَلْمَزْدَنْ مُقَدَّمْ ou كَلْمَدَنْ مُقَدَّمْ avant de venir, كَلْدِكْدَنْ صُكْرَه après la venue, كِتْدِكْدَنْ صُكْرَه après le départ (litt. : plus tard que la venue, que le départ) [1].

---

[1] Comme tous mes devanciers, sans aucune exception, ont cru devoir faire

602. La préposition له indique que la chose nommée par le mot, défini ou indéfini, à la fin duquel elle se joint, est l'instrument d'une action, ainsi que les prépositions *avec* et *par* en français. Ex. : قايجله كسدى

accorder les règles étymologiques du nom ottoman avec celles du nom latin, et ont, par conséquent, imaginé six cas dans chaque nombre, j'ai pensé qu'il serait utile de donner ici des exemples de la forme de ces prétendus cas. Ces messieurs m'ont épargné la nécessité de prouver que dans cette circonstance, ainsi que dans bien d'autres, c'est l'esprit de système qui les a égarés ; car tous ils ont ensuite rangé les terminaisons de leurs *cas* parmi les prépositions (ou *postpositions*), dans leurs chapitres sur cette partie du discours.

EXEMPLES.

1. *Nom finissant par une consonne.*

Nominatif.	مُومْ	la chandelle
Génitif.	مُومِكْ	de la chandelle
Datif.	مُومَه	à la chandelle
Accusatif.	مُومِى	la chandelle
Vocatif.	يَا مُومْ	ô chandelle !
Ablatif.	مُومْدَنْ	de la chandelle.

2. *Nom finissant en* ق (voyez n° 170).

Nom.	قِزَاقْ	le traîneau
Gén.	قِزَاغِكْ	du traîneau
Dat.	قِزَاغِه	au traîneau
Acc.	قِزَاغِى	le traîneau
Voc.	يَا قِزَاقْ	ô traîneau !
Abl.	قِزَاقْدَنْ	du traîneau.

il le coupa avec un sabre; ديشمله چيقـاردم *je l'ôtai avec mes dents;*

جسـارتيله *par sa bravoure;* اهتمـائلريله *par leurs soins.*

603. Jointe à un infinitif, elle se rend très-souvent en français par un

3. *Nom finissant en* ت (voyez n° 170).

Nom.	قُورْت	le loup
Gén.	قُورْدُك	du loup
Dat.	قُورْدُه	au loup
Acc.	قُورْدِى	le loup
Voc.	يَا قُورْت	ô loup!
Abl.	قُورْتدَنْ	du loup.

4. *Nom finissant par* ا *voyelle.*

Nom.	بَابَا	le père
Gén.	بَابَانِك	du père
Dat.	بَابَايَه	au père
Acc.	بَابَايِى	le père
Voc.	يَا بَابَا	ô père
Abl.	بَابَادَنْ	du père.

5. *Nom finissant par* و *voyelle.*

Nom.	قَپُو	la porte
Gén.	قَپُونِك	de la porte
Dat.	قَپُويَه	à la porte
Acc.	قَپُويِى	la porte
Voc.	يَا قَپُو	ô porte!
Abl.	قَپُودَنْ	de la porte.

gérondif; dans ce cas, le ق se change en غ, et le ك s'adoucit. Ex. :
يَازَمغَلَه كَلْمَكْلَه venant, en venant, étant venu (litt. : *par la venue*);
écrivant; en écrivant, ayant écrit (litt. : *par l' (action d') écrire*).

6. *Nom finissant par* ى *voyelle.*

Nom.	كَدى	le chat
Gén.	كَدينَك	du chat
Dat.	كَدى يَه *	au chat
Acc.	كَدى يى *	le chat
Voc.	يَا كَدى	ô chat !
Abl.	كَدِيدَنْ	du chat.

7. *Le mot* صُو *eau, irrégulier.*

Nom.	صُو	l'eau
Gén.	صُويَك	de l'eau
Dat.	صُويَه	à l'eau
Acc.	صُويى	l'eau
Voc.	يَا صُو	ô eau !
Abl.	صُودَنْ	de l'eau.

8. *Le mot* أُوق *flèche, irrégulier* (voyez n° 172).

Nom.	أُوق	la flèche
Gén.	أُوقَك	de la flèche
Dat.	أُوقَه	à la flèche
Acc.	أُوقى	la flèche
Voc.	يَا أُوق	ô flèche !
Abl.	أُوقدَنْ	de la flèche.

---

* Ceci est la manière usuelle et correcte d'écrire ces deux combinaisons.

604. Elle sert aussi à désigner celui qui accompagne l'agent dans une action ou dans un état de choses. Ex. : بَابَاسِيلَه كَلْدِی *il est venu avec son père;* بَابَاسِيلَه چَاغِرِلْدِی *il fut appelé avec son père.*

9. *Nom terminé par une consonne et suivi de l'affixe de la troisième personne du singulier.*

Noм.   مُومِی   sa chandelle

Gén.   مُومِنِكْ   de sa chandelle

Dat.   مُومِنَه   à sa chandelle

Acc.   مُومِنِی   sa chandelle

Voc.   *Manque*

Abl.   مُومِنْدَنْ   de sa chandelle.

10. *Nom terminé par une voyelle et suivi de l'affixe de la troisième personne du singulier.*

Noм.   بَابَاسِی   son père

Gén.   بَابَاسِنِكْ   de son père

Dat.   بَابَاسِنَه   à son père

Acc.   بَابَاسِنِی   son père

Voc.   *Manque*

Abl.   بَابَاسِنْدَنْ   de son père

11. *Nom suivi de l'affixe de la troisième personne du pluriel.*

Noм.   مُومْلَرِی   leur chandelle

Gén.   مُومْلَرِينِكْ   de leur chandelle

Dat.   مُومْلَرِينَه   à leur chandelle

Acc.   مُومْلَرِينِی   leur chandelle

Abl.   مُومْلَرِينْدَنْ   de leur chandelle.

605. Cette préposition s'écrit également quelquefois ainsi ايله, sous la forme d'un mot séparé. Ex. : قلج ايله كسدی, ديشم ايله چيقارد‍م ; mais jamais, ou rarement, avec les affixes pronominaux possessifs de la troisième personne.

606. La préposition ايچون marque le but ou le terme d'une action, comme la préposition ه (n° 578), et la cause, comme la préposition دن (n° 597), avec l'une ou l'autre desquelles elle peut toujours se changer. Ex. : بابام ايچون *pour mon père*, اطوارك ايچون *pour ta conduite*, خانه ايچون *pour la maison*, تجارت ايچون *pour le commerce*.

607. Après les affixes pronominaux possessifs de la troisième personne, elle perd assez souvent sa première syllabe, et se joint au mot comme les

Autre nom suivi de l'affixe de la troisième personne du pluriel.

Nom.	بابالری	leur père
Gén.	بابالرينك	de leur père
Dat.	بابالرينه	à leur père
Acc.	بابالرينی	leur père
Abl.	بابالرندن	de leur père.

Comme tous les pluriels sont formés régulièrement sur un même modèle, j'ai combiné ici plusieurs mots ensemble :

Nom.	موملر	les chandelles
Gén.	قزاقلرك	des traîneaux
Dat.	قورتلره	aux loups
Acc.	بابالری	les pères
Abl.	كديلردن	des chats.

On voit, par ces exemples, que les prétendues déclinaisons ne sont autre chose que le simple nom, au singulier ou au pluriel, avec une préposition ajoutée à sa

prépositions déjà mentionnées. Ex. : بَابَاسِيجِوُن *pour son père;* أُولَدِيغِيجِوُن *parce qu'il est, a été,* etc. ; كِتْدِكْلَرِيجِوُن *parce qu'ils sont partis.*

608. Le mot إِيجُوُن est la préposition turque de serment: Ex. : يَبْغَمْبَرْ حَقِّى إِيجُوُن *par la vérité du prophète!*

609. La préposition بِرْلَه n'est employée qu'à la suite d'un infinitif exprimé ou sous-entendu; elle signifie *avec,* étant synonyme avec إِيلَه qui plus généralement la remplace dans le discours. Avec son infinitif elle se rendrait en français par un gérondif. Ex. : إِتْمَكْ بِرْلَه *faisant, en faisant, ayant fait;* كِتْمَكْ بِرْلَه *allant, en allant, étant allé.*

610. La préposition أُوزَرَه signifie *sur;* mais elle ne s'emploie pas

suite. Les prépositions autres que celles employées dans ces déclinaisons s'ajoutent au nom de la même manière, de façon qu'avec quelque bonne volonté on pourrait former autant de cas pour les noms qu'il y a de différentes prépositions. M. Viguier a même inventé un cas pour la préposition دَه, et il l'a nommé le cas *commoratif* ou de demeure. Le vocatif surtout, dans ces exemples, est bien mal imaginé; car l'interjection يَا *ô* est arabe, et n'est pas en usage dans la langue ottomane. Je pense, d'ailleurs, que les exemples (9, 10, 11) des noms suivis des affixes pronominaux possessifs, que j'ai donnés ici, et où les prépositions sont ainsi séparées du nom, démontreront au lecteur réfléchissant que ces terminaisons sont de véritables prépositions, et non les désinences du nom. Ceci se voit encore plus clairement au chapitre V de la syntaxe (nᵒˢ 995, 998) et à l'appendice, où il y a des exemples de l'intervention de plusieurs mots entre le nom et sa préposition, et d'autres où une seule préposition se rapporte à plusieurs noms. Quant à l'appellation, j'ai préféré celle de préposition à celle de *postposition,* adoptée par quelques auteurs, seulement parce que cette dernière est un néologisme, et parce que je ne vois aucune nécessité de changer le nom d'une classe de mots aussi bien connue que celle-ci.

aussi généralement que cette préposition française ; elle signifie encore *selon, d'après.* Ex. : اقتضاسى أوزره *selon le besoin,* ديديكى أوزره *d'après ce qu'il a dit.*

611. Ce mot n'est pas, à la vérité, préposition, mais bien composé du nom أوزر *le dessus,* et de la préposition ه ; mais son explication détaillée serait sans intérêt pour l'étudiant.

612. Dans la littérature ottomane, on fait usage de quelques prépositions persanes et arabes ; mais c'est presque toujours en connexion avec des phraséologies empruntées de ces langues ; cependant, il ne sera pas sans utilité de les désigner ici.

613. Les prépositions persanes sont : بـ ou به , با , بى , بر , زير , در ou در , از et نا .

614. De ces prépositions, بـ ou به correspond au ه , au ده et au ايله turcs. Elle signifie *à, dans* et *avec.* Ex. : بدست *à la main, dans la main ;* بشمشير انتقام *avec le glaive de la vengeance.* Celle-ci est la préposition persane de serment. Ex. : بحق خدا *par la vérité de Dieu.*

615. با indique la possession, et on peut le rendre en français par *avec.* Ex. : با حرمت *avec respect,* مرد با حرمت *homme respectable ;* با خرد *avec esprit,* مرد با خرد *homme d'esprit.*

616. Les noms accompagnés de cette préposition sont quelquefois employés comme des adjectifs, pour qualifier d'autres noms, et aussi comme adverbes.

617. بى est privatif et signifie *sans.* Ex. : بى خبر *sans information,* بى هنر *sans talent.*

618. بر veut dire *sur.* Ex. : برسر *sur la tête.*

619. Il indique aussi le repos, la demeure, et alors il répond aux prépositions françaises *dans*, *en*, et *à*. Ex. : بَرْقَرَارْ *en stabilité*, *en état de durée*, *d'inamovibilité*.

620. Il signifie aussi la conformité, et remplit les mêmes fonctions que les mots *selon*, *d'après*, en français. Ex. : بَرْ مِنْوَالِ مُحَرَّرْ *selon la manière mentionnée*, بَرْ مُعْتَادْ *selon l'usage*.

621. زِيرْ se traduit par *sous*, *au-dessous de*. Ex. : زِيرِ زَمِين *sous terre*, زِيرِ إِدَارَه *sous l'administration*.

622. زْ ou أَزْ correspond au دَنْ turc, et se traduit en français par *de*. Ex. : أَزْ آنْ جُمْلَه *de ce nombre*, أَزْ سَرِ نَوْ *de nouveau*, *derechef*.

623. دَرْ veut dire *dans*, et en remplit toutes les fonctions. Ex. : دَرْ دَسْت *en main*, دَرْ أَوَائِلِ سَلْطَنَت *dans le commencement du règne*.

624. Il signifie aussi *de*, *sur*. Ex. : دَرْ بَيَانِ فَتْحِ بَغْدَادْ *du (sur le) récit de la prise de Bagdad*.

625. تَا veut dire *jusque*, et demande avec lui l'emploi d'une autre préposition pour le même nom. Ex. : تَا چِينَه قَدَرْ ou تَا بَچِين *jusqu'à la Chine*, تَا صَبَاحَدَك *jusqu'au matin*.

626. De toutes les prépositions persanes, il n'y a que بْ qui se joint au mot auquel il se rapporte; mais elles le précèdent toutes, comme les prépositions françaises, ce qui est le contraire des prépositions turques, qui sont toujours placées après le nom.

627. Les prépositions arabes sont : عَلَى, عَنْ, مِنْ, إِلَى, بِلَا, بْ, et فِي, لِ.

628. بْ veut dire *avec*; mais il fait les fonctions de beaucoup d'autres prépositions françaises; il faut donc le traduire selon le sens de la phrase. Ex. : بِالِاتِّفَاقْ *d'un commun accord*, بِالتَّحْقِيقْ *après l'investigation*, بِالدَّفَعَاتْ *à plusieurs reprises*, بِسْمِ اللّٰه *au nom de Dieu*.

629 Celle-ci est une des prépositions arabes de serment. Ex. : بِاللّٰه *par Dieu.*

630. بِلَا veut dire *sans.* Ex. : بِلَا تَأَمَّل *sans penser,* بِلَا تَفَكُّر *sans hésiter,* بِلَا حَقّ *sans droit.*

631. اِلَى signifie *à, vers* et *jusqu'à.* Ex. : اِلَى غَيْرِ النِّهَايَه *à l'infini,* اِلَى هَذَا الْيَوْم *jusqu'à ce jour.*

632. مِنْ veut dire *de* et *depuis,* et correspond au دَن turc et au اَز persan. Ex. : مِنَ الْاَزَل *depuis l'éternité,* مِنَ الْاَوَّل *du commencement,* مِنْ غَيْرِ لِيَاقَة *par toute autre chose que le mérite* (sans mériter).

633. عَنْ signifie *de.* Ex. : عَنْ قَصْد *d'intention, avec préméditation;* عَنْ صَمِيم *du cœur, cordialement.*

634. عَلَى veut dire *sur,* et a les mêmes significations que بَر en persan. Ex. : عَلَى التَّحْقِيق *d'après la connaissance assurée qu'on a obtenue, assurément;* عَلَى كُلِّ حَال *dans toute circonstance, en tout cas.*

635. فِى signifie *dans, en, à.* Ex. : فِى الْحَال *dans l'instant même,* فِى الْوَاقِع *en vérité,* فِى الْحَقِيقَه *à vrai dire.*

636. Il est aussi employé dans le sens de *sur, au sujet de;* ex. : فِى الْهَنْدَسَه *sur la géométrie;* فِى الْمَنْطِق *sur la logique,*

637. Et dans le sens de *à raison de,* même dans des phraséologies ottomanes. Ex. : فِى التَّمِيش غُرُوش *à raison de soixante piastres.*

638. لِ veut dire *pour,* mais se rend aussi par *à.* Ex. : عِبْرَةً لِلسَّائِرِين *comme exemple pour les autres,* حُبَّةً لِلّٰه *d'amour pour Dieu (pour l'amour de Dieu),* لَهُ *pour lui.*

639. De toutes ces prépositions arabes, il n'y a que ب et لِ qui se joignent au mot auquel ils se rapportent; mais elles se placent toutes avant ce mot, comme les prépositions persanes, et non après eux, comme

les prépositions turques. Elles servent toutes à former, avec les noms, des locutions adverbiales.

CHAPITRE SEPTIÈME.

DE LA CONJONCTION.

640. La langue ottomane, dans sa pureté, n'a presque pas besoin de conjonctions; aussi n'en trouve-t-on pas beaucoup d'origine turque. Toutefois, pour donner plus de force ou d'élégance au discours, on en a adopté plusieurs d'origine arabe et persane, de manière que le nombre actuel de conjonctions en usage dans la langue ottomane s'est beaucoup augmenté.

641. La conjonction ottomane par excellence est le mot ده ou دَخِى ou *aussi, même;* elle se place toujours à la suite du mot sur lequel on désire principalement attirer l'attention. Ex. : كِتْدِيسَـهَ دَه كَلْمِشْدِر *si même il est parti, il est retourné;* كِتْدِيدَه كَلْدِيدَه *il est parti, et revenu* même.

642. Les conjonctions arabes وَ *et,* et أَمَّا *mais,* sont d'un usage fréquent. Ex. : سَعَادَتْ وَإِجْلَالْ دَوْلَتْ وَإِقْبَالْ *fortune et prospérité,* *bonheur et gloire;* هُنَرْ دِكِلْ أَمَّا اقْبَالْ هِيچْ دِكِلْ *ce n'est pas un mérite, mais ce n'est pas du tout un bonheur;* كِتْدِمْ أَمَّا كُورَه مَدِمْ *je suis allé, mais je n'ai pas pu le voir.*

643. Les conjonctions persanes أَكَرْ ou كَرْ *si,* چُونْ ou چُونْكِه *comme, puisque,* et كِ *que, parce que,* sont aussi d'un usage très-fréquent, mais beaucoup plus dans l'écriture que dans la conversation. Ex. : أَكَرْ كَلُورْ إِيسَه *s'il vient,* چُونْكِه كَلْدِى ou چُونْ كَلْدِى *comme ou puisqu'il était venu;* مَنْقُولْدِرْكَه بِرْ آدَمْ وَارْ إِيدِى *il est rapporté qu'il y avait un homme.*

644. مَاذَانَكِه est une conjonction ottomane composée du كِ ci-dessus mentionné, et d'une phraséologie arabe مَادَامْ; il signifie *aussi long-temps que* et *puisque*.

645. يَا ou يَاخُودْ *ou*, est aussi d'un très-grand usage.

646. Les autres conjonctions généralement en usage sont les suivantes.

647. *Conjonctions turques.*

إِمْدِى	puis, donc, or	هَا	soit, soit que
زِيرَا	parce que, car	كَرَك	
أَنْجَق	mais, seulement	إِسْتَر	
أَكَرْچَه et كَرْچَه	si, quoique	كِيمْ et كِمْ	que
يُوخْسَه	si non, non pas que, car autrement	نِتَهكِمْ	ainsi que
		مَكَرْكِه ou مَكَرْ	sinon, à moins que
نَه	ni	مَكَرْسَه	et cependant, tandis que

648. *Conjonctions persanes.*

هَمْ	et, aussi	كُويَاكِه et كُويَا	comme si
پَسْ	puis	شَايَدْ كِه	peut-être que
لِى et لِيك, لَكِنْ	mais	مَبَادَا كِه	de peur que
تَاكِه et تَا	afin que		

649. *Conjonctions arabes.*

حَتَّى	aussi, ainsi, justement	وَالْحَاصِل ou الْحَاصِل	enfin, en un mot
فَقَطْ	seulement	حَاصِل كَلَامْ	
إِلَّا	excepté que, autrement	مُحَصَّل كَلَامْ	
أَعْنِى et يَعْنِى	c'est-à-dire	نَتِيجَه كَلَامْ	
بَعْدَهُ	puis, ensuite	خُلَاصَه كَلَامْ	
		خُلَاصَه	
		اَلْقِصَّه	

Quelques observations sur ces conjonctions.

650. إمْدِى مَطْلُوبٌ حَاصِلْ sert à tirer une conclusion; ex. : أُولْدِى or donc, *la chose désirée est accomplie;*

651. Ou pour passer outre dans le discours. Ex. : إمْدِى قُطْرِى وَصّلْ أَبْلَه puis, *tirez le diamètre.*

652. زِيرَا sert à lier la preuve à la proposition. Ex. : زِيرَا كَلْمَزْ إِيسَه بَنْ كِيدَرِمْ parce que (car) *s'il ne vient pas, moi je m'en irai.*

653. أَنْجَقْ est disjonctif. Ex. : كَلَهَجَكْ إِيدِمْ أَنْجَقْ كَلَهَمَدِمْ *j'allais venir;* mais *je n'ai pas pu.*

654. أَكَرْچَه ou كَرْچَه sert à admettre une proposition ou à exprimer un doute. Ex. : أَكَرْچَه بُونِكْ بُويْلَه أُولْدِيغِنَه شُبْهَه يُوقْدِرْ quoique (c'est vrai que) *il n'y a pas de doute que ceci ne soit ainsi.*

655. La phrase dont ce mot fait partie est généralement suivie d'une objection commençant par لَكِنْ ou أَمّا ou أَنْجَقْ.

656. يُوخْسَه s'emploie pour marquer une conséquence opposée; ex. : چُبُوغِى أَيِرْتْلَامَلُو يُوخْسَه إِيشْلَمَزْ il faut qu'on nettoie la pipe, sinon *elle ne fumera (travaillera) pas;*

657. Ou quelquefois pour introduire une simple affirmation contraire. Ex. : بُونِى بِرِى إِيتْمِشْدِرْ يُوخْسَه بَنْ إِيتْمَدِمْ quelqu'un a fait cela (*je pense*), car autrement, *moi je ne l'ai pas fait.*

658. نَه se place toujours au commencement d'au moins deux phrases ou deux mots consécutifs. Ex. : نَه بَنْ كِيدَرِمْ نَه سَكَا إِذِنْ وِيرِرِمْ je n'irai pas, moi, ni je ne te donnerai de permission; نَه أَلْتُونْدِرْ نَه كُومِشْ ce n'est ni or, ni argent. Ce mot est toujours suivi d'un verbe affirmatif.

659. هَا, كَرَكْ, et إِسْتَرْ se placent ordinairement avant deux phrases ou deux mots consécutifs et contraires, formant ainsi une alternative.

Ex. : ها كلمه ها كلمسون ou ها كلمسون ها كلمسه soit *qu'il vienne*, soit *qu'il ne vienne pas*.

660. Comme on le voit, ces mots exigent le conditionnel ou l'impératif; إستر toutefois ne se construit qu'avec l'impératif seulement.

661. كم ou كيم n'est autre chose qu'une corruption du persan که; il s'emploie de plusieurs manières qui se trouvent indiquées dans la syntaxe. (nᵒˢ **1008**, etc.)

662. نته كم, qui s'écrit quelquefois نيته كم, sert à introduire l'exemple de quelque proposition générale qui vient d'être émise.

663. مكر ou مكركه s'emploie pour introduire une phrase exprimant une exception. Ex. : أورايه چيقلمز مكركه نردبان ايله أوله *on ne peut monter là*, sinon *par une échelle*.

664. مكر ou مكرسه sert à introduire une phrase tout à fait opposée en idée à celle qui la précède. Ex. : صباحدن برو كيسه مي أرايورم مكرسه جيبمده دوربور *je cherche ma bourse depuis le matin*, tandis qu'*elle se trouve dans ma poche*.

665. هم se répète au commencement de deux phrases, ou avant deux mots au moins; il est conjonctif. Ex. : هم بيوك هم كوزلدر *il est et grand et beau*; هم كتدم هم كوردم *je suis allé*, et *je l'ai vu aussi*.

666. پس comme إمدى (nᵒ 650), et quelquefois joint à ce mot de cette manière پس إمدى, s'emploie pour passer outre dans le discours. Ex. : پس إمدى بويله أولنجه ou پس بويله أولنجه *or donc*, *ceci étant ainsi*.

667. لى et ليك, ليكن, لكن, sont disjonctifs; les deux derniers ne sont en usage que dans la poésie.

668. تا ou تاكه sert à indiquer un effet. Ex. : تا عاقل أوله *jusqu'à ce que*, afin qu'*il devienne sage*.

669. كُويَا ou كُويَاكِه sert à énoncer une proposition générale, après qu'un exemple a été raconté. Ex. : كُويَاكِه اِنْسَانْ اِيدِى comme s'il eût été un homme.

670. شَايَدْكِه sert à exprimer une chose désirée, ou au moins non imprévue. Ex. : شَايَدْ كِه كَلُورْ peut-être qu'il viendra.

671. مَبَادَا كِه sert à exprimer une chose qu'on craint, qu'on voudrait écarter. Ex. : مَبَادَا كِه كَلُورْ peut-être qu'il viendra (de peur, je crains qu'il ne vienne).

672. حَتَّى sert à introduire une phrase qui confirme la vérité d'une proposition énoncée. Ex. : حَتَّى بَنْ دَخِى كُورْدِمْ à propos de cela, moi aussi, je l'ai vu.

673. فَقَطْ sert à faire une exception. Ex. : فَقَطْ چُوقْ اَكْلَنْمَكِزْ seulement (mais), ne restez pas longtemps.

674. اِلَّا sert à restreindre exceptionnellement. Ex. : عَبَادَتَه لَايِقْ وَشَايَانْ دِيكَرْ مَوْجُودْ يُوقْدِرْ اِلَّا حَقّْ تَعَالَى حَضْرَتْلَرِى وَاَرْدِرْ il n'y a aucun autre être digne de culte, excepté qu'il y a Dieu, le Très-Haut.

675. اَعْنِى et يَعْنِى sont des verbes arabes; mais ils servent, dans la langue ottomane, comme les mots *c'est-à-dire* en français, pour commencer une phrase explicative de quelque mot ou phrase qui précède. Ex. : زُبْدَهٔ شَهْرِيَارَانْ آفَاقْ يَعْنِى سُلْطَانْ سَلِيمْ خَانْ حَضْرَتْلَرِى la crème des empereurs des horizons, c'est-à-dire, *sa majesté le sultan, le khan, Sélim.*

676. بَعْدَهٔ sert à introduire les membres d'une série autres que le premier, et correspond aux mots *ensuite, puis,* en français. Ex. : اَوَّلَا بَنْ بَعْدَهٔ سَنْ *d'abord moi, puis toi.*

677. نَتِيجَهٔ كَلَامْ, مُحَصَّلِ كَلَامْ, حَاصِلِ كَلَامْ, وَالْحَاصِلْ ou اَلْحَاصِلْ,

خُلَاصَهٔ كَلَامٌ , خُلَاصَهٔ et اَلْقِصَّهٔ servent à introduire la dernière phrase d'un discours, pour en venir à la conclusion ; ils correspondent aux mots *enfin, pour en conclure, en un mot,* etc.

CHAPITRE HUITIÈME.

DE L'INTERJECTION.

678. L'interjection ottomane est un mot qui généralement précède le nom ou la phrase auquel il se rapporte ; il y en a d'origine turque, d'origine arabe et d'origine persane. Ainsi يَازِقْ, اَوْوَاهٔ et آهٔ ou آخْ, اَیْ, أَیْ sont d'origine turque ; مَدَدْ et أَمَانْ, حَیْفْ, یَا sont d'origine arabe ; دِرِیغْ et آفَرِینْ sont d'origne persane.

679. De ces interjections, أَیْ et یَا servent pour appeler, pour marquer la joie et les autres émotions en général ; آفَرِینْ *bravo!* l'approbation. Les autres servent seulement pour exprimer la douleur, le chagrin et le désespoir.

680. Il y a cependant une interjection d'origine persane qui diffère de toutes celles-ci, en ce qu'elle se place à la fin des mots ; c'est un ا, qui ne sert qu'à appeler ou invoquer quelqu'un ou quelque chose. Ex. : شَاهَا *ô roi!* مِهْرِبَانَا *ô ami!* شَفِیعَا *ô médiateur!*

681. Il y a aussi un ا interjection turque ; mais il se place à la fin des phrases, non pas à la fin des noms. Il sert à exprimer le *sache, sachez, prenez-y garde, soyez-en sûr,* et d'autres expressions françaises semblables ; quelquefois on l'écrit هٰ. Ex. : دُوكَرِمْهَا ou دُوكَرِمْهَا *je le bâton-*

nerai, prends-y bien garde; اَوَيُنَمَّدَرًا ou اَوَيُنَمَّدَرَهَا *sachez bien que cela m'appartient à moi.*

682. زِنْهَار est d'origine persane, et signifie : *qu'on prenne garde ! qu'on regarde* ou *réfléchisse bien !*

683. مَا شَا اللَّه , أَسْتَغْفِرُ اللَّه , أَعُوذُ بِاللَّه , نَعُوذُ بِاللَّه , مَعَاذَ اللَّه , حَاشَا , بِاللَّه , وَاللَّه , et لَا حَوْلَ وَلَا قُوَّةَ اِلَّا بِاللَّه الْعَلِيِّ الْعَظِيم , comme aussi إِنْ شَا اللَّه , تَاللَّه , sont des exclamations arabes; les quatre premières équivalent à l'expression : *à Dieu ne plaise !* أَسْتَغْفِرُ اللَّه veut dire : *Dieu me pardonne !* (litt. : *je demande pardon à Dieu*) et l'on s'en sert, quand on est loué, comme pour une déprécation contre l'orgueil, ou quand on s'est permis de commettre un péché quelconque; مَا شَا اللَّه veut dire : *que de choses surprenantes Dieu, par sa volonté suprême, occasionne !* on s'en sert quand on admire ou s'étonne de quelque chose, comme pour en donner la gloire à Dieu. إِنْ شَا اللَّه ! équivaut à l'expression française : *s'il plaît à Dieu.* La dernière exclamation est un verset du Kour'ân; elle se traduit : *il n'y a de puissance ni de pouvoir que par Dieu le très-haut, le très-grand*, et s'emploie pour marquer l'étonnement ou la résignation. وَاللَّه , بِاللَّه et تَاللَّه *par Dieu*, sont des serments.

684. Les autres interjections généralement en usage sont celles qui suivent :

هَا		اَوَاى	hélas ! malheur !
دِى		اَوَاخ وَاخ et وَاخ , وَاة	
دِى اِمْدِى	fais donc ! allons !	وَاى بَاشِكَ	malheur à toi !
دِى بَقَالِم		اَىْ وَاللَّه	merci ! oui, par Dieu !
هَايِدِى			
هَى	quoi donc !	عَجَايِب	que c'est éton-
هَلَه ou هَلَه هَلَه	voyons donc !		nant !

هَای هَای oui certainement !

{ أَيَا / عَجَبَا } quoi donc! serait-ce...!

كَاشكِه Dieu veuille que...!

{ بَهَى / بِرَهّ } ô..... que tu es !

هَا دِی دِیهَا ou allons donc, qu'est-ce que cela !

لَبَّیـَك plaît-il !

مَرْحَبَا salut !

أُوخْ ah, que je suis content !

أُوف ah, que c'est ennuyeux !

یَا comment ! est-il possible !

TROISIÈME PARTIE.

DE LA DÉRIVATION ET DE LA COMPOSITION DES MOTS.

685. Dans la langue ottomane, les règles de dérivation et de composition des trois langues turque, arabe et persane, sont toutes plus ou moins en usage; et comme ces règles sont tout à fait différentes dans chacune de ces trois langues, il est nécessaire de les préciser séparément.

CHAPITRE PREMIER.

DE LA DÉRIVATION TURQUE.

686. Il y a trois espèces de mots, savoir : le nom, l'adjectif et le verbe, qui, d'après les règles turques, peuvent dériver d'autres mots, lesquels sont eux-mêmes ou primitifs ou dérivatifs.

§ I. *Des noms.*

687. Les noms désignant les *gens de métier*, *d'état* ou *de profession*, se forment en ajoutant la syllabe جى à la fin du nom des choses auxquelles leur métier se rattache. Ex. : اتمَك *pain*, اتمَكجى *boulanger*; ساعَت *montre, horloge*, ساعتجى *horloger*; كمى *navire*, كميجى *marin*; قَپو *porte*, قَپوجى *portier*; عَرَبَه *voiture*, عَرَبَهجى *voiturier, cocher*. L'interrogatif نه *quoi?* forme aussi un dérivé de la même manière; نهجى ou نهجى *de quel métier? de quelle profession?*

688. On forme des noms d'*agent* en ajoutant la syllabe جى à la racine des verbes, donnant un اُزره à la dernière consonne et la faisant

suivre d'un ى de direction, si cette dernière consonne est quiescente; si elle a un son voyelle, elle le conserve, et alors on intercale un autre ى consonne, avec un اَسْرَه pour voyelle, avant le ى de direction. Ex. : قیریجی casseur, یازیجی écrivain, اوقویجی lecteur.

689. Les verbes dont la racine finit en ت quiescent changent assez souvent cette lettre en د pour former ce dérivé. Ex. : ایتمك faire, ایدیجی celui qui fait, faiseur; یراتمق créer, یراتیجی créateur.

690. On forme des *noms abstraits de qualité*, en ajoutant la syllabe لق ou لك, selon l'euphonie, à la fin des adjectifs. Ex. : کوزل beau, کوزللك beauté; بیوك grand, بیوکلك grandeur; بیاض blanc, بیاضلق blancheur.

691. On forme aussi des noms abstraits de qualité, en ajoutant les mêmes syllabes à la fin des noms. Ex. : وزیر vézir, وزیرلك qualité de vézir, vézirat; قلیج sabre, قلیجلق qualité, état de sabre.

692. On forme des noms d'*état*, *métier* ou *profession*, en ajoutant les mêmes syllabes aux noms qui désignent les gens de cet état, métier ou profession. Ex. : اتمکجی boulanger, اتمکجیلك boulangerie, métier de boulanger; حلاج cardeur de coton, حلاجلق métier de cardeur; منجم astrologue, منجملك profession d'astrologue; جانباز maquignon, جانبازلق métier de maquignon; غماز délateur, غمازلق métier de délateur. L'interrogatif نیجی fait نیجیلك quel métier?

693. On forme des noms de *chose*, *quantité*, ou *endroit spécial*, par l'addition de ces mêmes syllabes aux noms des choses pour lesquelles la spécialité existe. Ex. : یاز l'été, یازلق chose ou endroit propre à l'été; قیش l'hiver, قیشلق chose ou endroit propre à l'hiver; بش cinq, بشلك pièce de cinq piastres; یکرمی vingt, یکرمیلك pièce de vingt *piastres;* يكرمى غُرُوشْلِقْ *la quantité pour la valeur de vingt piastres;* بِرْ قَفْتَانْلِقْ *la quantité d'étoffe qui suffit pour une robe;* أُوْرْمَانْ *forêt,* أُوْرْمَانْلِقْ *endroit spécial aux forêts;* چِبُوقْلِقْ چِبُوقْ *pipe,* *garde-pipes, armoire où les pipes sont gardées.*

694. On forme des *noms d'action* de plusieurs manières.

695. 1° En ajoutant la syllabe لِقْ ou لِكْ à la fin du présent de l'infinitif des verbes. Ex. : قِيرْمَقْلِقْ *l'action de casser,* كِتْمَكْلِكْ *l'action d'aller,* يَازْمَقْلِقْ *l'action d'écrire.*

696. 2° En ajoutant un أَسَرَه à la dernière consonne de la racine des verbes, et la faisant suivre d'un شْ, si cette dernière consonne est quiescente; si elle a un son voyelle, elle le conserve, et alors on ajoute un ى consonne avec un أَسَرَه pour voyelle avant le شْ. Ex. : قِيرِشْ *l'action de casser,* يَازِشْ *l'action d'écrire,* سُوَيْلَيِشْ *l'action de dire,* بَاشْلَايِشْ *l'action de commencer.*

697. Les verbes dont la racine finit en تْ quiescent changent assez souvent cette lettre en دْ pour former ce dérivé. Ex. : ايتْمَكْ *faire,* ايدِشْ *l'action de faire;* يَرَاتْمَقْ *créer,* يَرَادِشْ *l'action de créer.*

698. Cette forme signifie aussi *la manière d'action.* Ex. : بُويْلَه سُوَيْلَيِشْ أُولُورْمِى *est-ce ainsi, de cette manière, qu'on parle?*

699. 3° En ajoutant un جْ au lieu du شْ de la forme précédente, et en laissant la dernière consonne quiescente. Ex. : سُوَنْجْ *l'action de se plaire, la joie,* قَزَانْجْ *l'action de gagner, le gain.* Il paraît que cette forme est spéciale aux noms dérivés des verbes réfléchis, et le nombre des mots dérivés de cette règle est très-borné.

700. 4° En ajoutant la syllabe كِى ou كُو (كْ persan), et quelquefois كِيجْ ou غِيجْ à la racine des verbes. Ex. : وِيرَكُو *l'action de donner, le*

don ; سَوُكِى *l'action d'aimer, l'amour* ; بِلْكِيج *l'action de connaître, de savoir ; la connaissance* ; بَاشْلَانْغِيج *l'action de commencer, le commencement.*

701. Les dérivés de cette dernière forme, ainsi que ceux de la forme précédente, ont aussi quelquefois la signification de *la chose faite*, ou de *l'endroit* ou *temps de l'action*, comme leurs équivalents en français. Le nombre de ces mots est très-borné.

702. 5° En ajoutant un م à la racine des verbes, et un أَسَرَه à sa dernière consonne, si elle est quiescente. Ex. : أُولُمْ *la mort, l'action de mourir* ; أَتِمْ *un jet, l'action de jeter* ; يُوتُمْ *l'action d'avaler* , ايچِمْ *l'action de boire.*

703. Les dérivés de cette forme ont quelquefois la signification de la quantité résultant d'une seule action ; ainsi أَتِمْ signifie aussi *la distance où l'on peut jeter une chose* , يُوتُمْ *la quantité qu'on avale à la fois* , ايچِمْ *la quantité qu'on boit à la fois*. Le nombre des dérivés de cette forme n'est pas grand.

704. On forme des noms diminutifs en ajoutant la terminaison جِقْ ou جِكْ et جَغِزْ ou جَكِزْ, selon l'euphonie, au nom de la chose dont on désire les faire dériver. Ex. : أُوغْلَانْجِقْ *petit garçon* , قِيزْجَغِزْ *petite fille*, اَلْمَاجِكْ *petite pomme*, اَلْجَكِزْ *petite main.*

705. Si le nom se termine par un كْ, cette lettre est supprimée, ou changée en ه de direction dans le diminutif. Ex. : كُوپَكْ *chien*, كُوپَجِكْ ou كُوپَهْجِكْ *petit chien* ; دَيْنَكْ *bâton*, دَيْنَجِكْ ou دَيْنَهْجِكْ *petit bâton.*

706. Cette dernière remarque s'applique aussi à quelques adjectifs terminés en كْ, et même à quelques-uns terminés en قْ. Ex. : بِيُوكْ *grand* , بِيُوجِكْ *un peu grand* ; كِچُوكْ *petit* , كِچُوجِكْ *un peu petit* ;

سِيجَاق *chaud*, سِيجَاجِق *un peu chaud*; صُوغُوق *froid*, صُوغُوجَق *un peu froid*.

707. Il y a deux adjectifs qui sont irréguliers sous ce point de vue; car اَز *peu*, fait اَزَهجِق *un petit peu*; et چوق *beaucoup*, چوغِجَق ou چوغُوجَق *tant soit beaucoup*.

708. On forme des noms de *langage* en ajoutant la syllabe جَه à la fin du nom de la nation qui parle ce langage. Ex. : عُثمَانلُو *Ottoman*, عُثمَانلُوجَه *langue ottomane*; اِنكليز *Anglais*, اِنكليزجَه *l'anglais*; فرَانسِز *Français*, فرَانسِزجَه *le français*.

709. La même syllabe, ajoutée à d'autres noms ou à des pronoms, forme un nom de *manière* ou de *façon*. Ex. : آدَم *homme*, آدَمجَه *la manière d'homme*; قَارِى *femme*, قَارِبجَه *la manière de femme*; چوجُق *enfant*, چوجُقجَه *la manière d'enfant*; بَن *moi*, بَنجَه *ma manière*; بِز *nous*, بِزجَه *notre manière*; بُونجَه *cette manière-ci*, شُونجَه *cette manière-là*.

710. Quelquefois on ajoute les syllabes لَين à la fin de celle-ci, pour en former une espèce de diminutif; alors on supprime le ه de direction après le ج. Ex. : آدَمجَلَين *tant soit peu à la manière d'homme*, بُونجَلَين *tant soit peu de cette manière-ci*.

711. Les noms dérivés de ces deux formes sont employés adverbiale- ment, et se traduisent alors en français en ajoutant la préposition *à, selon, d'après*.

§ II. *Des adjectifs.*

712. Il y a deux espèces d'adjectifs dérivés de noms d'après les règles turques. La première est qualificative, la seconde privative.

713. L'adjectif qualificatif, soit de possession, soit de relation, se forme en ajoutant la syllabe لُو ou لِی au nom de la chose ou de la qualité possédée, ou à laquelle se rapporte la relation. Ex. : قُومْ *sable*, قُومْلُو *sablonneux*; بُویَا *peinture*, بُویَالُو *peint*; مِینَا *émail*, مِینَالُو *émaillé*; عَقْلْ *esprit, entendement*, عَقِلْلُو (n° 169) *sage d'esprit*; مَرَاقْ *monomanie*, مَرَاقْلُو *monomane*; اِستَانْبُولْ *Constantinople*, اِستَانْبُولْلُو *Constantinopolitain*; فْرَانْسَه *la France*, فْرَانْسَهلُو *de France*; لُونْدْرَه *Londres*, لُونْدْرَهلُو *de Londres*; *de France*.

714. L'adjectif privatif se forme en ajoutant la syllabe ـسِزْ au nom. Ex. : قُومْسِزْ *qui n'a pas de sable*, بُویَاسِزْ *sans peinture*, مِینَاسِزْ *sans émail*, عَقِلْسِزْ *dépourvu d'esprit, stupide*.

715. Des verbes actifs on forme une espèce d'adjectif qui est, pour ainsi dire, une espèce de participe passif quant au sens, en ajoutant un ق ou un كْ à la racine du verbe, et un أَسَرَه à sa dernière consonne, si elle est quiescente. Ex. : قِیرمَقْ *casser*, قِیرِقْ *cassé*; كَدْمَكْ *entamer, ébrécher*, كَدِكْ *entamé, ébréché*; چَنْتمَكْ *entailler*, چَنْتِكْ *entaillé*.

716. Quelquefois on ajoute un أَسَتُونْ au lieu de l' أَسَرَه. Ex. : یَدْمَكْ *mener* (un cheval), یَدَكْ (cheval) *de main*.

717. Et alors on introduit aussi parfois un ا. Ex. : یَاتْمَقْ *se coucher*, یَاتَاقْ *un lit* (sur quoi l'on se couche); بَتْمَقْ *s'enfoncer*, بَتَاقْ *bourbière* (où l'on s'enfonce); اُوطُورمَقْ *s'asseoir*, اُوطُورَاقْ *soldat qui reste stationnaire sans être obligé de marcher contre l'ennemi*.

718. De quelques verbes on forme une espèce d'adjectif qualificatif, en ajoutant la syllabe قِینْ ou قُونْ , غُونْ , غِینْ à la racine. Ex. : قِیزمَقْ *s'échauffer*, قِیزغِینْ *échauffé*; قِیرمَقْ *affliger*, قِیرغِینْ *affligé, abattu*; دَارِلمَقْ *se fâcher*, دَارغِینْ (irrégulier), *en colère, ou colérique*; شَاشمَقْ *rester ébahi*, شَاشقِینْ *stupide, ébahi*; قَاچمَقْ *s'enfuir*, قَاچقُونْ *fugitif*.

719. Il y a un adjectif dérivé qui indique un penchant vers une qualité, et qui peut être considéré comme un diminutif; il se forme en ajoutant la syllabe جَه à la fin des adjectifs qualificatifs ou privatifs. Ex. : بَيَاضْ blanc, بَيَاضْجَه tirant au blanc, porté à être blanc, blanchâtre, un peu blanc; چُوق beaucoup, چُوقْجَه porté à être beaucoup; بِيُوك grand, بِيُوكْجَه porté à être grand; عَقْلْسِزْ stupide, عَقْلْسِزْجَه porté à être sans intelligence.

§ III. Du verbe.

720. On forme des racines de verbes actifs primitifs, en ajoutant aux noms et aux adjectifs un ل avec أُسْتُون pour voyelle, suivi ou non d'un ا ou d'un ه de direction.

721. Ces lettres, ajoutées aux noms, donnent au verbe la signification de fournir de.... Ex. : قَابْلَمَق fournir d'une couverture, couvrir, de قَابْ couverture; مُهُرْلَمَك (n° 169) sceller, de مُهُرْ cachet; كَاغِذْلَمَق couvrir, tapisser de papier, de كَاغِذْ papier.

722. Ajoutées aux adjectifs, elles donnent au verbe le sens de rendre.... Ex. : تَمِيزْ net, تَمِيزْلَمَك nettoyer; طُوبْ réuni, طُوبْلَمَق réunir; قَرَه noir, قَرَهْلَمَق noircir, barbouiller, griffonner.

723. Du nom بُويَا peinture, teinture, on fait بُويَامَق peindre, teindre.

724. On forme des racines de verbes neutres primitifs en ajoutant la syllabe لَن aux noms et aux adjectifs. Un verbe formé d'un nom, d'après cette règle, veut dire devenir fourni de....; formé d'un adjectif, il signifie devenir.... Ex. : شُبْهَهْلَنْمَك se douter (devenir fourni de doute), de شُبْهَه doute; كُوزَلْلَنْمَك s'embellir (devenir beau), de كُوزَل beau.

725. On forme des verbes réciproques primitifs en ajoutant la syllabe

لَش aux noms seuls. Ex. : دُوسْت *ami*, دُوسْتْلَشْمَق *devenir mutuellement amis*; مَكْتُوب *lettre*, مَكْتُوبْلَشْمَك *correspondre par lettres*.

726. Cependant on n'est pas toujours sûr de la véritable acception du mot quand il s'agit de verbes formés d'après les deux dernières règles; car le mot كُوزَلْلَنَك est à vrai dire un verbe passif, et signifie plutôt *être embelli*, et les verbes formés par l'addition de la syllabe لَش aux adjectifs sont neutres, et non pas réciproques. Ex. : كُوزَلْلَشْمَك est le terme correct pour *devenir beau*; et دَرِينْلَشَمَك, de دَرِين *profond*, veut dire *devenir profond*.

727. D'autres adjectifs, au lieu de prendre la syllabe لَن (n° 724), prennent seulement le ن quiescent, avec un أُسْتُون ou un أَسْرَه pour voyelle à leur dernière consonne, si elle est quiescente. Ex. : بُوش *vide*, *détendu*, بُوشانْمَق *devenir vide, ou détendu*; اِسّى *chaud*, اِسِنْمَق *s'échauffer, se chauffer*.

728. Une classe de racines appartenant aux verbes neutres est formée en ajoutant un أُسْتُون avec ou sans ا de direction, à la dernière consonne d'un adjectif, si elle est quiescente, et le faisant suivre d'un ل quiescent. Ex. : چُوق *beaucoup*, چُوغَالْمَق *augmenter*; أَز *peu*, أَزَالْمَق *diminuer*.

729. Si la dernière consonne a un son voyelle, elle le conserve sans changement. Ex. : طُوغْرى *droit*, طُوغْرُلْمَق *se dresser, devenir droit*.

730. Quelques adjectifs terminés en ق ou ك perdent cette lettre en formant des verbes. Ex. : بِيُوك *grand*, بِيُومَك *grandir*; كُچُوك *petit*, كُچُولْمَك *amoindrir*.

731. Quelques adjectifs prennent un ر pour former les racines de verbes neutres. Ex. : أَق *blanc*, fait أَغَرْمَق *se blanchir*; قَرَه *noir*, قَرَارْمَق *devenir noir*; يَش *humide*, يَشَرْمَق *se charger de larmes*.

CHAPITRE DEUXIÈME.

DE LA DÉRIVATION PERSANE.

732. Il y a trois espèces de mots d'origine persane qui dérivent d'autres mots d'après les règles de cette langue, savoir : le nom, l'adjectif et le participe passif.

§ I. *Du nom.*

733. On forme des noms abstraits de qualités et d'états de toutes les espèces, en ajoutant un أَسَرَه à la dernière consonne du nom (ou de l'adjectif qui qualifie ce nom) du possesseur ou du dépourvu de la qualité, si cette lettre est quiescente, et en la faisant suivre d'un ى de direction ; mais si le nom ou l'adjectif finit par une consonne suivie d'un ه de direction, elle conserve son propre son voyelle, le ه de direction se supprime, et l'on introduit un گ (persan) avec un أَسَرَه pour voyelle, avant le ى de direction. Ex. : پادشاه *souverain*, پادشاهی *souveraineté* ; آهنگر *forgeron*, آهنگری *qualité, métier de forgeron* ; زرگار *orfèvre*, زرگاری *métier d'orfèvre* ; نازک *gentil*, نازکی *gentillesse* ; سفید *blanc*, سفیدی *blancheur* ; بزرگ *grand*, بزرگی *grandeur* ; بنده *esclave*, بندگی *esclavage* ; پرورده *nourri, élevé*, پروردگی *qualité d'être nourri, élevé*.

§ II. *De l'adjectif.*

734. Les adjectifs de relation se forment des noms, en ajoutant un أَسَرَه à leur dernière consonne, suivi d'un ى de direction, ou en y ajoutant un أَسَنُون avant la terminaison أَنه ; si, dans ce dernier cas, le nom finit par un ه de direction, la consonne conserve sa voyelle, mais le ﺓ se supprime, et l'on introduit un ﻚ (persan) avec un أُسْتُون pour voyelle avant la terminaison. Ex. : آدَمْ *homme*, آدَمِی et آدَمَانَه *d'homme, humain*; پَادِشَاه *roi*, پَادِشَاهِی et پَادِشَاهَانَه *de roi, en roi, royal*; بَنْدَه *esclave*, بَنْدَكَانَه *d'esclave, humble, soumis*.

735. On forme des adjectifs qualificatifs en ajoutant une des terminaisons نَاكْ, مَنْدْ, et وَرْ ou وَارْ aux noms. Ex. : نَمْ *humidité*, نَمْنَاكْ *humide*; هَوْلْ *terreur*, هَوْلْنَاكْ *terrible, affreux*; هُنَرْ *talent*, هُنَرْمَنْدْ et هُنَرْوَرْ *de talent, capable*; أُمِيدْ *espoir*, أُمِيدْوَارْ *plein d'espoir*.

736. On forme des adjectifs qui indiquent le matériel dont une chose est formée, en ajoutant un أَسَرَه à la dernière consonne du nom du matériel, et la faisant suivre des lettres ﻳﻦ. Ex. : زَرْ *or*, زَرِّين *d'or*; سِيمْ *argent*, سِيمِين *d'argent*; آهَنْ *fer*, آهَنِين *de fer*; آتَشْ *feu*, آتَشِين *de feu*.

§ III. *Des participes.*

737. Je ne puis indiquer ici les règles de la dérivation des participes persans, qu'on ne doit considérer que comme autant d'adjectifs dans leurs rapports avec la langue ottomane.

738. Je ferai seulement observer qu'il n'y a que deux espèces de participes persans, le présent ou actif, et le parfait ou passif, comme cela a lieu dans les langues dérivées du latin, et je passerai à l'indication des formes principales des deux espèces, parce qu'elles sont d'un fréquent usage dans la formation des mots composés ottomans.

739. Le participe actif est d'une ou de deux syllabes; le passif, de deux, de trois et de quatre.

740. Les participes actifs peuvent se diviser en deux classes : réguliers et irréguliers; et les premiers se subdivisent eux-mêmes en deux sections, l'une terminée par ﻩ, et l'autre par toute autre lettre

741. Le participe passif d'un actif régulier qui se termine par ز se forme en substituant à cette lettre un خ quiescent, auquel on ajoute la terminaison ته. Ex. : سَازْ *faisant*, سَاخْتَه *fait*; سُوزْ *brûlant*, سُوخْتَه *brûlé*; نُوَازْ *chérissant*, نُوَاخْتَه *chéri*.

742. Le participe passif des actifs réguliers qui se terminent par une lettre autre que ز, se forme en donnant un اَسَرَه à leur dernière consonne, que l'on fait suivre de la terminaison يَدَه. Ex. : سَنْج *pesant*, سَنْجِيدَه *pesé*; يَسَنْدْ *approuvant*, يَسَنْدِيدَه *approuvé*; پيچ *pliant*, پيچِيدَه *plié*.

743. Pour les participes actifs irréguliers, on peut dire seulement que leurs passifs se terminent toujours en تْ ou en دْ, avec اُسْتُونْ pour voyelle, et suivi d'un ه de direction, de même que ceux des réguliers; mais la manière de les former est très-incertaine. Ex. : گُو *disant*, گُفْتَه *dit*; چِينْ *recueillant*, چِيدَه *recueilli*; جُو *cherchant*, جُوبِيدَه *cherché*; دَارْ *ayant*, دَاشْتَه *eu*.

744. Dans la formation des mots composés, le اُسْتُونْ de la dernière consonne des participes passifs, et le ه de direction qui les suit, sont quelquefois supprimés.

745. Il y a aussi une forme de participe actif persan dont on se sert dans la langue ottomane comme *nom substantif isolé*; elle se termine par نَه ajouté aux formes simples, dont la dernière consonne reçoit alors un اُسْتُونْ pour voyelle, si elle est quiescente, ou en يَنَه, si cette dernière consonne a un son voyelle. Ex. : سُوزَنَه *brûlant*, *brûleur*; دَارَنَه *ayant*, *portant*, *le porteur*; جُويَنَه *cherchant*, *chercheur*.

746. Une seconde forme de participe actif persan, et dont on se sert comme *adjectif isolé*, a la terminaison انْ au lieu du نَه ou يَنَه de la précédente. Ex. : جُوشَانْ *bouillonnant*, سُوزَانْ *brûlant*, جُويَانْ *cherchant*, گُويَانْ *parlant*.

747. On se sert des participes actifs persans de cette forme, quelquefois seuls, quelquefois répétés, en guise d'adverbes ou de gérondifs; on peut les traduire alors en français par le gérondif, par un adverbe ou une périphrase, selon l'occasion.

CHAPITRE TROISIÈME.

DE LA DÉRIVATION ARABE.

748. La dérivation arabe, très-étendue et très-systématique, est presque totalement en usage dans la langue ottomane.

749. Tout mot arabe est regardé comme dérivé d'une racine littérale.

750. Les racines sont de trois, quatre ou cinq lettres; mais la plupart d'entre elles sont de trois. Celles de quatre lettres sont peu nombreuses, et celles de cinq n'embrassent que quelques mots; de manière que les racines de trois lettres forment la règle, les autres l'exception.

751. Toutes les lettres peuvent servir de radicales; mais il n'y a que les suivantes : ا , ت , س , م , ن , و et ى, qui peuvent servir de *créments*, c'est-à-dire, à former les dérivés, en s'ajoutant aux lettres radicales.

752. Les dérivations arabes sont faites sur une formule constante, qui est celle du mot فَعَلَ avec ses dérivés.

753. Par suite de cela, on appelle la première lettre radicale de tout mot dérivé d'une racine trilitère, فَاء الْفِعْلَ le ف de la racine modèle; la seconde, عَيْن الْفِعْلَ, le ع de la racine, et la troisième, لَامُ الْفِعْلَ, le ل de la racine. Par exemple, dans la racine trilitère كَتَبَ, le ك se nomme فَاء الْفِعْلَ, le ت se nomme عَيْن الْفِعْلَ, et le ب se nomme

لَامُ الْفِعْلِ. Ceci est pour éviter la répétition des mots : *première lettre de la racine, seconde lettre de la racine,* et *troisième lettre de la racine.*

754. Dans les mots dérivés de racines quadrilitères, on donne aux deux premières lettres radicales les mêmes noms que ceux employés dans les trilitères ; la troisième se nomme اَللَّامُ الْاَوَّلُ *le premier* ل, et la quatrième اَللَّامُ الثَّانِى *le second* ل. Ainsi, dans la racine quadrilitère دَحْرَجَ, le د s'appelle ف ; le ح, ع ; le ر, premier ل ; et le ج, second ل.

755. Les mots dérivés de cinq lettres sont si rares, qu'il est inutile d'en parler.

756. Pour les trilitères, il y a d'abord plusieurs classes de mots qui dérivent directement de la racine, et puis dix chapitres de dérivation, qui sont nommés بَاب, et qui sont tous d'un usage journalier dans la langue ottomane.

757. Chaque chapitre est composé d'un certain nombre de noms substantifs et adjectifs, dérivés du mot principal de ce chapitre, lequel est dérivé lui-même directement de la racine.

758. Les classes de mots dérivés directement des racines trilitères, et n'entrant pas dans les chapitres de dérivation, sont au nombre de onze, et sont nommés ainsi qu'il suit : 1 مَصْدَر *le nom d'action,* ou *nom verbal ;* 2 اِسْم فَاعِل *le nom d'agent ;* 3 اِسْم مَفْعُول *le nom de patient ;* 4 اِسْم زَمَان وَمَكَان *le nom de temps et de lieu ;* 5 اِسْم آلَت *le nom d'instrument ;* 6 اِسْم جِنْس *le nom générique ;* 7 اِسْم نَوْع *le nom d'espèce ;* 8 اِسْم وَحْدَت *le nom d'unité ;* 9 اِسْم تَفْضِيل *le nom de supériorité ;* 10 اِسْم تَفْضِيل مُبَالَغَه *le nom de supériorité hyperbolique ;* et 11 اِسْم تَصْغِير *le nom diminutif.* Ainsi l'on dit, par exemple : *tel mot est le* مَصْدَر, *l'*اِسْم فَاعِل, etc., *de telle racine.* Les noms d'espèce et d'unité sont peu employés.

759. On appelle la racine du trilitère ثُلاثى , et les chapitres de dérivation sont rangés dans l'ordre suivant : 1 تَفْعِيل بَابِى *le chapitre* tef'îl ; 2 مُفَاعَلَه بَابِى *le chapitre* mufâ'alé ; 3 إفْعَال بَابِى *le chapitre* if'âl ; 4 تَفَعَّل بَابِى *le chapitre* téfa''ul ; 5 تَفَاعُل بَابِى *le chapitre* téfâ'ul ; 6 إفْتِعَال بَابِى *le chapitre* ifti'âl ; 7 إنْفِعَال بَابِى *le chapitre* infi'âl ; 8 إفْعِلاَل بَابِى *le chapitre* if'ilâl ; 9 إفْعِيلاَل بَابِى *le chapitre* if'îlâl ; et 10 إسْتِفْعَال بَابِى *le chapitre* istif'âl.

760. Ces chapitres de dérivation sont ainsi nommés, parce que, la racine de tout mot trilitère étant comparée à la racine modèle trilitère فَعَل , ses dérivés sont aussi comparés à ceux de ce dernier ; et les mots indiqués ci-dessus, employés pour désigner les chapitres, sont justement les dérivés principaux du trilitère فَعَل , auxquels les dérivés de tout autre trilitère sont comparés, et sur les modèles desquels ils sont formés.

761. Les mots qui composent chacun des chapitres de dérivation sont de trois espèces seulement, savoir : 1 مَصْدَر *le nom d'action* ou *nom verbal* ; 2 إسْم فَاعِل *le nom d'agent* ; 3 إسْم مَفْعُول وزَمَان ومَكَان *le nom de patient, de temps et de lieu.* Ainsi l'on dit : tel mot est le مَصْدَر , l'إسْم فَاعِل ou l'إسْم مَفْعُول *de tel chapitre de telle racine.*

762. Il y a un grand nombre de formes des noms d'action qui dérivent directement de la racine, ainsi qu'on le verra dans le tableau des formes (n° **773**).

763. Mais il n'y en a qu'une seule forme dans chacun des chapitres de dérivation, à l'exception de ceux de تَفْعِيل et de مُفَاعَلَه , qui ont chacun deux formes de nom d'action.

764. Pour former un dérivé quelconque d'une racine trilitère, il faut remarquer où sont placés le ف , le ع et le ل , lettres radicales du modèle, et de quels créments elles sont précédées ou suivies; ensuite il faut mettre aux mêmes places les première, seconde et troisième lettres radicales de la racine trilitère dont on veut former le dérivé. Par exemple, si l'on désire former le تَفْعِيل de كَتَب, on remarque qu'il y a dans le modèle un ت crément placé devant le ف radical, et un ى crément entre le ع et le ل radicaux : si l'on observe les mêmes interpositions dans la racine donnée, on forme le dérivé تَكْتِيب, qui est le mot demandé. Si l'on veut le اِفْتِعَال ou le اِسْتِفْعَال de la même racine, on voit que dans le modèle du premier il y a un ا crément avant le ف radical, un ت crément après ce même ف, et un autre ا crément entre le ع et le ل radicaux; dans le modèle du second, on remarque les lettres ا, س, ت créments, avant le ف radical, et un ا crément entre le ع et le ل radicaux. Agissant de même avec la racine donnée, on forme اِكْتِتَاب et اِسْتِكْتَاب, qui sont les dérivés voulus.

765. Dans les dérivés, les lettres, créments et radicales, sont toujours régies par les mêmes sons voyelles et signes orthographiques que dans le modèle d'après lequel ils sont formés.

766. La racine n'est pas considérée comme un mot, et, très-souvent, il n'existe pas de mot en usage qui soit composé des trois lettres seules qui constituent la racine trilitère d'un dérivé; c'est une forme qui se lit toujours en prononçant chacune de ses lettres avec un أَسْكُون pour son voyelle. Ainsi l'on dit : *la racine de* رَغِبَتْ *est* رَغَب, *de* سُلْطَان *est* سَلَط, *de* إِنْكِسَار *est* كَسَر, *de* اِفْتِخَار *est* فَخَر, *de* اِسْتِنْطَاق *est* نَطَق, etc.

767. La racine quadrilitère se lit toutefois avec sa seconde lettre quiescente, et on dit : *la racine de* تَبَضْبَضَ *et de* بَضْبَضَ *et de* بُرْنُس *est* بُرْنَس.

768. Pour les quadrilitères, dont la racine se nomme رُبَاعِى, il n'y a

qu'une seule classe de mots, celle des مَصْدَر ou noms d'action, dérivant directement de la racine, et un seul chapitre de dérivation, le تَفَعُّل بَابِى *chapitre de* téfa'lul, qui sont en usage.

769. Le plus grand nombre des dérivés proviennent directement de la racine, tandis que ceux provenant de chacun des chapitres de dérivation sont très-bornés.

770. Il faut toujours se souvenir que chaque racine ne donne pas naissance à toutes les formes de dérivés dont on verra ci-dessous les modèles; car les dérivés de quelques racines affectent certaines formes, tandis que ceux d'autres racines affectent d'autres formes; et ce n'est qu'en rassemblant toutes les différentes formes de dérivés provenant de diverses racines, qu'on parvient à remplir le cadre des exemples; et, de plus, il y a un très-grand nombre de mots arabes dont on ne fait pas usage dans la langue ottomane. Il ne faut donc pas s'étonner de voir quelques lacunes, çà et là, dans les tableaux des formes accompagnées d'exemples tirés des mots usités dans la langue ottomane, et dans lesquels on verra également indiquées les formes les plus usitées des pluriels irréguliers de chaque dérivé.

771. Parmi les racines trilitères, il y en a qui sont composées de trois lettres, dont l'une est un ١, ou un و, ou un ى, ou dont la seconde et la troisième ne sont que la même lettre répétée : toutes ces espèces de racines sont appelées *affectées*. Toute racine qui n'entre pas dans ces catégories s'appelle *non affectée*, et comme cette dernière espèce est la seule normale, nous commençons par le tableau qui donne les formes des dérivés des racines non affectées.

§ 1. *Des mots dérivés de racines non affectées.*

772. La méthode d'enseigner les diverses formes de dérivés la plus facile à comprendre, et en même temps la plus commode pour s'y référer,

est celle de ranger toutes ces formes dans un tableau synoptique. Nous avons donc préparé dans ce but le tableau suivant, dans lequel nous avons donné un ou plusieurs exemples de mots usités de chaque forme, ainsi que les modèles et des exemples des formes de pluriels irréguliers les plus en usage; là où le dérivé n'a point de pluriel irrégulier, et où l'on n'a pas réussi à trouver un exemple de la forme du dérivé, la place est laissée vide, et nous avons réservé pour des paragraphes subséquents (§ 10, n° 816, etc.) l'explication des valeurs de ces diverses formes.

773. TABLEAU DES FORMES DES DÉRIVÉS NON AFFECTÉS.

RACINE.

MODÈLE.	EXEMPLES.
فَعَل	لَزِج رَسَن زَعَم خَرِب فَتَل جَبَر

DÉRIVÉS.

DIVISION I. — FORMES DÉRIVÉES DIRECTEMENT DE LA RACINE.

CLASSE *A.* — NOMS SUBSTANTIFS ET NOMS VERBAUX.

SECTION I. — *Formes composées des radicales seulement.*

N°s	Modèle. (SINGULIER)	Exemples. (SINGULIER)	Modèle. (PLURIEL IRRÉGULIER)	Exemples. (PLURIEL IRRÉGULIER)
1	فَعْل	ضَبْط بَحْر سَجْع	أَفْعَال	أَثْمَار أَبْدَان أَحْزَان أَبْكَار أَبْحَار
2	فِعْل	بِكْر فِعْل صِنْف	فُعُول	بُطُون فُرُوع بُرُوج صُنُوف بُحُور
3	فُعْل	بُرْج تُرْك حُزْن	أَفْعُل	أَنْجُم أَبْحُر
4	فَعَل	بَدَن ثَمَر جَبَل	فِعَال	جِبَال بِحَار

SECTION II. — *Les mêmes avec le ة du féminin.*

N			أَفْعَال	أَحْدَاق أَشْفَاق
5	فَعْلَة	زَحَمْت قَلْعَه طَلَعْت	فِعَال	بِقَاع قِلَاع
6	فَعْلَة	فَطَنْت فِتْنَه مِحْنَت	فَعْل	مِنَح فِتَن مِحَن
7	فَعْلَة	بُسْطَت بُقْعَه حُرْمَت		
8	فَعْلَة	حَدَقَه شَفَقَت		

SECTION III. — *Avec un ا entre le ع et le ل.*

N			أَفْعَال	أَجْنَاب أَزْمَان
9	فَعَال	زَمَان شَرَاب جَنَاح	أَفْعِلَة	أَدْخِنَه أَبْخِرَه أَسْلِحَه أَدْمِعَه أَجْنِحَه
10	فِعَال	حِجَاب سِلَاح دِمَاغ		
11	فُعَال	دُخَان تُرَاب بُخَار		

SECTION IV. — *Les mêmes avec le ة du féminin.*

N		
12	فَعَالَة	فَطَانَت رَذَالَت خَبَائَت جَسَارَت
13	فَعَالَة	دَعَامَت زَعَامَت
14	فَعَالَة	بُشَارَت

SECTION V. — *Autres formes masculines.*

N				
15	فُعُول	قُعُود بُرُوز صُدُور طُلُوع ظُهُور		
16	أَفْعَل	إِشْكَل		
17	أَفْعَل	أَصْبَع	أَفَاعِل	أَصَابِيع
18	أَفْعِيل	إِبْرِيق	أَفَاعِيل	أَقَانِيم أَسَابِيع أَسَالِيب أَبَارِيق
19	أَفْعُول	أَقْنُوم أُسْبُوع أُسْلُوب		
20	فَعْلَى			

№				Pluriel	
1	فُعْلَى	سُكْنَى بُشْرَى			
2	فَعْلَان	بُرْقَان			
3	فِعْلَان	جِدْثَان			
4	فُعْلَان	بُطْلَان سُلْطَان			
5	فَعْلَان	خُفْقَان يَرْقَان			

SECTION VI. — Autres formes féminines.

№				Pluriel	
26	فَعِيلَة	وَسِيلَه فَضِيلَت		فَعَايِل	فَضَايِل وَسَايِل
27	فُعُولَة	بَعُوضَه عَقُوبَت			
28	فُعُولَة	خُشُونَت رُطُوبَت سُهُولَت صَعُوبَت			
29	فَعَلُوت	جَبَرُوت			
30	فَعْلُولَة				

CLASSE B. — NOM SUBSTANTIF DIMINUTIF.

Masculin.

№					
31	فُعَيْل	طُفَيْل			

Féminin.

№					
32	فُعَيْلَة	بُخَيْرِه			

CLASSE C. — NOM DE TEMPS, DE LIEU, ET D'ACTION.

Masculin.

№				Pluriel	
33	مَفْعَل	مَشْهَد مَكْمَن مَكْتَب مَرْكَز		مَفَاعِل	مَكَامِن مَنَازِل مَصَارِف
34	مَفْعِل	مَنْزِل			

Féminin.

N°				
35	مُفْعَلَة	مُكْرُمَت مُشْكَلَه مُزْبَلَه	مَفَاعِل	مَزَابِل مَكَارِم
36	مَفْعَلَة			

CLASSE *D*. — NOM D'INSTRUMENT.

Masculin.

N°				
37	مِفْعَل	مِسْطَر مِصْقَل مِطْحَن	مَفَاعِل	مَصَاقِل
38	مِفْعَال	مِقْدَار مِقْرَاض مِفْتَاح	مَفَاعِيل	مَفَاتِيح

Féminin.

N°				
39	مِفْعَلَة	مِنْقَلَه مِصْقَلَه		

CLASSE *E*. — NOMS ADJECTIFS.

SECTION I. — *Nom d'agent simple.*

Masculin.

N°				
40	فَاعِل	خَارِج ظَاهِر كَافِر ضَابِط كَاتِب	فُعَّال / فَعَلَة	كُفَّار كُتَّاب / كَفَرَه كَتَبَه

Féminin.

N°				
41	فَاعِلَة	خَارِجَه ظَاهِرَه كَافِرَه ضَابِطَه كَاتِبَه	فَوَاعِل	ثَوَابِت ضَوَابِط خَوَارِج

SECTION II. — *Nom d'agent hyperbolique,* ou *Nom de gens de métier.*

Masculin.

N°				
42	فَعَّال	فَلَّاح بَقَّال عَطَّار رَسَّام عَلَّام		

Féminin.

3	فَعَالَة	عَلَّامَه		

SECTION III.. — *Nom de patient.*

Masculin.

4	مَفْعُول	مَلْزُوم مَكْتُوم مَضْبُوط مَكْتُوت	مَفَاعِيل	مَضَامِين مَكَاتِيب

Féminin.

5	مَفْعُولَة	مَلْزُومَه مَكْتُومَه مَضْبُوطَه مَكْتُوبَه		

SECTION IV. — *Simple qualificatif.*

Masculin.

46	فَعِيل	سَهِيل قَدِيم رَذِيل كَبِير عَظِيم	فُعَلَاء	قُدَمَا فُتَرَا كُبَرَا عُظَمَا
47	فَعُول	عَنُود رَسُول غَفُور		

Féminin.

48	فَعِيلَة	رَذِيلَه قَدِيمَه صَغِيرَه كَبِيرَه عَظِيمَه	فَعَايِل	صَغَايِر كَبَايِر

SECTION V. — *Qualificatif hyperbolique.*

Masculin.

49	فَاعُول	بَسُور بَاحُور		
50	فَعُول			

SECTION VI. — *Nom de supériorité.*

Masculin.

51	أَفْعَل	أَسْهَل أَحْسَن أَكْبَر أَعْظَم أَفْضَل	أَفَاعِل	أَحَاسِن أَكَابِر أَعَاظِم أَفَاضِل

Féminin.

52	فُعْلَى	حُسْنَى كُبْرَى عُظْمَى

DIVISION II. — CHAPITRES DE DÉRIVATION.

1. CHAPITRE DE تَفْعِيل

Noms verbaux.

53	تَفْعِيل	تَقْطِير تَبْدِيل تَحْسِين تَقْدِير تَقْسِيم	تَفاعِيل	تَجافِيف تَماثِيل تَدابِير تَقادِير
54	تَفْعَال	نِذْكَار نِمْثَال		

Noms d'agent, masc. et fém.

55	مُفْعِل	مُدَبِّر مُحَصِّل مُرَتِّب
56	مُفْعِلَة	مُقَدِّمَه مُذَكِّرَه

Noms de patient, masc. et fém.

57	مُفْعَل	مُبَدَّل مُرَكَّب مُرَتَّب
58	مُفْعَلَة	

2. CHAPITRE DE مُفَاعَلَة

Noms verbaux.

59	مُفَاعَلَة	مُرَاسَلَه مُقَاسَمَه مُطَالَعَه مُكَاتَبَه مُكَالَمَه
60	فِعَال	جِدَال قِتَال فِعَال

Noms d'agent.

61	مُفَاعِل	مُقَارِن مُحَارِب مُعَاهِد مُجَادِل
62	مُفَاعَلَة	

Noms de patient.

63	مُفَاعَل		
64	مُفَاعَلَة		

3. CHAPITRE DE إِفْعَال.

Nom verbal.

65	إِفْعَال	إِرْسَال إِطْمَاع إِمْكَان إِظْهَار إِثْبَات	

Noms d'agent.

66	مُفْعِل	مُسْهِل مُمْكِن مُقْنِع مُثْبِت	
67	مُفْعِلَة		

Noms de patient.

68	مُفْعَل	مُرْسَل مُبْهَم مُثْبَت	
69	مُفْعَلَة		

4. CHAPITRE DE تَفَعُّل.

Nom verbal.

70	تَفَعُّل	تَنَزُّل تَعَظُّم تَسَلُّط تَكَبُّر تَفَضُّل	

Noms d'agent.

71	مُتَفَعِّل	مُتَنَزِّل مُتَعَظِّم مُتَسَلِّط مُتَكَبِّر مُتَفَضِّل	
72	مُتَفَعِّلَة		

5. CHAPITRE DE تَفَاعُلْ.

Nom verbal.

73	تَفَاعُلْ	تَقَابُلْ نَمَارُضْ تَجَاهُلْ تَعَاظُمْ	

Noms d'agent.

74	مُتَفَاعِلْ	مُتَقَابِلْ مُتَمَارِضْ مُتَجَاهِلْ مُتَعَاظِمْ	
75	مُتَفَاعِلَةْ		

6. CHAPITRE DE افْتِعَالْ

Nom verbal.

76	افْتِعَالْ	اِعْتِذَارْ اِفْتِحَامْ اِنْتِقَامْ اِفْتِخَارْ	

Noms d'agent.

77	مُفْتَعِلْ	مُرْتَكِبْ مُجْتَمِعْ مُلْتَزِمْ مُفْتَخِرْ	
78	مُفْتَعِلَةْ		

Noms de patient.

79	مُفْتَعَلْ	مُلْتَزَمْ مُلْتَزَمْ	
80	مُفْتَعَلَةْ		

7. CHAPITRE DE اِنْفِعَالْ

Nom verbal.

81	اِنْفِعَالْ	اِنْسِلَاكْ اِنْخِدَاعْ اِنْجِذَابْ اِنْكِسَارْ	

		Noms d'agent.		
82	مُنْفَعِلٌ	مُنْسَلِكٌ مُنْخَدِعٌ مُنْجَذِبٌ مُنْكَسِرٌ		
83	مُنْفَعِلَةٌ			

8. CHAPITRE DE اِفْعِلَالٌ

Nom verbal.

84	اِفْعِلَالٌ	اِغْبِرَارٌ اِصْفِرَارٌ اِحْمِرَارٌ		

Noms d'agent.

85	مُفْعَلٌّ	مُغْبَرٌّ		
86	مُفْعَلَّةٌ			

9. CHAPITRE DE اِفْعِيلَالٌ

Nom verbal.

87	اِفْعِيلَالٌ	اِحْمِيرَارٌ		

10. CHAPITRE DE اِسْتِفْعَالٌ

Nom verbal.

88	اِسْتِفْعَالٌ	اِسْتِقْبَالٌ اِسْتِنْكَافٌ اِسْتِنْطَاقٌ اِسْتِحْكَامٌ		

Noms d'agent.

89	مُسْتَفْعِلٌ	مُسْتَجْمِعٌ مُسْتَجْلِبٌ مُسْتَحْفِظٌ		
90	مُسْتَفْعِلَةٌ			

		Noms de patient.		
91	مُسْتَفْعَل	مُسْتَحْسَن مُسْتَحْكَم مُسْتَثْقَل مُسْتَقْبَل		
92	مُسْتَفْعَلَة			

REMARQUES.

774. La forme أَفْعَال de pluriel irrégulier a aussi elle-même un pluriel, qui s'appelle جَمْعُ الْجَمْع *pluriel de pluriel;* sa forme est celle-ci أَفَاعِيل. Ex. : أَبَاطِل, أَرَاقِيم, أَسَاجِيع.

775. Il y a une forme de pluriel qui s'emploie assez souvent, mais pour différentes formes de singulier; c'est la forme فُعُل. Ex. : singulier كِتَاب, pl. كُتُب; sing. رَسُول, pl. رُسُل.

776. Quelques puristes prononcent les dérivés de la forme تَفَعَّال (n° 54), en donnant au ت crément un أُتُّون pour son voyelle; et quelques grammairiens renvoient cette forme à la classe *A*, section v.

777. Outre celles données dans le tableau ci-dessus, il y a quelques autres formes de mots qui dérivent directement de la racine, et d'autres formes de pluriel irrégulier en usage pour les formes de singulier données ici; mais les unes sont très-peu usitées, et les autres sont tellement irrégulières, qu'il n'y a que le dictionnaire qui pourra servir à l'étudiant pour les rendre compréhensibles. Nous nous sommes donc abstenu d'entrer ici dans de plus longs détails.

778. Les mots dont les racines commencent par un ت forment leur إِفْتِعَال en réunissant sous le signe تَشْدِيد cette lettre avec le ت crément. Ex. : إِتَّبَاع pour إِتْتِبَاع.

779. Ceux qui commencent par د, ذ, ط, ou ظ, forment ce même dérivé en redoublant cette lettre radicale sous le signe تَشْدِيد, au lieu de

prendre un ت crément. Ex. : اِظَّلَامْ, اِطَّلَاعْ, اِدَّكَارْ, اِذَّكَارْ, qui sont pour

اِظْتِلَامْ, اِطْتِلَاعْ, et اِذْتِكَارْ, اِذْتِكَارْ.

780. Ceux qui commencent par ص, ض, et quelquefois par ط, prennent un ط, et ceux qui commencent par un ز prennent un د au lieu du ت crément. Ex. : اِزْدِيَادْ, اِظَّلَامْ, اِضْطِرَابْ, اِصْطِبَارْ, qui sont pour اِزْتِيَادْ et اِظْتِلَامْ, اِضْتِرَابْ, اِصْتِبَارْ.

781. Les mots qui commencent par un ن font leur اِنْفِعَالْ en réunissant le ن radical avec le ن crément, sous un تَشْدِيدْ.

782. Voilà à peu près toutes les dérivations des trilitères arabes dont on a besoin pour saisir facilement les formes, et de là arriver à la valeur des mots arabes dont on se sert dans la langue ottomane. Mais, ainsi que nous l'avons remarqué plus haut (n° 771), ces dérivations sont sujettes à des irrégularités causées, soit par l'introduction dans la racine trilitère de la même lettre deux fois de suite, comme seconde et troisième radicale (si elle y entre comme première et seconde lettre radicale, cela n'affecte pas la régularité des dérivés), soit par l'introduction de l'une des trois lettres consonnes ا, و et ى, dans la racine, comme première, seconde ou troisième lettre radicale. Chacun de ces cas demande un tableau de dérivations particulier, que nous donnons ici avant de procéder aux quadrilitères et à l'explication des valeurs des dérivés.

§ II. *Des mots où les seconde et troisième lettres radicales sont les mêmes, et qui se nomment* مُضَاعَفْ *redoublés.*

783. *Règle.* — Quand une lettre est répétée deux fois de suite, et, d'après le modèle des mots non affectés, est quiescente dans sa première position et mouvante dans sa seconde, les deux lettres se réunissent en une seule avec un تَشْدِيدْ, et cette lettre porte alors le son voyelle qu'aurait eu la seconde dans son état séparé.

784. Mais si les deux lettres, ainsi placées, ont toutes les deux leur son voyelle, elles ne se réunissent plus, mais s'écrivent régulièrement, à moins qu'elles ne soient précédées d'un ا de prolongation ou d'une autre lettre quiescente.

785. Dans ce dernier cas, le son voyelle de la première lettre est porté sur la lettre quiescente qui la précède : c'est ce qu'on peut observer dans le tableau suivant.

786. TABLEAU DES FORMES DES DÉRIVÉS OU LES SECONDE ET TROISIÈME LETTRES RADICALES SONT LES MÊMES.

RACINE.	
MODÈLE.	**EXEMPLES.**
فَعَل	حَصَص جَجّ شَدَد سَنَن ذَمَم كَرَر دَلَل حَبَب

DÉRIVÉS.

DIVISION I. — FORMES DÉRIVÉES DIRECTEMENT DE LA RACINE.

CLASSE *A.* — NOMS SUBSTANTIFS ET NOMS VERBAUX.

SECTION I. — *Formes composées des radicales seulement.*

Nos	SINGULIER.		PLURIEL IRRÉGULIER.	
	Modèle.	Exemples.	Modèle.	Exemples.
1	فُعْل	ظَنّ ضَمّ سُمّ تَلّ فُكّ شَدّ	أَفْعَال	أَسْرَار أَبْرَار أَضْدَاذ أَسْبَاب أَحْبَاب
2	فِعْل	سِنّ غِلّ غِشّ بِرّ ضِدّ	فُعُول	غُمُوم هُمُوم حُقُوق حَبُوب
3	فُعْل	لُصّ ذُلّ سُمّ حُرّ دُرّ	أَفْعُل	
4	فَعَل	مَدَد سَبَب خَالَل ضَرَر	فِعَال	ظِلَال نِلَال

SECTION II. — *Les mêmes avec le ت du féminin.*

№				
5	فَعْلَة	سَنَّه كَرَّه مَرَّه ذَرَّه	فَعَل	مَلَل عِلَل ذِمَم هِمَم سِنَن
6	فَعْلَة	ذَمَّت مِلَّت عِلَّت هِمَّت دِقَّت شِدَّت		
7	فُعْلَة	حُجَّت قُبَّت قُلَّه أُمَّت دُرَّه سُنَّت	فُعَل	حُجَج قُلَل دُرَر قُبَب أُمَم
8	فُعْلَة			

SECTION III. — *Avec un ا entre le ع et le ل.*

№				
9	فَعَال	جَلَال كَفَاف كَبَاب مَلَال خَلَال	أَفْعِلَة	أَهِلَّه إِذِمَّه
10	فِعَال	غِلَال شِقَاق ذِمَام هِلَال		
11	فُعَال	شُعَاع		

SECTION IV. — *Les mêmes avec le ت du féminin.*

№		
12	فَعَالَة	جَلَالَت رَكَاكَت مَرَارَت ذَلَالَت حَرَارَت
13	فَعَالَة	إِمَامَت طِبَابَت
14	فُعَالَة	

SECTION V. — *Autres formes masculines.*

№		
15	فُعُول	سُرُور حُلُول خُصُوص كُرُور مُرُور
16	أَفْعَل	
17	أُفْعُل	
18	أَفْعِيل	اِكْلِيل
19	أُفْعُول	
20	فُعْلَى	شُتَّى

21	فُعْلَى			
22	فُعْلَان			
23	فُعْلَان			
24	فُعْلَان			
25	فُعْلَان			

SECTION VI. — *Autres formes féminines.*

26	فُعِيلَة	حَقِيقَت
27	فُعُولَة	ضَرُورَت
28	فُعُولَة	
29	فَعْلُوت	
30	فَعْلُولَة	

CLASSE *B*. — NOM SUBSTANTIF DIMINUTIF.

31	فُعَيْل		
32	فُعَيْلَة		

CLASSE *C*. — NOM DE TEMPS, DE LIEU, ET D'ACTION.

33	مَفْعَل	مَحَكّ مَهْبِر مَظَنّ مَقَرّ		
34	مَفْعِل			
35	مَفْعَلَة	مَشَقّت مَضَرّت مَحَبّت مَذَلّت	مَفَاعِل	مَشَامّ مَضَارّ مَهَامّ مَشَاقّ
36	مَفْعِلَة			

CLASSE *D*. — NOMS D'INSTRUMENT.

N°	Forme			
37	مِفْعَل			
38	مِفْعَال			
39	مِفْعَلَة			

CLASSE *E*. — NOMS ADJECTIFS.

SECTION I. — *Nom d'agent simple.*

N°	Forme	Exemples	Forme	Exemples
40	فَاعِل	ذَالّ مَارّ خَاصّ حَارّ حَادّ حَاجّ	فُعَّال	حُجَّاج
41	فَاعِلَة	خَاصّه عَامّه حَادّه مَادّه مَارّه حَارّه	فَوَاعِل	عَوَامّ خَوَاصّ مَوَادّ

SECTION II. — *Nom d'agent hyperbolique.*

N°	Forme	Exemples		
42	فَعَّال	نَمَّام حَسَّاس حَكَّاك بَزَّاز جَرَّار٭		
43	فَعَّالَة			

SECTION III. — *Nom de patient.*

N°	Forme	Exemples		
44	مَفْعُول	مَدْلُول مَخْصُوص مَظْنُون مَذْمُوم مَبْرُور		
45	مَفْعُولَة			

SECTION IV. — *Simple qualificatif.*

N°	Forme	Exemples	Forme	Exemples
46	فَعِيل	طَبِيب لَبِيب ذَمِيم حَرِير دَلِيل ذَلِيل	أَفْعِلَاء	أَطِبَّا أَخِسَّا أَحِبَّا
47	فَعُول	سَمُوم مَلُول		
48	فَعِيلَة		فَعَايِل	دَلَايِل

SECTION V. — *Qualificatif hyperbolique.*

49	فَاعُولٌ		
50	فَعُولٌ		

SECTION VI. — *Nom de supériorité.*

51	أَفْعَلُ	أَخَصُّ أَقَلُّ أَذَلُّ أَشَدُّ أَحَقُّ أَنْتُمْ	
52	فُعْلَى	حُمَّى	

DIVISION II. — CHAPITRES DE DÉRIVATION.

1. تَفْعِيلٌ

53	تَفْعِيلٌ	تَشْدِيدْ تَدْقِيقْ تَحْقِيقْ تَذْلِيلْ تَتْمِيمْ	
54	تَفْعَالٌ		
55	مُفَعِّلٌ	مُشَدِّدْ مُحَرِّرْ مُدَقِّقْ مُحَقِّقْ مُتَمِّمْ	
56	مُفَعِّلَةٌ		
57	مُفَعَّلٌ	مُشَدَّدْ مُكَرَّرْ مُخَفَّفْ مُصَمَّمْ مُحَقَّقْ	
58	مُفَعَّلَةٌ		

2. مُفَاعَلَةٌ

59	مُفَاعَلَةٌ		
60	فَعَالٌ		
61	مُفَاعِلٌ		
62	مُفَاعَلَةٌ		
63	مُفَاعَلٌ		
64	مُفَاعَلَةٌ		

3. إِفْعَالٌ

N°	وزن	أمثلة
65	إِفْعَالٌ	إِخْلَالٌ إِحْسَاسٌ إِتْمَامٌ إِمْرَارٌ إِحْقَاقٌ
66	مُفْعِلٌ	مُدِرٌّ مُخِلٌّ مُهِمٌّ مُحِبٌّ مُحِثٌّ
67	مُفْعِلَةٌ	
68	مُفْعَلٌ	
69	مُفْعَلَةٌ	

4. تَفَعُّلٌ

N°	وزن	أمثلة
70	تَفَعُّلٌ	تَذَلَّلٌ تَحَقَّقٌ نَشَّتْ تَكَرَّرٌ تَضَرَّرٌ
71	مُتَفَعِّلٌ	مُتَذَلِّلٌ مُتَحَقِّقٌ مُتَشَتِّتٌ مُتَضَرِّرٌ
72	مُتَفَعِّلَةٌ	

5. تَفَاعُلٌ

N°	وزن	أمثلة
73	تَفَاعُلٌ	تَضَادٌّ
74	مُتَفَاعِلٌ	مُتَضَادٌّ
75	مُتَفَاعِلَةٌ	

6. اِفْتِعَالٌ

N°	وزن	أمثلة
76	اِفْتِعَالٌ	اِعْتِلَالٌ اِضْطِرَارٌ اِخْتِصَاصٌ اِهْتِمَامٌ
77	مُفْتَعِلٌ	مُعْتَلٌّ مُشْتَدٌّ مُضْطَرٌّ مُخْتَصٌّ
78	مُفْتَعِلَةٌ	
79	مُفْتَعَلٌ	
80	مُفْتَعَلَةٌ	

7. إِنْفِعَالٌ

81	اِنْفِعَالٌ	اِنْضِمَامْ اِنْحِلَالٌ اِنْفِكَاكْ اِنْسِلَالْ اِنْجِرَارْ
82	مُنْفَعِلْ	مُنْضَمّ مُنْحَلّ مُنْفَكّ مُنْسَلّ مُنْجَرّ
83	مُنْفَعِلَةٌ	

8. إِفْعِلَالٌ

84	إِفْعِلَالٌ	
85	مُفْعَلّ	
86	مُفْعَلَةٌ	

9. إِفْعِيلَالٌ

87	إِفْعِيلَالٌ	

10. إِسْتِفْعَالٌ

88	اِسْتِفْعَالٌ	اِسْتِبْدَادْ اِسْتِمْرَارْ اِسْتِحْقَاقْ اِسْتِقْلَالٌ
89	مُسْتَفْعِلْ	مُسْتَقِلّ
90	مُسْتَفْعِلَةٌ	
91	مُسْتَفْعَلْ	مُسْتَمِرّ مُسْتَحَقّ
92	مُسْتَفْعَلَةٌ	

§ III. *Des mots où l'une des lettres radicales est | consonne,*

et qui se nomment مَهْمُوز *affectés d'un* هَمْزَة.

787. Comme le nombre des mots qui ont un | consonne parmi leurs radicales n'est pas bien grand, nous nous contenterons d'indiquer ici les règles qui guident leurs dérivations, et d'en donner des exemples, sans détailler un tableau pour les trois cas où la première, la seconde ou la troisième radicale est un | consonne.

788. Si l'| radical se trouve au commencement d'un dérivé, il se conserve sans aucun changement. Ex. : أَزَلَ, أَبَطَ, أَبَدَ.

789. A moins que, d'après les règles de la dérivation normale, il ne soit suivi d'un | crément, voyelle de prolongation ; car alors les deux | se réunissent en un seul, qui est affecté du signe orthographique مَدّ. Ex. : آثِمٌ, آبِقٌ, pour أَأْثِمٌ, أَأْبِقٌ.

790. Si l'| radical est à la fin d'un dérivé, et si la lettre qui le précède est quiescente, l'| se supprime, et l'on écrit le signe orthographique (ء) *hamzé* sur la lettre ou à côté de la lettre qui le précède. Ex. : جُزْء, شَىْ, بُرْء.

791. Mais s'il est précédé d'une lettre qui a un son voyelle, il se change en |, و ou ى voyelles, selon que la lettre précédente a un أَسَرَه, ou أُوتُورَى, ou أَسْتُونٌ pour son voyelle. Ex. : مُبْتَدِى et مُبْتَدَأ pour مُبْتَدِأ et مُبْتَدَأ.

792. Si l'| radical se trouve placé immédiatement après un | crément qui commence un mot et qui est régi par le signe orthographique أَسْتُونٌ, les deux | se réunissent en un seul, qui prend sur lui le signe مَدّ. Ex. : آثِمٌ, آزَالٌ, آبَادٌ. pour أَأْثِمٌ, أَأْزَالٌ, أَأْبَادٌ.

793. Mais si l'| crément est régi par un أَسَرَه, l'| radical se change en ى surmonté d'un هَمْزَه. Ex. : إِثَّارْ pour إِأْثَارْ, إِتِّلَاقْ pour إِأْتِلَاقْ, إِأْتِمَانْ pour إِتِّمَانْ.

794. Le mot إِتِّخَاذْ est formé irrégulièrement de la racine أَخَذَ ; il aurait dû être écrit إِأْتِخَاذْ.

795. Quand l'ا radical se trouve placé dans une position autre que celles déjà indiquées, s'il est précédé d'une lettre qui a أَسَرَه ou أُسْتُونْ pour son voyelle, étant lui-même quiescent, il conserve sa forme dans le premier cas, et prend le signe orthographique هَمْزَه pour le distinguer de l'ا voyelle de prolongation. Ex. : مَأْكُولَاتْ, تَأْوِيلْ, تَأْبِيدْ ; et, dans le second cas, il prend la forme d'un ى surmonté aussi d'un هَمْزَه. Ex. : إِسْتِئْمَانْ et إِسْتِئْصَالْ, qui sont pour إِسْتِئْمَانْ, إِسْتِئْصَالْ.

796. S'il est précédé d'une lettre qui a أُسْتُونْ pour son voyelle, ou qui est quiescente, étant lui-même aussi régi par un أُسْتُونْ, et suivi d'un ا voyelle de prolongation, les deux ا se réunissent et prennent un مَدّ. Ex. : مَأْخَذْ, مَآرِبْ, أَرْآءَ, pour مَأْأَخِذْ, مَأْآرِبْ, أَرْأَاءَ.

797. S'il est précédé d'une lettre qui a أُسْتُونْ pour son voyelle, et s'il est lui-même régi par un أَسَرَه ou un أُوْتُورِى, il se change en ى dans le premier cas, et en و dans le second, et ces deux lettres sont alors marquées d'un هَمْزَه pour indiquer leur origine. Ex. : رَؤُوفْ, لَئِيمْ, qui sont pour رَأُوفْ et لَأِيمْ.

798. S'il est précédé d'une lettre qui a un أُوْتُورِى pour son voyelle, il se change en و surmonté d'un هَمْزَه, qu'il soit lui-même quiescent ou régi par un son voyelle. Ex. : رُؤُوسْ, مُؤْمِنْ, مُؤَبَّدْ, qui sont pour مَأْبَّدْ, رَأُوسْ, مَأْمِنْ.

799. Dans le cas où l'ا précédé d'une lettre qui a un أُوْتُورِى pour son voyelle est régi lui-même par un أُسْتُونْ, et est suivi d'un ا de pro-

longation, celui-ci s'écrit alors séparément, parce que l' ا radical se change
en و surmonté d'un هَمْزَه d'après la règle ci-dessus donnée. Ex. : مُوَاخَذَه,
مُوَّاخِذ, qui sont pour مَأْاَخَذَه et مَأْاَخِذْ.

§ IV. *Des mots où la première lettre radicale est un* و *ou un* ى,
et qui s'appellent مُعْتَلّ الْفَاء *affectés de la première radicale.*

800. *Règle.* — Ces mots sont réguliers, excepté dans ceux des dérivés
où un ا crément, régi par un أَسَرَه, se trouve placé au commencement
du mot, alors le و ou le ى radical, de consonne qu'il était, se change
en ى voyelle. Ex. : إِيصَالْ, إِيسَارْ, أَوْصَالْ, pour إِيسَارْ, إِيصَالْ.

801. Ensuite, quand la lettre ainsi changée se trouve suivie d'un ت
crément, le ى voyelle et ce ت crément se réunissent sous la forme d'un
ت avec le signe تَشْدِيدْ. Ex. : إِتّصَالْ, إِتّقَانْ, مُتّصِلْ, مُتّقِنْ, qui
sont pour إِوْتِصَالْ, إِيْتِقَانْ, مُوْتَصِلْ et مُيْتَقِنْ.

802. Il y a deux ou trois mots dérivés directement d'une racine de
cette espèce, où la première lettre est tout à fait perdue. Ex. : عِدَتْ,
صِلَه, سِعَه, qui sont dérivés, le premier de la racine وَعَدَ, le second de
وَصَلَ, et le troisième de وَسَعَ.

§ V. *Des mots où la seconde lettre radicale est un* و *ou un* ى, *et qui s'appellent* مُعْتَلّ الْعَيْن *affectés de la seconde lettre, et* أَجْوَف *concaves.*

803. TABLEAU DES FORMES DES DÉRIVÉS OÙ LA SECONDE LETTRE EST UN و OU UN ى.

RACINE.

MODÈLE.	EXEMPLES.
فَعَل	حَيْز نَيْر مَيْل زَيْن عَوْد نَوْم حَوْل كَوْن زَوْج

DÉRIVÉS.

DIVISION I.

A. I.

Numéros.	SINGULIER.			PLURIEL IRRÉGULIER.		
	Modèle.	Exemples. Avec و.	Exemples. Avec ى.	Modèle.	Exemples. Avec و.	Exemples. Avec ى.
1	فُعْل	قُوْل صُوْن عُوْن	مَيْل دَيْن عَيْب	أَفْعَال	أَنْوَار أَمْوَال أَقْوَام	أَمْيَال أَذْيَان
2	فِعْل		مِيل دِين عِيد			
3	فُعْل	طُوْل زُوْر دُون		فُعُول		‍يُور عُيُوب دُيُون
4	فَعَل	حَال نَار مَال	دَار	فَعَال		دِيَار

A. II.

№					
5	فُعْلَةٌ	غَيَّرَتْ خَيَّرَتْ نَوَّمَهُ عَوَّدَتْ دُوَّلَتْ	فُعَلٌ	دُوَلٌ	سِيَرٌ حِيَلٌ
6	فِعْلَةٌ	لَيَّنَتْ زَيَّنَتْ سَيَّرَتْ حِيَلَهُ قِيمَتٌ	فِعَلٌ		
7	فُعْلَةٌ	صُوَرَتْ	فُعَلٌ	صُوَرٌ	
8	فَعْلَةٌ	طَاعَتْ قَامَتْ حَاجَتْ			

A. III.

№					
9	فَعَالٌ	طَوَافٌ دَوَامٌ زَوَالٌ	خَيَالٌ		
10	فِعَالٌ	قِيَامٌ			
11	فُعَالٌ				

A. IV.

№					
12	فَعَالَةٌ	سِيَاحَتٌ			
13	فِعَالَةٌ	خِيَانَتٌ قِيَانَتٌ صِيَانَتٌ زِيَادَهْ دِيَانَتٌ			
14	فُعَالَةٌ				

A. V.

№	
15	فُعُولٌ
16	أَفْعَلٌ
17	أُفْعُلٌ
18	أَفْعِيلٌ
19	أُفْعُولٌ
20	فَعْلَى

21	فُعْلَى	شُورَى			
22	فَعْلَان		حَيْرَان		
23	فَعْلَان				
24	فُعْلَان				
25	فَعَلَان	دُوَرَان جَوَلَان	طَيَرَان سَيَلَان سَيَرَان		

A. VI.

26	فَعِلَة				
27	فُعُولَة				
28	فُعُولَة				
29	فَعَلُوت				
30	فَعْلُولَة	حَيْلُولَت دَيْمُومَت كَيْنُونَت			

B.

31	فُعَيْل				
32	فُعَيْلَة				

C.

33	مَفْعَل	مَذَاق مَزَار مَدَار	مَزَاد		
34	مَفْعِل	مَصِير			
35	مَفْعَلَة				
36	مَفْعِلَة		مَسِيرَه		

D.

37	مِفْعَلْ مِحْوَرْ			
38	مِفْعَالْ مِشْوَارْ مِسْوَاك مِنْوَالْ	مِقْيَاسْ		
39	مِفْعَلَة مِنَارَه			

E. I.

40	فَاعِلْ دَائِرْ زَائِلْ دَائِمْ قَائِلْ	زَايِدْ دَايِنْ	فُعَّالْ زُوَّارْ		
41	فَاعِلَة ذَائِقَه ذَائِرَه غَايِلَه	زَائِحَجه	فَوَاعِلْ دَوَائِرْ غَوَائِلْ		

E. II.

42	فَعَّالْ قَوَّالْ دَوَّارْ	طَيَّارْ عَيَّاشْ مَيَّالْ			
43	فَعَّالَة لَوَّامَه				

E. III.

44	مَفْعُولْ مَصُونْ مَقُولْ	مَعْيُوبْ مَدْيُونْ		
45	مَفْعُولَة مَقُولَه			

E. IV.

46	فَعِيلْ طَوِيلْ			
47	فَعُولْ			
48	فَعِيلَة			

E. V.

№	Mesure				
49	فَاعُولٌ				
50	فَعُّولٌ	فَيُّومٌ			

E. VI.

№	Mesure				
51	أَفْعَلُ	أَحْوَلُ أَطْوَلُ	اَلْيَقْ		
52	فُعْلَى	طُولَى			

DIVISION II.

تَفْعِيلٌ

№	Mesure				
53	تَفْعِيلٌ	تَصْوِيرٌ تَطْوِيلٌ تَقْوِيمٌ	تَغْيِيبٌ تَبْيِين تَلْيِين	تَفَاعِيلٌ	تَرَاوِيحُ تَصَاوِيرُ تَفَاوِيرُ
54	تَفْعَالٌ		تَسْيَارٌ تَبْيَان		
55	مُفَعِّلٌ	مُصَوِّرٌ	مُلَيِّن مُبَيِّن		
56	مُفَعَّلَةٌ				
57	مُفَعَّلٌ	مُحَوَّلٌ مُطَوَّلٌ	مُخَيَّرٌ		
58	مُفَعَّلَةٌ	مُسَوَّدَه			

مُفَاعَلَةٌ

№	Mesure				
59	مُفَاعَلَةٌ	مُقَاوَمَتْ مُعَاوَنَتْ مُقَاوَلَه	مُبَايَنَتْ		مُعَايَدَه مُزَايَدَه
60	فِعَالٌ	عِيَاذٌ	قِوَامٌ		
61	مُفَاعِلٌ	مُعَاوِن	مُبَايِن		
62	مُفَاعَلَةٌ				
63	مُفَاعَلٌ				
64	مُفَاعَلَةٌ				

№	وزن				
			افْعَالْ		
165	افْعَالْ	إرَادَه إذَارَه إقَامَه إعَانَه	إطَارَه إفَاضَه		
166	مُفْعِلْ	مُرِيدٌ مُدِيرٌ مُقِيمٌ مُعِينٌ	مُبِينٌ		
167	مُفْعَلَةٌ				
168	مُفْعَلْ	مُطَاعٌ مُحَالٌ مُرَادٌ			
169	مُفْعَلَةٌ				
			تَفَعَّلْ		
170	تَفَعَّلْ	تَزَوُّجْ تَمَوُّلْ تَصَوُّرْ	تَبَيُّنْ تَحَيُّرْ تَخَيُّلْ		
171	مُتَفَعِّلْ	مُتَمَوِّلْ	مُتَدَيِّنْ مُتَحَيِّرْ		
172	مُتَفَعِّلَةٌ		مُتَخَيِّلَه		
			تَفَاعُلْ		
173	تَفَاعُلْ	تَعَاوُنْ	تَزَايُدْ		
174	مُتَفَاعِلْ	مُتَدَايِرْ	مُتَزَايِدْ		
175	مُتَفَاعِلَةٌ				
			افْتِعَالْ		
176	افْتِعَالْ	احْتِيَاجْ ازْدِوَاجْ اشْتِيَاقْ	ازْدِيَادْ		
177	مُفْتَعِلْ				
178	مُفْتَعِلَةٌ	مُحْتَاجْ مُزْدَوِجْ مُشْتَاقْ	مُزْدَادْ		
179	مُفْتَعَلْ				
180	مُفْتَعَلَةٌ				

إِنْفِعَالْ

81	إِنْفِعَالْ	إِنْسِيَاقْ			
82	مُنْفَعِلْ	مُنْسَاقْ			
83	مُنْفَعَلَة				

اِفْعِلَالْ

84	اِفْعِلَالْ	اِسْوِدَاذْ			
85	مُفْعَلّْ				
86	مُفْعَلَّة	مُسْوَدَّه			

اِفْعِيلَالْ

87	اِفْعِيلَالْ	اِسْوِيدَاذْ			

اِسْتِفْعَالْ

88	اِسْتِفْعَالْ	اِسْتِخَارَه اِسْتِقَامَتْ	اِسْتِحَالَه اِسْتِقَامَتْ	اِسْتِخَارَه اِسْتِدَانَه		
89	مُسْتَفْعِلْ	مُسْتَفِيضْ	مُسْتَنِيرْ مُسْتَقِيمْ		
90	مُسْتَفْعَلَة				
91	مُسْتَفْعَلْ	مُسْتَشَارْ	مُسْتَبَانْ		
92	مُسْتَفْعَلَة				

804. *Remarques.* — Ainsi qu'on le voit dans le tableau ci-dessus, aux numéros 6, 10, 13, 30, 40, 50, 60, 66, 74, 76, 81 et 89, le و radical se change quelquefois ى, voyelle ou consonne, ou en هَمْزَة; quelquefois aussi il se change en ا voyelle de prolongation, ce qui se voit aux numéros 4, 8, 33, 39, 65, 68, 78, 82, 88 et 91; et aux numéros 44 et 45, il est changé en و voyelle de prolongation. Aux numéros 2, 6, 36, 66 et 89, le ى radical est changé en ى voyelle de prolongation; et aux numéros 4, 33, 78 et 91, il est changé en ا de prolongation. Des transpositions de signes orthographiques ont lieu dans quelques numéros, et dans le cas des deux lettres. Toutes ces divergences s'apprendront plus facilement par le recours au tableau et aux dictionnaires, que par un exposé détaillé des règles arabes qui produisent ces irrégularités.

§ VI. *Des mots où la troisième lettre radicale est un* و *ou un* ى, *et qui s'appellent* مُعْتَـلّ ٱللَّام *affectés de la troisième radicale, et* نَاقِـص *défectueux.*

805. *Règle.* — Le و et le ى se trouvent quelquefois changés en ا voyelle, et quelquefois aussi en ى voyelle; tous deux sont quelquefois supprimés, ou représentés par un هَمْزَة; les signes voyelles réguliers qui affectent ces lettres sont changés pour d'autres dans quelques cas; mais ils ne sont jamais transposés, hormis le cas du و, au numéro 7. La forme du numéro 53 se change de تَـفْعِيل en تَفْعَلَه.

803. TABLEAU DES FORMES DES DÉRIVÉS OÙ LA TROISIÈME LETTRE RADICALE EST UN و OU UN ى.

RACINE.

MODÈLE.	EXEMPLES.	
فَعَل	علَوُ رشَوُ ذكَوُ دعَوُ لفَوُ	جرَى عضَى بنَى جزَى رمَى

DÉRIVÉS.

DIVISION I.

A. I.

Numéros.	Modèle.	SINGULIER. Exemples. Avec و.	Avec ى.	Modèle.	PLURIEL IRRÉGULIER. Exemples. Avec و.	Avec ى.
1	فَعَل	لهَو سهَو محَو لغَو	سعَى سبَى وحَى رمَى	أَفعَال	أَعضَا	أَثنَا
2	فَعَل					
3	فُعَل	عُضبو				
4	فَعَل	عَصَا	وغَا			

A. II.

Numéros.	Modèle.	Avec و.	Avec ى.		
5	فَعلَة	قسَمَوت خلَوت دعَوت	لحَيَه قرَيَه		
6	فِعلَة	كسَوت قدَوت رشَوت	حلَيَه خصَيَه جزَيَه		
7	فُعلَة	عرَوت لغَت	كنَيَه بنَيَه		
8	فَعلَة	نجَات صلَات ذكَات			

A. III.

#	مِثَال			أَفْعِلَه	أَدْعِيَه	أَبْنِيَه
9	فَعَالٌ	صَفا شَقا بَها ذَكا	بَقا وَفا جَزا بَلا			
10	فَعَالٌ	زَنا رِجْل رِضا جِلا	رِدا شِفا شِرا بِنا	أَفْعِلَه	أَدْعِيَه	أَبْنِيَه
11	فُعَالٌ	ضُحَا دُعا	بُكا			

A. IV.

#	مِثَال		
12	فَعَالَةٌ	صَباوَتْ قَساوَتْ عَداوَتْ	
13	فَعَالَةٌ	جِبايَتْ تِلاوَتْ شِكايَتْ	رِعايَتْ عِنايَتْ كِفايَتْ
14	فُعَالَةٌ		

A. V.

#	مِثَال		
15	فُعُولٌ	نُمُوّ عُتُوّ سُمُوّ عُلُوّ	
16	إِفْعَلٌ		
17	أُفْعُلٌ		
18	إِفْعِيلٌ		
19	أُفْعُولٌ		
20	فَعْلَى	سَلْوَى شَكْوَى دَعْوَى	فَتْوَى
21	فُعْلَى		رُؤْيا
22	فَعْلانٌ		
23	فِعْلانٌ	رِضْوانْ	نِسْيانْ شِرْبانْ عِصْيانْ
24	فُعْلانٌ	عُنْوانْ	طُغْيانْ عُرْيانْ بُنْيانْ
25	فَعَلانٌ	عَدْوانْ خَشْيانْ غَشْيانْ	جَرَيانْ

A. VI.

26	فَعِيلَة	عَطِيَّه	رَعِيَّت بَقِيَّه	فَعَايِل	عَطَايَا	رَعَايَا بَقَايَا
27	فُعُولَة					
28	فُعُولَة	أُبُوَّت	بُنُوَّت فُتُوَّت			
29	فَعَاوَت					
30	فَعَاوِلَة					

B.

31	فُعَيِّل	ثُرَيَّا				
32	فُعَيِّلَة					

C.

33	مَفْعَل	مَنْشَا مُوسَا	مَرْعَا مَحْجَرا	مَفَاعِل	مَرَابِى	مَشَاعِى مَعَاصِى مَحَاجَارِى
34	مَفْعِل					
35	مَفْعَلَة					
36	مَفْعَاة		مَعْصِيَت			

D.

37	مِفْعَل			مَفَاعِل	مَلَاهِى	
38	مِفْعَال					
39	مِفْعَلَة	مِشْكَات				

E. I.

№						
40	فاعِل	عالِى ذاعِى راخِى	باقِى قاضِى جارِى	فُعْلَة	بُغاتْ غُزاتْ	عُصاتْ قُضاتْ
41	فاعِلَة	بادِيَه غاشِيَه داعِيَه	ماشِيَه حاشِيَه جارِيَه	فَواعِل	غَواشى دَواعِى	مَواشى حَواشى

E. II.

№						
42	فَعّال					
43	فَعّالَة					

E. III.

№						
44	مَفْعُول	مَرْجُو مَدْعُو مَرْضِى	سُخْفِى مَعْنِى مَرْمِى مَرْضِى			مَعانِى
45	مَفْعُولَة		مَعْصِيَّت مَحْمِيَّة			مَناهِى مَعاصِى

E. IV.

№						
46	فَعِيل	صَفِى صَبِى عَلَى	خَفِى سَبِى غَنِى	أَفْعِلاء	أَصْفِيا أَشْقِيا	أَغْنِيا
47	فَعُول	عُفُوّ عَدُوّ				
48	فَعِيلَة	مَزِيَّه عَطِيَّه	قَضِيَّه بَلِيَّه اُذِّيَت	فَعايِل	مَزايا عَطايا	هَدايا سَبايا قَضايا بَلايا

E. V.

№						
49	فاعُول					
50	فَعُّول					

E. VI.

№						
51	أَفْعَل	أَقْصَى أَعْلَى	أَفْعَى أَحْرَى أَعْمَى	أَفاعِل		أَفاعِى
52	فُعْلَى					

DIVISION II.

تَفْعِيـلْ

No.			
53	تَفْعِيلْ	نُخْلِيَه نَوْرِبِيَه نَوْضِيَه	تَعْزِيَه تَطْلِيَه تَثْنِيَه
54	تَفْعَالْ		
55	مُفَعَّلْ	مُرَتِّبى	
56	مُفَعَّلَةْ		
57	مُفَعِّلْ	مُجَلَّا مُقَفَّا مُسَمَّا	مُعَزَّا مُطَلَّا مُثَنَّا
58	مُفَعَّلَةْ		مُثَنَّاتْ

مُفَاعَلَةْ

No.			
59	مُفَاعَلَةْ	مُحَاكَاتْ مُعَاصَاتْ مُجَازَاتْ مُصَافَاتْ مُعَاطَاتْ مُبَاهَاتْ	
60	فِعَالْ	عِطَا	كِرَّا
61	مُفَاعِلْ	مُحَاذِى مُبَاهِى	نَكَارِى مُحَاكِى
62	مُفَاعَلَةْ		
63	مُفَاعَلْ		
64	مُفَاعَلَةْ		

إِفْعَالْ

No.			
65	إِفْعَالْ	إِصْفَا إِجْلَا إِرْضَا	إِخْفَا إِفْتَا إِبْقَا
66	مُفْعِلْ		مُفْتِى
67	مُفْعِلَةْ		
68	مُفْعَلْ		
69	مُفْعَلَةْ		

تَفَعُّل

N°	Forme	Exemples
70	تَفَعَّل	تَحَرَّى تَصَدَّى تَرَقَّى تَسَلَّى تَشَكَّى تَجَلَّى
71	مُتَفَعِّل	مُتَحَرِّى مُتَصَدِّى مُتَرَقِّى مُتَسَلِّى مُتَشَكِّى مُتَجَلِّى
72	مُتَفَعَّلَة	

تَفَاعُل

N°	Forme	Exemples
73	تَفَاعَل	تَحَاشَى تَعَامَى تَرَامَى تَلَافِى تَنَالِى تَرَاضِى
74	مُتَفَاعِل	مُتَنَاهِى مُتَلَاقِى مُتَعَالِى مُتَنَالِى مُتَرَاضِى
75	مُتَفَاعَاة	

اِفْتِعَال

N°	Forme	Exemples
76	اِفْتِعَال	اِهْتِدَا اِعْتِنَا اِكْتِفَا اِبْتِغَا اِرْتِضَا اِدِّعَا
77	مُفْتَعِل	مُحْتَفِى مُهْتَدِى مُكْتَفِى مُقْتَفِى مُرْتَشِى مُدَّعِى
78	مُفْتَعَلَة	
79	مُفْتَعَل	مُبْتَلًا مُهْتَدًا مُعْتَنًا مُبْتَغًا مُدَّعًا مُرْتَضًا
30	مُفْتَعَلَة	

اِنْفِعَال

N°	Forme	Exemples
31	اِنْفِعَال	اِنْقِضَا اِنْبَغَا اِنْحَنَا
32	مُنْفَعِل	مُنْقَضِى مُنْحَنِى
35	مُنْفَعَلَة	

إِفْعِلَالٌ

84	اِفْعِلَالٌ			
85	مُفْعَلٌّ			
86	مُفْعَلَّة			

إِفْعِيلَالٌ

87	اِفْعِيلَالٌ			

اِسْتِفْعَالٌ

88	اِسْتِفْعَالٌ	اِسْتِدْعَا اِسْتِرْشَا	اِسْتِسْقَا اِسْتِغْنَا	
89	مُسْتَفْعِلٌ	مُسْتَرْشِى	مُسْتَسْقِى مُسْتَغْنِى	
90	مُسْتَفْعِلَة			
91	مُسْتَفْعَلٌ	مُسْتَرْجَا مُسْتَدْعَا		
92	مُسْتَفْعَلَة			

§ VII. Des mots dérivés des racines où se trouvent plusieurs des lettres
ا, و *ou* ى, *ou dans la composition desquels entre une de ces lettres*
avec toute autre répétée.

807. Les règles relatives à ces mots sont les combinaisons des différentes règles déjà données ; mais, comme le nombre de ces mots est nécessairement très-borné dans chaque catégorie, nous nous contenterons d'en
donner quelques exemples, et nous renvoyons l'étudiant au dictionnaire
pour la solution des difficultés qu'il ne pourra pas surmonter autrement.
Ex. : 8 حَيَات, 22 حَيَوَان, 65 إِحْيَا, 66 مُحِى, provenant tous
de la racine حَيَوُ ; — 4 سَوَا, 26 سَوِيَه, 53 تَسْوِيَه, 59 مُسَاوَات,
أَوْب 1 — ; سَوَى de provenant, مُتَسَاوِى 74, تَسَاوِى 73, مُسَاوِى 61
رَأَى 1 — ; أَوَى, إِيوَا 65, مَأْوَى de 33 — ; أَوْب; de, مَآب 32
رَاوِى 40, رِوَايَت, de — 13 ; رَأَى de, إِرَائَه 65, مَرئِى, رُؤْبَت 7
مَوْلَى 44, وُلَات pl. وَالِى 40, وِلَايَت 13, وُلَا 4 — ; رَوَى de, مَرْوِى 44
أَمَت 7, أُمّ 3 — ; وَلِى de, مُتَوَلِّى 71, تَوَلِّى 70, مُوَلّى 57, تَوْلِيَت 53
10 إِمَام, 13 إِمَامَت, 53 تَأْمِيم, provenant de أَمَم.

808. A l'aide de ces exemples, il faut espérer que ce sujet ne présen-
tera pas beaucoup de difficultés, mais que l'étudiant saura facilement, avec
un peu de pratique, tracer l'affinité étymologique de tout mot arabe provenant d'une racine trilitère.

§ VIII. Des formes des dérivés des racines quadrilitères.

809. Comme le nombre des mots arabes quadrilitères en usage dans
la langue ottomane est très-borné, il est inutile d'en retracer toutes les
formes possibles ; mais il convient d'en donner ici les principales, qui sont
les suivantes.

810. TABLEAU DES FORMES DES DÉRIVÉS QUADRILITÈRES.

DIVISION I.

DÉRIVANT DE LA RACINE.

Nos.	Modèle.	Exemples.	Forme générale de pluriel irrégulier.	Exemples.
1	فَعْلَلْ	بَرْزَخْ		
2	فَعْلَلَة	بَسْمَلَه		
3	فُعْلَلْ	بُرْقُع		بَرَاهِين
4	فُعْلَالْ	بُرْهَان		بَرَادِى
5	فُعْلُولْ	بُرْغُوثْ	فَعَالِيـلْ	بَرَاطِيلْ
6	فَعَالِيلْ	بُرِّيَه		بَرَاجِيم
7	فِعْلِيلْ	بِرْطِيلْ		نَرَاجِيم
8	فُعْلَلَة	بُرْجُمَه		بَرَانِيس
9	فُعْلَلْ	بُرْنُس		

DIVISION II.

تَفَعْلَلْ

Nos.	Modèle.	Exemples.		
10	تَفَعْلَلْ	تَبَصْبَص		
11	مُتَفَعْلَلْ	مُتَبَصْبِص		

§ IX. *De quelques autres mots arabes dérivés.*

811. Il y a encore deux espèces de dérivés secondaires qui peuvent être formés de toute sorte de mots.

812. Le premier est un nom adjectif de rapport ou de relation, qui se forme en ajoutant au mot un ى régi d'un تَشْدِيد (n° 120 a) avec un أَسْرَه à la dernière lettre, si elle est quiescente. Ex. : ضَبْطِىّ de police, بَحْرِىّ maritime, زَمَانِىّ temporel, بَرِّىّ de terre, ظُهُورِىّ accidentel, بَرْزَخِىّ de l'enfer, des limbes, etc.

813. Si sa dernière lettre a un son voyelle, elle le conserve quelquefois, et alors on ajoute un و consonne avec un أَسْرَه pour son voyelle avant le ى. Ex. : شِتَوِىّ d'hiver, de شِتَا hiver; بَصْرَوِىّ de Basra, de بَصْرَه Basra. Il est quelquefois supprimé, et alors on suit la première règle.

814. Ce dérivé a son féminin et ses pluriels masculin et féminin.

815. Le second dérivé provient du premier par l'addition au ى d'un ت et d'un أَسْتُون; c'est un nom abstrait de la qualité de rapport ou de relation. Ex. : بَحْرِيَّتْ qualité relative à la mer, à la marine, زَمَانِيَّتْ temporalité.

§ X. *De la valeur des différentes formes de dérivés arabes.*

816. Les formes des deux premières catégories, marquées A. I. et A. II. dans les tableaux ci-dessus donnés, et les formes فَعَلَانْ, فُعُولْ, فَعْلُولَه, فَعَلُوتْ et فَعَلَانْ, فَعْلَانْ, فِعْلَانْ, sont autant de différentes formes de nom verbal ou nom d'action, et se traduisent en français tantôt par un infinitif, tantôt par un nom. Ex. : ضَبْط restreindre, et gouvernement; ذِكْر réciter, et mention; عُنْفّ vive force; نَظَر regarder, et regard; ظُهُور sortir, paraître, et sortie, apparition; بَرْقَانْ luire, et éclair; حِدْثَانْ arriver par hasard, et accident; سُلْطَانْ domination, et empereur; خَفَقَانْ palpiter, et palpitation de cœur; جَبَرُوتْ être puissant, et toute-puissance; حَيْلُولَتْ intervenir, et intervention.

817. Les formes de la classe A. III., et les dérivés de racines quadri-litères, sont en général des noms substantifs, ainsi que les formes إفْعَلْ, فَعُولَه et فَعِيلَه, فَعْلَى, فَعْلَى, أَفْعُولْ, إفْعِيلْ, أَفْعَلْ, de même que quelques mots appartenant aux deux premières catégories. Ex. : جَنَاح aile, دِمَاغ palais de la bouche, بُخَار vapeur, إشْكِل difficulté, أَصْبَع doigt, إبْرِيق aiguière, أَسْلُوب façon, بَغْضَا rancune, بُشْرَى bonne nouvelle, وَسِيلَه excuse, moyen, ou prétexte pour faire une action que l'on veut faire, بَعُوضَه mouche, بَرْزَخ enfer, بُرْقَع voile, بُرْهَان preuve, بِرْطِيل présent corrupteur, بُرْنُس espèce de manteau, بَرّ la terre, بَحْر la mer, جَبَلْ montagne.

818. Les formes de là classe A. IV, et celle de فَعُولَه, sont des noms abstraits des qualités exprimées par les noms adjectifs qui sont des formes فَعُولْ et فَعِيلْ. Ex. : رَذِيلْ vil, bas, رَذَالَت bassesse; زَعِيم feudataire, زَعَامَت état de feudataire, et domaine féodal; خَشِين âpre, خَشُونَت âpreté.

819. Les formes فُعَيْل et فُعَيْلَه s'emploient pour désigner des choses diminutives; mais l'usage en est rare dans la langue ottomane. Le nom حُسَيْن est le diminutif de حَسَن, et signifie joli petit homme.

820. Les formes مَفْعَلْ, مَفْعِلْ, مَفْعَلَه et مَفْعِلَه ont trois emplois différents, savoir :

821. 1º Celui de désigner généralement le lieu où une action se fait. Ex. : مَكْتَب lieu d'enseignement de l'écriture, مَنْزَل lieu où l'on s'arrête, مَأْخَذ lieu où une chose se trouve, d'où elle se prend, son origine.

822. 2º Celui de désigner le temps où une action a lieu; mais on l'emploie très-rarement en ce sens dans la langue ottomane.

823. Et 3º, elles sont quelquefois des noms verbaux. Ex. : مَفْسَدَت intrigue, مَكِيدَه fraude, مَحَبَّة amour, amitié.

824. Les formes فَعَلٌ, مِفْعَالٌ et مِفْعَلَه, désignent l'instrument avec lequel une action se fait. Ex. : مِقْرَاضٌ *ciseaux, instrument pour tondre ;* مِصْقَلَه *polissoir, fourbissoir, instrument pour polir, fourbir.*

825. Les formes فَاعِلٌ et فَاعِلَه sont des appellations pour l'agent masculin et féminin qui fait l'action désignée par le nom verbal auquel elles se rapportent ; elles correspondent au participe présent ou actif français, et sont quelquefois adjectifs et quelquefois substantifs. Ex. : ضَابِطٌ *officier, celui qui gouverne ;* نَاظِرٌ *surintendant, celui qui regarde ;* عَاقِلٌ آدَمٌ *homme sage ;* أَحْوَالٌ حَاضِرَه *les circonstances actuelles.*

826. Les formes فَعَّالٌ et فَعَّالَه désignent celui qui fait souvent, ou habituellement, l'action indiquée par le nom verbal auquel elles se rapportent : la plupart des noms d'artisans et de marchands sont de cette forme. Ex. : بَقَّالٌ *vendeur de légumes secs,* عَطَّارٌ *vendeur d'odeurs,* نَجَّارٌ *charpentier,* مَلَّاحٌ *matelot,* عَلَّامٌ *qui sait tout,* غَدَّارٌ *très-injuste.*

827. Les formes مَفْعُولٌ et مَفْعُولَه désignent l'objet ou le patient qui souffre l'action exprimée par le nom verbal auquel elles se rapportent ; elles correspondent au participe passé en français. Ex. : مَذْكُورٌ *mentionné,* مَذْكُورَه *mentionnée, dont ou de qui mention a été faite ;* مَقْتُولٌ *tué,* مَقْتُولَه *tuée ;* مَخْتُومٌ *scellé,* مَخْتُومَه *scellée.*

828. Les formes فَعِيلٌ, فَعُولٌ et فَعِيلَه, désignent celui qui fait ou qui possède, simplement ou au plus haut degré, l'action ou la qualité exprimée par le nom verbal auquel elles se rapportent. Ex. : عَلِيمٌ *très-savant,* قَدِيرٌ *tout-puissant,* طَوِيلٌ *long,* نَظِيرٌ *semblable,* نَدِيمٌ *compagnon intime.*

829. Elles sont donc une espèce de participe présent ; mais il y a aussi parmi elles des participes passés, car قَتِيلٌ veut dire *homme tué, assassiné.*

830. Les formes فَعُّولٌ et فَاعُولٌ sont des adjectifs d'exagération peu usités. Ex. : بَاحُورٌ *chaud de la chaleur des canicules*, قَيُّومٌ *celui qui existe nécessairement et de lui-même*.

831. Les formes اَفْعَلُ et فُعْلَى sont des adjectifs comparatifs et superlatifs. Ex. : اَعْلَى *plus, ou le plus haut*; اَفْضَلُ *plus, ou le plus excellent*; اُولَى *plus, ou la plus première*; طُولَى *plus, ou la plus longue*.

832. Les formes تَفْعِيلٌ et تَفْعَالٌ sont des noms verbaux causatifs ou transitifs. Ex. : تَكْدِيرٌ *l'action de causer du chagrin*, تَسْيَارٌ *l'action de faire aller*, تَحْمِيلٌ *l'action de faire porter, de charger*, تِمْثَالٌ *l'action de faire ressembler*.

833. Quelquefois elle désigne *l'action d'estimer* de quelque manière. Ex. : تَعْظِيمٌ *estimer grand, révérer, vénération*; تَكْرِيمٌ *estimer noble, honorer*.

834. Les formes مُفَاعَلَه et فِعَالٌ sont des noms verbaux qui désignent en général une action réciproque. Ex. : مُكَاتَبَه *correspondre par lettres*, مُجَادَلَه *se disputer mutuellement*.

835. Mais quelquefois elles ne sont que de simples noms verbaux actifs. Ex. : عِطَا *donner*, مُلَازَمَتْ *être toujours auprès de, attaché à, une chose*.

836. La forme اِفْعَالٌ est un nom verbal, quelquefois causatif. Ex. : اِعْزَامْ *faire partir*, اِغْفَالٌ *rendre insouciant*.

837. Elle est quelquefois simplement active. Ex. : اِعْطَا *donner*, اِرْسَالٌ *envoyer*.

838. Les formes تَفَعُّلٌ et تَفَعْلُلٌ sont des noms verbaux généralement réfléchis ou neutres. Ex. : تَعَظُّمْ *grandir, se croire grand, être orgueilleux*; تَقَطُّرْ *égoutter, couler goutte à goutte*; تَبَصْبُصْ *être cajoleur, caressant*.

839. Quelquefois, cependant, elle prend une signification active. Ex. : تَمَنَّى *demander en priant*, تَجَسَّس *rechercher*.

840. La forme تَفَاعُل est un nom verbal, quelquefois réciproque. Ex. : تَضَادّ *être mutuellement contraire*, تَقَابُل *être mutuellement opposé, vis-à-vis*.

841. Elle est quelquefois réfléchie ou neutre. Ex. : تَزَايُد *accroître*, تَدَافُع *repousser loin de soi*.

842. Et quelquefois encore elle a la signification de *feindre de faire une action*. Ex. : تَمَارُض *feindre d'être malade*, تَجَاهُل *feindre d'être ignorant*.

843. La forme اِنْفِعَال est en général le nom verbal passif qui correspond à l'action exprimée par le nom verbal actif dérivant directement de la même racine, ou rarement par celui de l'une des formes تَفْعِيل, إِفْعَال, مُفَاعَلَة. Ex. : كَسْر *l'action de casser*, إِنْكِسَار *l'action ou l'état d'être cassé*.

844. La forme اِفْتِعَال est en général neutre ou réfléchie. Ex. : اِنْتِظَار *être en suspens, attendre, attente*.

845. Les formes اِفْعِلَال et اِفْعِيلَال sont des noms abstraits de qualités, dont la dernière dénote l'intensité. Ex. : اِسْوِدَاد *noirceur*, اِسْوِيدَاد *intense noirceur*; اِعْوِجَاج *courbure*, اِعْوِيجَاج *grande courbure*.

846. La forme اِسْتِفْعَال est un nom verbal qui indique quelquefois une action ou un état d'être. Ex. : اِسْتِعْمَال *se servir de*, اِسْتِقْلَال *indépendance*.

847. Quelquefois elle exprime le désir qu'une action soit faite, ou en tâchant de la faire soi-même, ou en priant un autre de la faire. Ex. : اِسْتِنْطَاق *tâcher d'attirer*, اِسْتِحْصَال *tâcher de se procurer*, اِسْتِجْلَاب *questionner, prier de parler*, اِسْتِرْحَام *demander une grâce*.

848. D'autres fois elle indique l'idée qu'on se forme d'une chose.
Ex. : إِسْتَحْقَارْ *trouver vil, regarder comme vil,* إِسْتِثْقَالْ *trouver ennuyeux, regarder comme ennuyeux.*

849. Le nom d'agent de chacun de ces chapitres de dérivation est le
participe actif ou présent correspondant au nom verbal d'où il dérive, et
la considération de sa nature ne peut présenter aucune difficulté.

850. Il est cependant à remarquer que, dans le nom d'agent de chacun
des chapitres, la seconde lettre radicale a toujours un أَسْرَه pour son
voyelle, ce qui le distingue du nom de patient du même chapitre. Ex. :
مُرَتِّبْ *qui arrange,* مُحَقِّقْ *qui découvre la vérité,* مُلْتَزِمْ *entrepreneur,*
مُثْبِتْ *qui prouve,* مُسْتَرْشِى *qui cherche à corrompre.*

851. Le nom de patient, et celui de temps et de lieu, sont de la
même forme dans les chapitres de dérivation ; mais l'emploi de cette forme
comme nom de temps et de lieu est très-rare.

852. Dans tous ces noms, qui, dans leur première acception, sont
les participes passifs correspondant aux noms verbaux dont ils dérivent, la
seconde lettre radicale a toujours un أَسْتُون pour son voyelle. Ex. :
مُرَتَّبْ *arrangé,* مُحَقَّقْ *dont la vérité est constatée,* مُلْتَزَمْ *entrepris,*
مُثْبَتْ *prouvé,* مُسْتَخْدَمْ *employé.*

853. Il y a quelques rares exemples du nom de patient du chapitre
تَفَعُّلْ, tels que مُتَنَفَّلْ *qu'on demande en priant,* de تَمَنَّى *demander en
priant, demande, prière.*

CHAPITRE QUATRIÈME.

DE LA COMPOSITION DES MOTS.

854. Il n'y a dans la langue ottomane presque point de règle de composition dérivée du turc.

855. La seule, à l'exception de la composition des verbes à l'aide des auxiliaires, qu'on peut appeler de ce nom, est celle par laquelle on ajoute une syllabe euphonique avant quelques adjectifs, pour exprimer l'idée de perfection de qualité. Ex. : بتون *entier,* بِسْبتُون *tout entier;* صَايْصَارِى *jaune,* صَايْصَارِى *tout jaune;* يُوالَق *rond,* يُسْيُوالَق *tout à fait rond.*

856. Le mot أَكْ (كْ *sourd*), employé pour renforcer l'expression superlative des adjectifs (n° 212), entre peut-être dans cette catégorie.

857. La composition de mots n'entre pas non plus dans le génie de la langue arabe.

858. Cependant il y a des épithètes complexes arabes que le persan et l'ottoman ont empruntées de cette langue, et qui y sont considérées comme des mots composés.

859. Tels sont les mots صَاحِبْقِرَان *l'homme du siècle,* وَلِى نِعْمَت *bienfaiteur,* qui sont composés de deux noms substantifs.

860. Telles sont encore les épithètes qualificatives qui sont formées de l'un des mots ذُو , ذِى , ذَاتْ , أَهْلْ et أَرْبَابْ , suivi d'un substantif, ou du mot privatif غَيْر suivi d'un adjectif. Ex. : ذُوذَنَابَه *comète,* ذِى حَيَاتْ *vivant,* أَرْبَاب مَسْنَدْ *les dignitaires,* ذَاتُ الْجَنْبْ *la pleurésie,* أَهْلِ عِرْضْ *honnête,* غَيْر مَحْدُودْ *illimité.*

861. Telles sont aussi les épithètes privatives formées du mot لا suivi d'un mot qui commence presque toujours par un ى, c'est-à-dire, d'un verbe arabe à l'aoriste. Ex. : لايُحْصَا *innombrable*, لايَمُوت *immortel*.

862. Une autre espèce d'épithète arabe composée consiste en un adjectif suivi d'un substantif avec l'article أَلْ. Ex. : ضَعِيفُ الْآيَاذ *faible de mains, impuissant*, قَوِيُّ الْبُنْيَان *solide de construction*, أَبَدِيّ الدَّوَام *de durée éternelle, éternel de durée*.

863. Mais la langue persane, au contraire, est constituée, à cet égard, comme l'anglais et l'allemand, et admet beaucoup de différentes espèces d'épithètes composées. Elle a même assujetti l'arabe à son génie, et la langue ottomane a emprunté d'elle toutes ces grâces, les a cultivées et perfectionnées, et en a encore ajouté de nouvelles.

864. Il y a d'abord des noms substantifs composés, qui consistent en un adjectif suivi d'un simple substantif. Ex. : خُوشَاب (eau douce) *sorbet*, سِيپَا (trois pieds) *trépied*, دُوشَاخَه (deux branches) *pilori*.

865. Les épithètes qui servent tantôt comme substantifs et tantôt comme adjectifs, se composent :

866. 1° De deux substantifs qui sont tous deux arabes ou persans, ou dont l'un est arabe et l'autre persan, et dont l'un est quelquefois un nom propre. En traduisant celles-ci en français, il faut en renverser l'ordre et introduire la préposition *de* entre les deux mots; ex. : دَوْلَتْمَآب (re-traite de la fortune) *fortuné*, شَكَرْلَب (lèvres de sucre) *jeune demoiselle*, عَذَالَتْ دَسْتْكَاه (comptoir de la justice) *juste*; ou il faut introduire le mot *comme*, et faire précéder le tout par la préposition *de* ou *à*; ex. : أَنْجُمْ سِپَاه dont *les armées sont* comme *les étoiles*, زُهْرَه جَبِينْ au *front* comme *Vénus*, جَمْ جَنَاب d'une *majesté* comme *Djem*, أَصَفْ تَدْبِيرْ d'une *habileté à diriger les affaires* comme *Asaf*.

867. 2° De deux substantifs, avec la syllabe تَا, un ا, ou un تْ, introduit entre eux. Ex. : سَرَاپَا *de pied en cap,* سَرْتَاسَر ou سَرْتَاسَر *d'un bout
à l'autre.* Avec les mots رُوز *jour* et شَبْ *nuit,* on fait شَبَانْرُوز *nuit
et jour.*

868. 3° D'un substantif deux fois répété, avec ou sans ا interposé.
Ex. : چَاكُچَاكْ et چَاكَاچَاكْ *plein de bruit, de tumulte; cliquetis
d'armes, confusion, désordre, ruine.*

869. 4° D'un substantif deux fois répété avec une préposition inter-
posée. Ex. : سِينَه بَسِينَه *sein à sein,* پَیْدَرْپَی *pas à pas, graduel,*
دَسْتْ بَرْدَسْتْ *main sur main.*

870. 5° D'un substantif avec un adjectif, et alors quelquefois le
substantif se met le premier, et quelquefois aussi, mais plus souvent,
l'adjectif précède. Ex. : دِلْ تِشْنَه ou تِشْنَه دِلْ *à cœur altéré, qui désire
se rafraîchir;* سُبُكْپَای *à pied léger, prompt à la course;* شِيرِينْكَارْ *de
manières douces,* نِكُونْسَرْ et سَرْنِبْكُونْ *renversé, tête en bas.*

871. 6° Par un substantif suivi d'un participe actif persan. Ex. :
سِينَهسُوز *qui brûle le sein,* دِلْسُوز *qui brûle le cœur,* چَارَهسَازْ *qui fait
des remèdes,* گُهَرْبَارْ *qui répand des perles,* جَهَانْافْرُوز *qui éclaire le
monde,* كَهْرُبَا (qui saisit des brins de paille) *l'ambre jaune.*

872. 7° Par un substantif suivi d'un participe passif arabe ou persan.
Ex. : جَهَانْ مُطَاعْ *obéi par le monde entier,* زَرْبَافْتْ *tissu d'or,* أَمُورْدِيدَه
et كَارْدِيدَه *expérimenté, qui a de l'expérience* (qui a vu des affaires),
سَرْمَادِيدَه (qui a vu l'hiver) *transi de froid.*

873. 8° Des épithètes de compagnie, d'ensemble, se forment du mot
هَمْ *ensemble,* suivi d'un substantif. Ex. : هَمْ آشِيَانَه *du même nid, compagnon de nid;* هَمْشِيرَه *compagne de lait, sœur;* هَمْجِنْس *compagnon
d'espèce, de la même espèce;* هَمْشَهْری *de la même ville.*

874. 9° Des épithètes de similitude se forment en ajoutant la syllabe وَش à un nom. Ex. : مَهْـوَش (qui ressemble à la lune) *belle femme*, پری وَش *comme une fée*.

875. 10° Des épithètes de couleur se forment en ajoutant l'une des syllabes فَام, رَنْك, كُون, à un nom ou à un adjectif de couleur. Ex. : كُلْكُون *couleur de rose*, كَنْدُمْكُون *couleur de blé, brun*, سَبْزَرَنْك ou زُمُرّدْفَام *vert, couleur de la verdure, de l'émeraude*.

876. 11° Les épithètes indiquant une répétition d'action se forment en répétant le participe actif persan en ان. Ex. : ریزان ریزان *dégouttant, coulant goutte à goutte, tombant* ou *se versant continuellement*; كَشَان كَشَان *tirant continuellement*.

877. De même que le participe seul, cette dernière combinaison sert assez souvent d'adverbe.

878. 12° Des adjectifs privatifs se forment d'un nom précédé de la préposition بی *sans*, et d'un adjectif précédé de la particule privative نَا. Ex. : بی اَدَب *impoli*, نَا آشِنَا *ignorant*.

879. On forme des noms d'agent et des noms de gens de métier, d'état ou de profession, en ajoutant l'une des syllabes دَار, بَان, كَر, كَار, au nom de la chose que ces agents ont l'habitude de faire, ou dont ils s'occupent. Les deux premières de ces syllabes expriment l'idée de *faiseur*, la troisième de *garde*, et la quatrième de *porteur*. Ex. : كُنَاه *péché, crime*, كُنَاهْكَار *pécheur, criminel*; آهَن *le fer*, آهَنْكَر *forgeron*; دَر *porte*, دَرْبَان *portier*; سِلَاح *les armes*, سِلَاحْدَار *écuyer, porte-épée*.

880. On forme des noms d'endroits spéciaux, en ajoutant l'une des syllabes terminales سِتَان, دَان, زَار ou يَار, au nom de la chose à laquelle l'endroit est destiné. Avec la terminaison سِتَان, il faut ajouter un اَسْرَه à la dernière consonne du nom. Ex. : كُل *rose*, كُلِسْتَان *jardin de roses*;

چَنگَل *épine*, چَنگِلِسْتَان *bois rempli d'arbustes épineux*; قَلَم *plume à écrire*, قَلَمْدَان *étui pour plumes*; آبْ *eau, urine*, آبْدَان *vessie pour l'urine*; گُل *rose*, گُلْزَار *parterre de roses*; لَالَه *tulipe*, لَالَهْزَار *parterre de tulipes*; سَنْگ *pierre*, سَنْگْسَار *lieu pierreux, rocailleux*; چَشْمَه *source, fontaine*, چَشْمَهْسَار *lieu plein de sources d'eau, de fontaines*.

881. Il y a quelques noms persans qui se terminent par un ه consonne précédé d'un ا de prolongation, qu'on supprime quelquefois dans la poésie, et même dans la prose, afin de rendre la syllabe courte. Ex. : چَاهْ *puits*, devient چَهْ; رَاهْ *route*, devient رَهْ; شَاهْ *roi*, شَهْ; گُنَاهْ *péché*, گُنَهْ.

882. Ces mots, ainsi raccourcis, entrent dans la composition d'autres mots. Ex. : رَهْگُذَار *voyageur*, رَهْزَن *voleur de grand chemin*, شَهْزَادَه *prince*.

883. Le mot پَادِشَاهْ *souverain*, s'écrit quelquefois پَادِشَهْ, et شَاهَنْشَاهْ *roi des rois*, quelquefois شَاهَنْشَهْ, شَهَنْشَاهْ, et aussi شَهَنْشَهْ.

QUATRIÈME PARTIE.

DE LA SYNTAXE.

CHAPITRE PREMIER.

SYNTAXE DU NOM.

884. Les noms composés suivent en toutes choses les mêmes règles que les noms simples, étant considérés comme ne formant qu'un seul mot.

885. Le nom ottoman, placé comme sujet dans une phrase, remplit les différentes fonctions du nom français, accompagné ou non de l'article défini d'espèce ou d'individu, ou de l'article indéfini ; et le nom singulier tient souvent la place d'un nom pluriel. Ex. : پادشاه *monarque, un monarque, le monarque, monarques, les monarques, de monarque, du monarque, de monarques, des monarques;* شهر *ville, une ville, la ville, villes, les villes, de ville, de la ville, de villes, des villes;* باغچه *jardin, un jardin, le jardin, jardins, les jardins, de jardin, du jardin, de jardins, des jardins.*

886. On voit la vérité de cette règle dans les phrases suivantes : ارصروم‌ده باغچه یوق باغچه كوزل شیدر *un jardin est une jolie chose,* il n'y a point *de jardin* ou *de jardins à Erzeroum;* تیكنسز كل اولمز *point de rose sans épine;* پادشاه كلدی *le monarque est venu;* اویمزه خرسز كیردی *des voleurs sont entrés dans notre maison;* اول بهار موسمنده باغچه‌لر *les jardins s'embellissent dans le printemps;* چیچك باغچه‌دنك كوزللشور

چیچك اولمینجه میوه خاصل اولمز ; زینتیدر les fleurs *font la beauté* du jardin ; les fruits *ne se produisent pas sans* fleurs.

§ I. *Construction du nom avec le nom.*

887. Il y a dans la langue ottomane quatre manières turques et une manière persane de construire un nom avec un autre.

888. Les quatre manières de construction turque ont des emplois différents qui leur sont propres ; la manière persane, qui est en usage seulement dans le style élevé, embrasse toutes les relations exprimées par la construction des noms les uns avec les autres.

889. La première manière turque est la simple juxtaposition des deux noms sans aucun changement ni addition.

890. Cette manière de construction indique la relation de matériel et de forme, le nom du matériel s'énonçant le premier. Ex. : طاش بنا *bâtisse en pierre,* آلتون قوتیسی *boîte en or,* كوموش تبسی *plateau d'argent.*

891. Elle indique aussi la relation de matériel et de quantité ; mais alors le nom du matériel se place après l'autre. Ex. : بر كیله أرپه *une mesure d'orge,* ایكی ساعتلك یول *une distance de deux lieues,* أوچ قیّه أوزوم *trois livres de raisins.*

892. La seconde manière turque consiste à ajouter l'affixe pronominal possessif de la troisième personne du singulier au second des deux noms, le premier restant invariable.

893. Cette construction désigne une relation de genre et d'espèce ; le nom de l'espèce se met le premier, et le sens du nom de genre reste indéfini. Ex. : كتاب قابی *couverture* (reliure) *de livre,* طاغ كچیسی *bouc de montagne,* أو قازی *oie de maison* (domestique), یبان أوردكی *canard du désert* (sauvage).

894. Elle désigne aussi la relation d'endroit et de nom propre d'endroit; le nom propre se met le premier, et alors le sens du nom générique devient défini. Ex. : إنْكِلْتَرَه مَمْلَكَتِى يارِسْ شَهْرِى *le pays d'Angleterre*, *la ville de Paris*, طُونَه صُويِى *la rivière du Danube*, مالْطَه أَطَهسِى *l'île de Malte*, أزَاق دَكِزِى *la mer d'Azof*, وَنِدِكْ كُورْفَزِى *le golfe de Venise*.

895. Dans la troisième espèce de construction turque, outre l'affixe pronominal ajouté au second nom, on ajoute la préposition كْ ou نَكْ au premier.

896. Cette construction indique une relation de possession entre une ou plusieurs choses et un ou plusieurs possesseurs déterminés ; le nom de la chose possédée se met le dernier, et devient défini, lui aussi, quant au sens. Ex. : يَادِشَاهِكْ فَرْمَانِى *l'arrêt du souverain*, قَلْعَهنِكْ طُوبْلَرِى *les canons de la forteresse*, باغْچَهنِكْ أَغَاجْلَرِى *les arbres du jardin*, عَسْكَرْلَرِكْ سِلَاحْلَرِى *les armes des soldats*, إِسْتَانْبُولِكْ هَوَاسِى *l'air de Constantinople*.

897. Ensuite, pour rendre indéfini le sens du second nom dans cette troisième espèce de construction turque, il y a deux manières. D'abord, on peut intercaler le nom de nombre بِرْ *un, une*, entre les deux noms, ce qui rend indéfini le sens du second, qui, dans ce cas, se met toujours au singulier; puis on peut ajouter au second nom, qui, dans ce cas, se met toujours au pluriel, suivi de l'affixe pronominal, l'une des prépositions نَكْ ou كْ, et دَنْ, et mettre ensuite le nom de nombre بِرْ, suivi du même affixe pronominal de la troisième personne du singulier. Ex. : قَلْعَهنِكْ بِرْ طُوبِى *un des canons de la forteresse*; ou قَلْعَهنِكْ طُوبْلَرِنْدَنْ بِرِى ou قَلْعَهنِكْ طُوبْلَرِنِكْ بِرِى يَادِشَاهِكْ بِرْ فَرْمَانِى *un arrêt ou un des arrêts du souverain*; ou يَادِشَاهِكْ فَرْمَانْلَرِنِكْ بِرِى ou يَادِشَاهِكْ فَرْمَانْلَرِنْدَنْ بِرِى.

898. La quatrième manière de construction turque est d'ajouter une préposition autre que le كَ ou نِكَ au premier nom, en laissant le second sans aucun changement ni addition.

899. Dans cette construction, un participe faisant fonction d'adjectif est toujours sous-entendu. Ex. : اِسْتَانْبُولَه كِيدَرْ يُولْ est pour اِسْتَانْبُولَه يُولْ *chemin* (*qui mène*) *à Constantinople;* اَلْتُونْـدَنْ زَنْجِيرْ est pour اَلْتُونْـدَنْ عِبَارَتْ أُولَانْ زَنْجِيرْ *chaîne* (*faite ou composée*) *ou* يَاپِلْـمِشْ زَنْجِيرْ *d'or;* يَارَه إِيچُونْ مَرْهَمْ est pour يَارَه إِيچُونْ تَرْتِيبْ أُولِنْمِشْ مَرْهَمْ *onguent* (*préparé*) *pour blessures.*

900. Si le dernier nom dans la construction turque est en relation grammaticale avec un troisième nom, la construction entre ces deux mots se fait conformément aux règles précédentes. Ex. : اِيچْ أَغَـاسِى قِيَـافَتِى *costume de page de l'intérieur,* اِيچْ أَغَالَرِينِكْ قِيَافَتِى *le costume des pages de l'intérieur;* طَاشْ بِنَا صُورَتِى *apparence de bâtisse en pierre,* طَاشْ بِنَانِكْ صُورَتِى *l'apparence de la bâtisse en pierre,* أَزَاقْ دَكِزِينِكْ طُولِى *la longueur de la mer d'Azof,* بَاغْچَـه أَغَاجْلَرِينِكْ يَمِشِى *le fruit des arbres de jardin* (*arbres cultivés*), بَاغْچَـهنِكْ أَغَاجْلَرِينِكْ يَمِشِى *le fruit des arbres du jardin,* پَاشَانِكْ اَنِشْتَهسِنِكْ دَايِسِنِكْ أُوغْلِى *le fils de l'oncle maternel du beau-frère du pacha.*

901. Quand il se rencontre deux ou plusieurs noms construits de telle sorte qu'ils exigent après eux la préposition كَ ou نِكَ, comme dans le dernier exemple de la règle précédente, et qu'on ne peut tourner autrement la phrase, on supprime quelquefois une ou plusieurs de ces prépositions. Ex. : پَاشَا اَنِشْتَهسِنِكْ *ou* پَاشَانِكْ اَنِشْتَهسِى دَايِسِنِكْ أُوغْلِى *ou* پَاشَانِكْ اَنِشْتَهسِى دَايِسِنِكْ أُوغْلِى *ou* دَايِسِنِكْ أُوغْلِى *ou* دَايِسِى أُوغْلِى *le fils de l'oncle maternel du beau-frère du pacha.*

902. Dans la construction persane, qui tient la place des seconde et troisième manières turques, on place le premier le nom qui dans la construction turque se mettrait le dernier, et ensuite l'autre.

903. Les deux noms ainsi construits ont toujours une *liaison vocale*, représentée ou sous-entendue dans l'écriture, qui se forme d'après les règles suivantes :

904. 1° Si le premier nom se termine par une consonne quiescente, on lui donne pour son voyelle un أَسْرَه, qui se sous-entend dans l'écriture. Ex. : پادِشاهِ زَمِين *monarque de la terre*, اَصْحابِ سَيْف *les gens d'épée* (les militaires), يَوْمِ جُمْعَه *le jour de vendredi*.

905. 2° S'il se termine en ا, et est d'origine persane, turque ou étrangère, on lui ajoute un ى consonne avec un أَسْرَه pour son voyelle. Ex. : پایِ تَخْت *le pied du trône*, جایِ قَبُول *la place de l'acceptation*.

906. 3° S'il se termine en ا, et est d'origine arabe, on lui ajoute ou un ى, comme s'il était d'origine persane, ou un هَمْزَه avec un أَسْرَه pour son voyelle. Ex. : دُعایِ بَقایِ عُمْر *prière pour la prolongation de la vie*, سَمَاءِ سَلْطَنَت *le ciel de la souveraineté*.

907. 4° S'il se termine en و voyelle, on ajoute un ى, et s'il se termine en ه ou ـى voyelle, on le fait suivre d'un هَمْزَه avec un أَسْرَه en tous cas pour son voyelle. Ex. : بُویِ أُمِيد *l'odeur de l'espérance*, بَنْدَهٔ خُدا *serviteur de Dieu*, قاضِیِ قُضات *juge des juges*.

908. Dans le style relevé, on se sert fréquemment de la construction persane. Si l'on y rencontre plusieurs noms en état de construction continue, on brise quelquefois leur série en introduisant quelque part la construction turque. Ex. : أَمْرِ إِنْسِلاكِى تَحْصِيلِنِك pour أَمْرِ إِنْسِلاكِ راهِ تَحْصِيلِ *la matière de la poursuite du chemin de l'étude*.

909. Un nom est quelquefois en état de construction avec plusieurs

autres noms; alors ceux-ci sont liés entre eux par la conjonction وَ, ou la
préposition ايله, et en général, dans la construction turque de la troisième
espèce, le dernier seul reçoit la préposition كَ ou ـنِكْ. Ex. : بقاسی
عُمُرْ وشُوكَتْ بقاسی ou عُمُرُ وشُوكَتْ prolongation de vie et de majesté;
انّهَارْ وبِجَارِكْ وُجُودی ou وُجُودِ انّهَارْ وبِجَارْ l'existence des fleuves et des
mers; طُوزْ ایلَه بِبَرِكْ ذَادی le goût du sel et du poivre.

910. Plusieurs noms sont aussi quelquefois en état de construction
avec un seul; ils sont, de même, liés entre eux par la conjonction وَ ou
la préposition ايله, et en général, dans la construction turque de la
troisième espèce, le dernier seul reçoit l'affixe pronominal. Ex. :
طُولْ وعَرْض صَحْرَا ou صَحْرَازِكْ طُولْ وعَرْضی la longueur et la largeur de
la plaine; طُوزِكْ ذَاذْ ایلَه رَنكی le goût et la couleur du sel.

911. La plupart des noms ayant dans toutes les langues plusieurs
significations, il devient quelquefois nécessaire, dans le discours, de préciser le sens que l'on donne à un mot. Pour cet effet, l'usage, dans la
langue ottomane, est d'employer de suite deux noms synonymes unis par
la conjonction وَ, qui précisent réciproquement la signification dans laquelle ils sont employés. Ex. : كَشْتْ وكُذَارْ ایتْمَكْ passer et passer, se
promener; حَمْدُ وسِپَاسْ اوّلْ خُدَاوَنْدَه شَایَانّدِرْ des louanges et des actions
de grâces sont dues à ce seigneur; طَرَفکَزَه اِشْبُونَذْکَرَه اِرْسَالْ وتَسْیِیرْ اوُلِنّدی
cette note vous a été envoyée et expédiée; مَآلِنی فَهْمُ وإِذْرَاكْ اِیتْدِیلَرْ ils
en ont saisi et compris le sens.

912. Assez souvent, deux noms étant en construction, l'un n'est que
l'explication littérale du sens métaphorique de l'autre, les deux ensemble
formant une figure du discours. Ex. : سَائِقِ تَقْدِیرْ le postillon du destin,
c'est-à-dire, le destin; عِنَانْ عَزِیمَتْ les rênes du départ; c'est-à-dire,
le départ.

913. On peut ranger sous cette règle l'emploi des mots أَمْر *affaire,* مَادّه *matière,* خُصُوص *particularité,* كَيْفِيَّت *circonstance,* et autres semblables, placés très-souvent à la fin des phrases qui exposent une chose ou une circonstance, pour montrer que la description en est finie. Ex. : أَفَنْدِينِكْ بُورَايَه كَلْمَسِى خُصُوصِى la particularité *de l'arrivée ici de monsieur,* c'est-à-dire, *l'arrivée;* كَلَهجَكْ سَنَه سَفَرْ آچِلْمَسِى مَادّهسِى la matière *de l'ouverture de la guerre l'année prochaine;* c'est-à-dire, *l'ouverture;* رَاهِ تَحْصِيلِكْ أَمْرِ انْبِلاكِى l'affaire *de la poursuite de la route de l'étude,* c'est-à-dire, *la poursuite.*

914. Après un nom propre, on introduit très-souvent dans la phrase le mot نَام *nom,* et ensuite le nom générique de la classe à laquelle appartient l'individu qui porte le nom propre. Ex. : حَسَنْ نَام شَخْص *la personne nommée Haçan,* بَچْ نَام شَهْرِ *la ville dite Vienne.*

915. Pour les hommes, on sous-entend quelquefois le nom générique, et alors le mot نَام peut être mis au pluriel persan, si cela est nécessaire. Ex. : حَسَنْ نَامَانْ *le nommé Haçan,* أَحْمَد وَإِبْرَاهِيم نَامَانْ *les nommés Ahmed et Ibrâhim.* Ce mot نَام représente ici la phrase نَامِنْده أُولَانْ *qui est du nom, qui porte le nom.*

916. Le mot حَضْرَتْلَرِى *leur présence,* pour les musulmans, et pour la Divinité ou les personnages respectés par eux, ainsi que جَنَابِى *son côté,* et جَنَابْلَرِى *leur côté,* pour ceux d'une autre religion ordinairement, et quelquefois aussi avec le même sens que حَضْرَتْلَرِى, sont des titres de respect, et se placent après les noms propres et les noms de dignités, représentant ainsi nos mots *majesté, excellence, sainteté, seigneurie,* etc., selon le cas. Ex. : پَادِشَاه حَضْرَتْلَرِى *sa majesté le roi,* پَاشَا حَضْرَتْلَرِى son excellence *le pacha,* اِيَاحِى جَنَابْلَرِى *son excellence*

قوناسلوس *monsieur,* سا *seigneurie* افندى حضرتلرى *sa seigneurie l'ambassadeur,* جنابى *sa seigneurie le consul.* سلام — « *million peuple.* »

917. Ces mots حضرت et جناب ne se placent que rarement *avant* les noms propres autres que ceux de Dieu, des prophètes et des saints; mais ils se placent souvent avant les noms de ceux-ci, avant les noms de dignités et avant ceux des qualités propres à ces mêmes êtres, aux empereurs et aux autres personnages distingués; ils ne sont pas alors accompagnés des affixes pronominaux. Dans ce cas aussi, il faut les traduire selon les convenances. Ex. حضرت ذو الجلال *Dieu le glorieux,* حضرت سلطان *l'empereur,* جناب كليم الله پناه موسى *Moïse,* حضرت رسالت پناه *le prophète,* جناب *Dieu l'asile de la grandeur,* خلافت پناه *le khalife.*

918. On rencontre parfois des phrases arabes (qui sont en général des versets du Kour'ân ou des paroles du Prophète), persanes et même ottomanes, qui semblent être considérées comme de simples noms, et qui sont construites comme tels dans la phrase. Ex. أمت مرحومه سى كنتم *son peuple, l'objet de la miséricorde* خير أمة تشريفى لطيفيله مشرّف دير

____

[1] Il n'y a pas d'arménianisme plus barbare et qui choque plus l'oreille des Ottomans, que l'emploi, en s'adressant à quelqu'un, de ces deux mots suivis de l'affixe pronominal de la seconde personne du singulier ou pluriel, c'est-à-dire : حضرتكز ou حضرتك, et جنابكز ou جنابك, dans le sens de *votre seigneurie, votre excellence,* etc.; on doit se servir simplement d'un pronom personnel, ou, en parlant dans le style relevé, de l'une des locutions : ذات عاليلرى *leur* (pour *votre personnage exalté,* ذات دولتلرى *leur personnage fortuné,* جناب شريفكز et شريفكز *votre personnage* et *votre présence honorable,* et d'autres semblables.

divine, est ennobli *par la déclaration honorable de* « vous êtes le meilleur peuple. » — وَلَقَدْ كَرَّمْنَا بَنِى آدَمَ دَرَجَاتِنْدَه يَاخُودْ بَلْ هُمْ أَضَلَّ — ذَرَكَاتِنْدَه دَائِمْ أُولُورْلَرْ *Ils seront éternels dans les degrés du paradis de* « nous avons déjà ennobli les enfants d'Adam, » *ou dans les cachots de l'enfer de* « au contraire, ce sont eux qui se sont le plus égarés. »

919. Il est d'usage d'éviter une concurrence de sons qui ne s'harmonisent pas dans les phrases, et le bon écrivain sait choisir les mots dont la cadence forme une espèce de symphonie, surtout entre les noms et leurs adjectifs, et entre les différents noms verbaux arabes qui terminent les membres consécutifs des phrases. Ex. : دُرُودْ وَتَحِيَّتْ وَسِپَاسْ بِينِهَايَتْ أُولْ خُدَاىِ بِى عِلَّتَه سَزَادِرْ *Des-louanges et des hommages, et des remercîments sans mesure, sont dus à ce seigneur sans cause productrice.* Ici les mots بِى عِلَّتْ , بِينِهَايَتْ et تَحِيَّتْ forment une symphonie soutenue. أَفْرَادِ إِنْسَانِيَّهـ يِى إِهْدَا وَأَنْكَرَه قَابِلِيَّتْ وَمَلَكَه إِعْطَا إِيدُوبْ حَيَوَانَاتِ سَائِرَهـدَنْ إِسْتِثْنَا أَيْلَدِى *Il montra le chemin du salut aux hommes, il leur donna la capacité et le talent, et il les distingua des autres animaux.* Dans cet exemple, les noms verbaux إِهْدَا , إِعْطَا et إِسْتِثْنَا , sont en cadence harmonique.

§ II. *Construction de l'adjectif avec le nom.*

920. L'adjectif se met avant le nom auquel il se rapporte dans la construction turque, et après lui dans la construction persane.

921. Dans ce dernier cas, on emploie les mêmes règles de liaison vocale prescrites ci-dessus (nº 903) pour deux substantifs. Ex. : كُوزَلْ *joli endroit,* مَحَلّ *ladite personne,* مَذْكُورْ شَخْصْ جَاىِ جَانْفَزَا *lieu délicieux,* مَحَلّ *noms sacrés,* أَسْمَاء شَرِيفَه *bonne prière,* دُعَاىِ خَيْرْ سَيّكَمَا آهُوىِ *cieux,*

la gazelle rapide, مَيْوَهٌ شِيرِيــنْ *fruit doux,* پَرِى نِيكْ فِعَــالْ *fée bien-
faisante.*

922. Si le nom est accompagné de plusieurs adjectifs, ceux-ci se
placent l'un après l'autre, et se conforment à la règle précédente quant à
leur position relativement au nom qu'ils qualifient.

923. Dans la construction turque, on ne met pas ordinairement la
conjonction وَ entre les adjectifs dans la conversation; quelquefois cependant on l'y place, et, dans l'écriture, on l'y emploie presque toujours.
Ex. : كُوزَلْ أَدَبْلُو مَحْجُوبْ چُوجُقْ ou كُوزَلْ وَأَدَبْلُو وَمَحْجُوبْ چُوجُقْ *un
enfant, beau, de bonnes mœurs, et retiré.*

924. Dans la construction persane, la conjonction ne s'emploie jamais;
mais les adjectifs se suivent et s'attachent l'un à l'autre en obéissant aux
règles de la liaison vocale (n° 903). Ex. : جَاي جَانْفَزَاي بِهِشْتْ إِنْتِمَا
lieu délicieux et pronostiquant du paradis.

925. Un adjectif peut se rapporter à plus d'un nom dans la phrase,
sans se répéter. Ex. : سَائِرْ أُمَمْ وَاَجْيَالَه رَشْكْ وِيرِرْ *il cause de l'envie aux
autres peuples et nations.*

926. Quand un adjectif d'origine arabe est placé avant[1] son substantif, il demeure généralement, sans aucun changement, au masculin, quel
que soit d'ailleurs le genre du substantif. Ex. : عَظِيمْ دَوْلَتْ *grand empire,* عَظِيمْ پَادِشَاهْ *grand monarque,* عَظِيمْ طَاغْ *grande montagne.*

927. Si l'adjectif arabe suit le nom singulier qu'il qualifie, il s'ac-

---

[1] C'est ici le lieu de remarquer qu'en général un adjectif d'origine arabe ne se
place jamais à la suite d'un substantif d'origine turque, et que ce n'est que dans
les locutions arabes que les cas obliques, soit de noms, soit d'adjectifs d'origine
arabe, sont employés, ou que l'accord, quant au nombre et au cas, entre le
substantif et son adjectif, est respecté.

corde avec lui en genre et en nombre. Ex. : فنّ جَلِيـل *science noble*, أُمّت مَرْحُومَه *peuple racheté par la miséricorde divine*.

928. Le nom pluriel irrégulier arabe exige que l'adjectif qui le suit soit aussi au pluriel irrégulier ou au féminin régulier singulier. Ex. : سَلَاطِين عِظَام *les grands monarques*, وُكَلَاي فِخَام *les nobles ministres*, أَقْطَار بَعِيدَه *les pays lointains*, أَحْوَال مَذْكُورَه *lesdites circonstances*.

929. De deux noms en état de construction persane, si le premier est qualifié d'un ou de plusieurs adjectifs, simples ou composés, ceux-ci s'énumèrent tous avant que le second nom ne soit placé. Ex. : خَبَرْ مَسَرَّتْ أَثَرِ جُلُوس هُمَايُونْلَرِى *les nouvelles, aux traces de la réjouissance, de son auguste avénement*.

930. Les adjectifs qui ont besoin d'un complément pour achever leur signification, suivent ce complément dans la construction turque, quelquefois immédiatement, quelquefois avec une préposition entre eux. Ex : مُبَاحَثَهْدَه قَادِرْ *capable dans la controverse*, صُو ايلَه طُولُو ou صُو طُولُو *plein d'eau*, پَادِشَاهَه لَايِقْ *digne d'un monarque*.

931. Dans la construction persane, l'adjectif précède ce complément, qui reste alors toujours sans préposition quant à cette construction. Ex. : قَادِرْ مُبَاحَثَه *capable dans la controverse*, لَايِقْ بَيَانْ *digne d'être expliqué*, مُوَافِقْ طَبْعْ *conforme au naturel*.

932. L'adjectif turc كِبِى *semblable*, employé avec un nom ou avec le pronom personnel de la troisième personne du pluriel, ou avec les pronoms démonstratifs pluriels, ou avec les pronoms interrogatifs et relatifs, comme complément, les suit immédiatement. Employé avec un pronom autre que ceux-ci, il exige que le pronom soit suivi de la préposition كْ ou كْ. Ex. : صُو كِبِى *semblable à de l'eau*, أَنْلَرْ كِبِى *semblable à eux*, بُونْلَرْ كِبِى *comme ceux-ci*, كِيمْلَرْ كِبِى *comme qui?* نَه كِبِى

comme quoi? بَابَامْكُكِى كِبِى *comme celui de mon père,* بَنِمْ كِبِى *sem-*
blable à moi, اَنِكْ كِبِى *semblable à lui,* بُونِكْ كِبِى *semblable à ceci.*

§ III. *Construction des noms de nombre avec le nom.*

933. Le nom de nombre turc ou persan, employé adjectivement, se
place avant le substantif; le nom de nombre arabe toujours après. Ex. :
بِرْمَحَلّ *un endroit,* اِيكِى جِفْت *deux paires,* ذُو جِهَان *les deux mondes,*
يَدِى اَقْلِيم *les sept climats,* سِتَّة جِهَات *les six côtés ou directions (du*
solide), خَمْسَة قُوَاى *les cinq sens ou facultés (de l'animal).*

934. Si le substantif est qualifié d'un ou de plusieurs adjectifs, outre
le nom de nombre, celui-ci, s'il est d'origine turque, se place avant tout;
s'il est arabe, il se place immédiatement après le nom. Ex. : بِرْ بَيَاض
قُویُون *un mouton blanc,* اِيكِى سِيَاهْ كُچِى *deux chèvres noires,*
خَمْسَة ظَاهِرَه *les cinq sens corporels.*

935. Toutefois, dans le cas d'une phrase incidente faisant fonction
d'adjectif, le nom de nombre turc se place après celle-ci. Ex. : اُوطَه دَنِكْ
بُویِى قَدَرْ بِرْ اِیپ *une corde de la longueur de la chambre.*

936. Cependant, il y a une manière d'employer les noms de nombre
turcs, qui exige qu'on les place après le substantif qu'ils déterminent en
apparence. Dans ce cas, le nom substantif prend après lui la préposition
كْ ou نِكْ (nᵒˢ 559, 561), se met tantôt au singulier et tantôt au pluriel,
et le nom de nombre, qui, à la vérité, y est employé substantivement,
reçoit l'affixe pronominal de la troisième personne du singulier. Ex. :
اَطَه لَرِكْ اِيكِسِى ou اَطَه نِكْ اِيكِسِى *un homme,* آدَمْلَرِكْ بِرِى ou آدَمِكْ بِرِى
deux îles, كُوپَكْلَرِكْ يِكِرْمِسِى ou كُوپَكِكْ يِكِرْمِسِى *vingt chiens.* Dans
cette phraséologie, le nom substantif est en général défini; mais cepen-

dant il ne l'est pas toujours; elle correspondrait donc à la tournure française : *un des hommes, deux des îles, une vingtaine des chiens.*

937. Les noms de nombre turcs et persans exigent que le nom qu'ils qualifient soit toujours au singulier. Ex. : بر آدم *un homme,* دو جهان *les deux mondes,* قرق بش قسراق *quarante-cinq juments,* هفت اقليم *les sept climats.*

938. On ne se sert jamais, dans la langue ottomane, du nom de nombre arabe أحد ou واحد *un,* féminin احدى *une,* comme adjectif, ni de انثى ou اثنين *deux;* au lieu de ce dernier, on emploie quelquefois le duel arabe du substantif. Ex. : قطبين *les deux pôles,* حرمين شريفين *la Mecque et Médine.*

939. Quand on se sert des autres noms de nombre arabes comme adjectifs, il faut que le substantif soit au pluriel. Ex. : اضلاع ثلثه *les trois côtés* (d'un triangle), جوانب اربع *les quatre côtés* (d'un endroit), اقاليم سبعه *les sept climats.*

§ IV. *De la construction des pronoms démonstratifs avec le nom.*

940. Le pronom démonstratif, employé comme adjectif, se place avant la combinaison entière de nom, adjectif et nom de nombre. Ex. : بو اوچ بيوك كوزل كلينلك قيز *ces trois demoiselles, grandes, jolies et d'un âge propre à se marier.*

§ V. *De la construction des affixes pronominaux possessifs avec le nom.*

941. L'affixe pronominal possessif se place à la suite, non pas toujours du nom auquel il se rapporte, mais du dernier mot de la combinaison de nom, adjectif, etc., qui exprime l'idée à laquelle l'affixe se

rapporte dans la phrase. Ex. : مَرْحُومٌ يَدَرِمْ ou مَرْحُومٌ يَدَرِ *mon défunt père*; بُو بَاغْك هَرْ بِرْ جَاي جَانْفَزَاي بِهِشْت إِنْتِمَاسِى *chaque endroit char-mant, pronostiquant du paradis, de ce jardin*; وَجْه خَاطِرْ خَواهِمِزْ *la manière souhaitée dans nos cœurs*; أَقْطَارِ شَرْقِيَّه سَرْعَسْكَرِ ظَفَرْ رَهْبَرِى *le généralissime, le compagnon de voyage de la victoire, des provinces orientales*.

942. Quelquefois, outre l'affixe pronominal placé après un substantif, on met avant celui-ci, ou avant la combinaison d'adjectif et substantif, le pronom personnel ou le nom qui correspond à l'affixe, en le faisant suivre de la préposition ك ou نِك (n°s 559, 561). Cette corroboration a lieu pour indiquer d'une manière plus énergique le possesseur du sub-stantif. Ex. : بَابَامْ veut dire : *mon père*, tout simplement, et fait la distinction entre mon *père* et *toute autre chose* que je possède; mais بَنِمْ بَابَامْ désigne : *mon père*, par distinction à *ton* père, ou au père *de qui que ce soit autre que moi*; بَدَرِينَك إِسْتَانْبُولْدَه مَالِك أُولْدِيغِى بِيُوك بَاغْچَهسِى *le grand jardin que son père possède à Constantinople*.

943. Quand on se sert du pronom كَنْدُو (n° 282) dans ce but, on ne le fait pas suivre de la préposition ك ou نِك. Ainsi l'on dit كَنْدُو بَابَامْ *mon propre père*, كَنْدُو بَابَاسِى *son propre père*, كَنْدُو بَابَاك *ton propre père*.

944. Un affixe pronominal se rapporte quelquefois à plus d'un nom dans la phrase. Ex. : آل وَأَصْحَابْ وِعِتْرَتْ وَأَحْبَابِى *sa postérité* (*ses*) *disciples*, (*sa*) *famille, et* (*ses*) *amis*.

CHAPITRE DEUXIÈME.

CONSTRUCTION DU PRONOM PERSONNEL.

945. On évite avec soin, dans l'écriture, l'usage des pronoms personnels de la troisième personne, et l'on répète, quand cela est nécessaire pour la clarté du style, le nom substantif qu'ils auraient remplacé, en y ajoutant comme qualificatif un des mots ou locutions مَرْسُومْ, مَزْبُورْ, مَذْكُورْ, مَارُّ الذِّكْرِ, سَابِقُ الْبَيَانْ, سَابِقُ الذِّكْرِ, مُشَارٌ إِلَيْهِ, مُومَى إِلَيْهِ, مَنْظُورْ, مَارُّ الْبَيَانْ et autres semblables, qui signifient : *le susdit, le susmentionné.* Ex. : مَسَائِلِى مَجْمُوعَه شَكِلِنْدَه بِرْ جِلْدَه دَرْجْ إِيدُوبْ مَجْمُوعَهُ مَذْكُورَه بَعْدَ الزَّمَانْ حَرِيقِنْدَه تَلَفْ أُولْدِى *Il inscrivait les propositions dans un livre en guise d'aide-mémoire, et* ledit aide-mémoire *fut détruit par un incendie quelque temps après.*

946. Parmi les mots ci-dessus indiqués, on se sert de مَذْكُورْ, مَزْبُورْ, et مَرْسُومْ, après les noms de personnes de peu de considération ; de مُومَى إِلَيْهِ, مُشَارٌ إِلَيْهِ, après ceux de gens un peu plus élevés, et de مُشَارٌ إِلَيْهِ, après ceux des grands. Les quatre premiers et les quatre derniers sont employés sans distinction après les noms de choses. Ex. : شَخْصِ مَذْكُورْ *ladite personne,* مَزْبُورْ حُسَيْنْ *ledit Huceïn,* أَغَای مُومَى إِلَيْهِ *ledit agha,* پَاشَای مُشَارٌ إِلَيْهِ *ledit bacha.*

947. Les pronoms personnels de la troisième personne ne s'expriment en général, dans la conversation même, que pour faire une distinction marquée ; autrement on les sous-entend très-fréquemment, sans qu'un substantif les remplace. Ex. : سَوَرَمْ *je l'aime,* أَنِى سَوَرَمْ *je l'aime,* lui ; كِتْدِيلَرْ *ils sont partis,* أَنْلَرْ كِتْدِيلَرْ *ils sont partis,* eux.

948. Dans le style épistolaire, il est également contraire à l'usage de se servir des pronoms personnels des première et seconde personnes; on y parle de soi-même, et on y interpelle les autres, en employant la troisième personne. Pour cela, on se sert de l'un des termes بَنْدَهلَرِى ou بَنْدَهكِزْ *votre serviteur,* عَبْدِ عَاجِزْلَرِى *votre faible esclave,* ذَاعِيلَرِى *celui qui prie pour vous,* مُخْلِصَلَرِى *votre sincère ami,* et autres semblables, au lieu de بَنْ *je, moi;* et d'un titre de respect, tel que ذَاتِ عَالِيلَرِى *votre personnage exalté,* ذَاتِ دَوْلَتْلَرِى *votre personnage fortuné,* etc., pour سَنْ *tu, toi.*

949. Ou bien, dans les deux cas, on évite l'emploi d'un substantif pour remplacer le pronom, et on y substitue un adjectif dérivé du premier (n° 812) et qualifiant un autre substantif suivi de l'affixe pronominal de la première personne du singulier ou du pluriel, pour l'un, et de celui de la seconde ou de la troisième personne du pluriel, pour le second. Ex. : مَعْلُومِ عَاجِزَانَهمْدِرْ *je sais* (litt. : *il est connu à* ma *fai-blesse,* ou *il est de* ma *faible connaissance*); مَعْلُومِ عَالِيلَرِيدِرْ *vous savez* (litt. : *il est connu à* leur *hauteur,* ou *il est de* leur *haute connais-sance*).

CHAPITRE TROISIÈME.

CONSTRUCTION DU VERBE.

§ I. *Construction du verbe avec son sujet.*

950. Le verbe de la troisième personne ne s'accorde pas toujours avec son sujet, quant au nombre; mais ceux des deux autres personnes doivent

toujours s'accorder. Ex. : سَنْ كُورْدَكْ *tu as vu,* بَنْ كُورْدِمْ *j'ai vu,* بِزْ كُورْدَكْ *nous avons vu,* سِزْ كُورْدِكِزْ *vous avez vu.*

951. Quand le sujet d'un verbe à la troisième personne est exprimé, le verbe se met presque toujours au singulier, même si le sujet est au pluriel. Ex. : كَمِيلَرِيمِزْ كَلْدِى *nos navires est* (sont) *venu,* اَنْلَرْدَخِى *eux aussi est parti* (sont partis). كَتْدِى

952. Si le sujet du verbe à la troisième personne est sous-entendu, le verbe doit alors s'accorder en nombre avec lui, afin de le faire connaître. Ex. : قِيرَارْ *il casse,* قِيرَارْلَرْ *ils cassent.*

953. Un verbe peut avoir plus d'un sujet; si les différents sujets sont tous exprimés, et tous de la troisième personne, le verbe peut être mis au singulier, même si un ou plusieurs des sujets sont au pluriel. Ex. : اُلُوفِ رِضْوَانْ وَصُنُوفِ غَفْرَانْ شَايَانْدِرْ *des milliers de prières pour les âmes, et toutes sortes de prières pour la miséricorde est convenable* (sont convenables).

954. Si parmi les sujets d'un verbe il y en a un de la seconde personne et d'autres de la troisième, soit du singulier, soit du pluriel, le verbe se met à la seconde personne du pluriel. Ex. : سَنْ وَقَرِنْدَاشِمْ وَاَحْمَدْ اَفَنْدِى اُوچِكِزْ كَتْدِكِزْ *toi, mon frère, et Ahmed Effendi, tous les trois vous êtes allés.*

955. Si parmi les sujets il y en a de la première personne du singulier ou du pluriel, le verbe se met à la première personne du pluriel. Ex. : بَنْ وَسَنْ وَقَرِنْدَاشِكْ بَرَابَرْ اِيدِكْ *moi, toi et ton frère, nous étions ensemble.*

956. Dans la conversation, la présence d'un verbe est inutile pour compléter les phrases nominales de la troisième personne du présent; c'est-à-dire que, dans la conversation, on sous-entend le verbe دِرْ là où

on l'écrirait. Ex. : كَيْفِكِزْ اِيُومِى est-ce que votre santé (est) bonne? اِيُو شُكُرْ bonne, merci.

957. Mais, en rapportant les paroles d'un autre, on doit employer le verbe دِرْ à la fin de la phrase nominale rapportée, si elle n'est pas interrogative. Ex. : بُويِلَهدِرْ دِيُو اِدِّعَا اِيْتْدِى il a soutenu, disant « c'est ainsi. »

958. Dans les phrases nominales, le même sujet a quelquefois plusieurs attributs; il n'est pas besoin, dans ces cas, de répéter le verbe. Ex. : هَرْ بِرِى أَجْرَامْ عُلْوِيَّةٌ دِيَانَتِنَكْ نَجْمِ زَاهِرِى وَآفَاقِ مِلَّتِ سَمْحَانِكْ بَدْرِ سَافِرِيدِرْ Chacun d'eux est une étoile brillante des sphères supérieures de la piété, et une pleine lune mobile des horizons du plus généreux des peuples.

959. Très-souvent un verbe auxiliaire se rapporte à plus d'une racine nominale pour les transformer en verbes composés. Ex. : أَخْذُ وَضَبْطْ اِيتْمَكْ prendre et retenir, ذِكْرُ وَتَحْرِيرْ أُولِنْمَقْ être mentionné et écrit.

960. Ainsi que dans les langues de l'Europe, on a l'usage, dans la langue ottomane, de se servir de la seconde personne du pluriel au lieu de celle du singulier.

961. Mais, de plus, on emploie aussi très-souvent la première et la troisième personne du pluriel, au lieu des mêmes personnes du singulier.

962. De plus encore, on se sert, pour montrer le plus grand respect, de la troisième personne du pluriel, au lieu de la seconde du singulier. Ex. : اِنْكِلْتَرَهيَه كِتْدِكِزْمِى as-tu été en Angleterre? اِنْكِلْتَرَهيَه كِتْدِكِمِى avez-vous été en Angleterre? اِنْكِلْتَرَهيَه كِتْدِيلَرْمِى ont-ils (pour as-tu) été en Angleterre? Ces phrases, selon l'occasion, ont toutes la même signification.

963. Cette règle s'applique également aux pronoms personnels et

possessifs. Ex. : والِدَه كِزْ كَلْدِى‎ ta *mère est venue,* والِدَهڭ كَلْدِى‎ votre *mère est venue,* والِدَهلَرِى كَلْدِيلَر‎ leur *mère est venue,* والِدَهلَرِى كَلْدِى‎ *leur mère* sont *venue :* ces quatre exemples montrent la combinaison et les différents degrés des deux règles. De même ذاتِ دَوْلَتْلَرِى‎ leur *excellence,* est pour *son* excellence, ou *votre* excellence; پادِشاهْ حَضْرَتْلَرِيڭْ‎ جُلُوسِ هُمَايُونْلَرِى‎ *l'auguste avénement* de leur *majesté l'empereur,* est pour *sa* majesté; et بِزْ اَنِى كُورْدِك‎ *nous avons,* pour *j'ai, vu cela.*

964. Comme chaque personne du verbe renferme en soi tout ce qui est nécessaire pour la distinguer des autres personnes, on se dispense assez généralement de l'emploi des pronoms personnels comme sujets des verbes, à moins qu'on ne veuille, par leur emploi, faire une distinction marquée du sujet. Ex. : يَازْدِمْ‎ *j'ai écrit,* بَنْ يَازْدِمْ‎ *j'ai écrit,* moi; يَازَهجَقْ‎ *il va écrire,* اُولْ يَازَهجَقْ‎ *il va écrire,* lui.

965. Le sujet substantif, cependant, s'exprime nécessairement toujours au moins une fois dans la phrase. Ex. : آدَمْ اُوقُورْ‎ *l'homme lit,* كِتَابْ اُوقُنُورْ‎ *le livre se lit.*

966. Le verbe se place toujours le dernier dans la phrase. Ex. : بَابَامْ كَلْدِى‎ *mon père est venu,* بَابَامْ دُونْ كَلْدِى‎ *mon père est venu hier,* بَابَامْ دُونْ اِسْتَانْبُولْدَنْ كَلْدِى‎ *mon père est venu hier de Constantinople,* بَابَامْ دُونْ بَعْضِ مَصَالِح مُهِمَّهنِڭْ ظُهُورِينَه مَبْنِى وَاپُورْ كَمِيسِيلَه عَلَى الْعَجَلَه اِسْتَانْبُولْدَنْ كَلْدِى‎ *Mon père est venu hier de Constantinople en toute hâte, par le bateau à vapeur, à cause de la survenance de certaines affaires importantes.*

967. Le mot de la phrase sur lequel on veut insister davantage, soit sujet, soit régime direct ou indirect, se place aussi près du verbe que possible. Ex. : دُونْ بَابَامْ كَلْدِى‎ *hier* mon père *est venu* (c'est-à-dire *lui,* et non pas un autre); بَابَامْ دُونْ كَلْدِى‎ *mon père est venu* hier (c'est-

à-dire *hier*, pas avant ni après). Le génie de la langue ne permet cependant pas, dans les phrases compliquées, que ce mot principal soit toujours placé immédiatement auprès du verbe.

968. Quand il n'y a pas dans la phrase un mot sur lequel on veut insister plus particulièrement, le sujet se place d'ordinaire au commencement de la phrase, le régime direct après lui, ensuite le régime indirect, puis l'adverbe, et enfin le verbe. Ex. : محمّد پاشا حضرتلری ودین قلعه‌سنی اون بیك نفر عساكر منتظمه‌دن عبارت اردوی همايون ايله اوچ ماه محاصره‌ره ايلدی *Son Excellence Mohammed Pacha assiégea pendant trois mois la forteresse de Widin avec une armée impériale composée de dix mille hommes de troupes régulières.*

969. Les locutions pronominales indéfinies هركيم *quiconque,* هرنه *quoi que,* هرقنغی *quelque,* et leurs semblables, employées dans une phrase, soit comme sujet, soit comme régime direct ou indirect, exigent, de même que certaines conjonctions, que le verbe de la phrase soit au conditionnel. Ex. : هركيم كلورايسه *quiconque viendra,* هرنه كورر ايسه‌م *quoi (tout ce) que je verrai,* هر قنغی محلّده اولورايسه *dans quelque endroit qu'il soit.*

970. On se sert de la troisième personne ايسه du singulier du conditionnel du verbe défectueux ايم, sans aucune liaison apparente avec la phrase; on peut le traduire alors par *quant à* ou *quant à cela.* Ex. : اسكندر ايسه بوآنثناده هند طرفنه كتمش ايدی *quant à Alexandre, il était alors allé vers l'Inde;* بونی ايچمه‌دن ايسه ايچمامك خيرلودر *quant à cela, il vaut mieux ne pas boire que de boire ceci.* (Ce mot ايسه, dans cette circonstance, représente, à mon avis, une phrase incidente de la nature de بلنمك مراد ايسه صوريلورايسه *si l'on veut savoir, si l'on* *demande,* طوغريسى دينلور ايسه *s'il faut dire la vérité,* etc., qui est supprimée tout entière, à l'exception de ce verbe.)

971. Dans le style relevé ottoman, on trouve certains exemples où l'un des verbes ايتمك et اولمق est employé dans une même phrase, tantôt comme verbe auxiliaire, tantôt comme verbe actif ou neutre, et où, confondant ensuite ces deux natures, on a supprimé ou sous-entendu l'un des deux verbes, comme si l'on avait suivi la règle citée au n° 959. Ex. : ياقواكى نام لسان آشنابى كتابك ترجمه سنه مأمور وانمامنه صرف مقدور ايتدى *Il préposa à la traduction du livre le philologue nommé Yakovaki, et il s'efforça de la faire terminer.*

§ II. *Construction du verbe avec son régime.*

972. Le nom régime direct d'un verbe, ou d'un mot faisant fonction de verbe, est indéfini quand il est sans préposition. Ex. : آدم سومك *aimer un homme,* ou *des hommes;* قارى سون *celui qui aime une femme,* ou *des femmes;* دن خانه بنا ايده لو *depuis que je bâtis une maison,* ou *des maisons;* انسانه ملكه اعطا ايلدى وقابليت *il donna à l'homme de la capacité et du talent.*

973. Quand le nom régime direct est défini, il est toujours suivi de la préposition ى (n° 568); et puisque les pronoms substantifs sont toujours définis, ils sont toujours suivis de cette préposition quand ils sont régime direct d'un verbe. Ex. : كتابى اوقودم *j'ai lu le livre,* بنى ايشيتديلر بونى كورمدم ايدى *je n'avais pas vu ceci, ils m'ont entendu,* قاتلى قتل ايتديلر *on a mis à mort l'assassin,* بابامى سورم *j'aime mon père.*

974. Un verbe a quelquefois deux régimes directs, dont l'un est défini et l'autre indéfini. Ex. : پادشاه بنى مشير ايتدى *l'empereur m'a*

fait muchír (pacha du premier rang). Ici بَنْ *me* est défini, et مُشِيرْ *muchír* indéfini.

975. Le verbe actif composé embrasse quelquefois son régime direct, et quelquefois même son régime indirect, dans la composition de sa partie nominale, de manière que le verbe devient alors, pour ainsi dire, double- ment composé. Ex. : بُودَقِيقَهيَه تَحْصِيلِ وُقُوفْ اَيْلَدِى *il gagna la con- naissance de cette circonstance*, pour بُو دَقِيقَهيَه وُقُوفْ تَحْصِيلِ اَيْلَدِى.

976. Si le verbe est passif, alors c'est son sujet qui est ainsi em- brassé dans sa composition. Ex. : صَرْفِ مُزْجَاةِ بِضَاعَه قِلِنْدِى *le peu de capital a été dépensé* (litt. : *la dépense du peu de capital a été faite*).

977. Les régimes indirects des verbes s'y unissent par le moyen des prépositions autres que le ی. Ex. : طُوبْ اِيلَه فَتْحِ اِيتْدِى *il le conquit avec des canons*, دُوزَاغَه طُوتِلْدِى *il fut attrapé dans un piége*.

§ III. De la construction des participes.

978. Dans la conversation, le nom que les participes, actifs ou pas- sifs, qualifient (nᵒˢ 469, 476, 478), se sous-entend quelquefois ; et alors les participes se construisent dans la phrase, sous ce rapport, de la même manière que les noms. Ex. : گَلَنَه وِيرِكِزْ *donnez-le à celui qui vient*, يَاپَه جَغِمِى صُورْمَه *ne regardez pas ce que je porte*, كِيدِيكِمَه بَاقْمَكِزْ *ne demandez pas ce que je vais faire*.

979. Le participe actif présent du verbe neutre اُولَمَقْ *être*, se supprime quelquefois après les participes arabes. Ex. : رُبْعِ مَسْكُونْدَه وَاقِعْ مَمَالِك وبُلْدَانْ *les contrées et les villes situées sur le quart habité* (du globe), pour وَاقِعْ اُولَانْ *qui sont situées* ; بُوكِتَائِبْدَه مَذْكُورْ فُنُونْ ومَعَارِفْ *les sciences et les connaissances mentiounées dans ce livre*, pour مَذْكُورْ اُولَانْ *qui sont mentionnées*.

980. Les participes actifs se construisent avec tous leurs régimes, directs et indirects, sans exception, et les participes passifs avec tous les leurs, excepté celui qu'ils qualifient, de là même manière que les verbes dont ils dérivent. Ex. : قپو أچان *celui qui ouvre une porte ou des portes*, قپویی أچان شیندز كیلور ایله قلج *celui qui ouvre la porte*, قپو أجدیغم ایله الم *c'est une chose qui se coupe avec le sabre*, آدم بكا كوجنمش *la porte que j'ai ouverte avec ma main*, شبب جكی ایده میه بونی قبول پدریك *un homme qui s'est fâché contre moi*, *la raison pour laquelle mon père ne pourra pas accepter ceci*.

981. Les participes arabes et persans se construisent en général, les actifs avec leur régime direct, les passifs avec leurs régimes indirects, d'après les mêmes règles que les noms substantifs. Ex. : خالق *le Créateur des deux mondes;* et خالقی جهانك هزدو et جهان هزدو *la créature de la main de sa toute-puissance;* et مخلوق ید قدرتی et مخلوقی قدرتلرینك ید *le créateur de ceci et de cela* (de toutes choses)*;* et آفرینندهٔ أین وآن et آفرینندهسی أین وآن et رسیدهٔ كنكرهٔ چرخ أثیر *qui a atteint le sommet de la voûte éthérée.* كنكرهٔ چرخ أثیر رسیده‌سی

982. Cependant les participes actifs arabes se construisent quelquefois avec leur régime direct défini de la même manière que les verbes actifs. Ex. : كیفیّت مذكورهٔ یی مبین *qui explique ladite circonstance.*

§ IV. *Construction des noms verbaux et des infinitifs.*

983. Les noms verbaux d'origine turque se construisent avec leurs sujets noms, d'après la troisième règle de construction turque des noms, c'est-à-dire que le nom du sujet prend la préposition ك ou نك, et le nom verbal l'affixe pronominal de la troisième personne du singulier. Ex. : أحمدك كلدیكی *la venue* (présente) *d'Ahmed,* أحمدك كلمسی

la venue (passée) *d'Ahmed*, أَحْمَدُڭ كَلَـهجَكِـى la venue (future)
d'Ahmed.

984. Si le sujet est un pronom, le nom verbal prend l'affixe propre à
la personne et au nombre du pronom. Ex. : بَنِمْ كَلَمَمْ *ma venue* (présente), سِنِڭ كَلْدِيكِڭْ *ta venue* (passée), أَنْلَرڭ كَلَـهجَكْلَرى *leur venue*
(future).

985. Les noms verbaux d'origine arabe se construisent avec leurs
sujets quelquefois de la même manière, et quelquefois d'après la règle de
construction persane des noms. Ex. : بَنِمْ وُرُودُمْ *mon arrivée*, سِنِـڭ
تَحْصِيلِڭ *ton action de gagner*, أَنِـڭ تَحْرِيرِى *son action d'écrire*,
إِذَارَةْ بِزِمْ إِنْفِصَالِمِـزْ *notre séparation*, صُنْعِ اللّٰه *l'ouvrage de Dieu*,
پَرْكَارِ أَفْكَارْ *la révolution du compas des pensées*.

986. Les noms verbaux d'origine turque, et les infinitifs, se construisent avec leurs régimes directs ou indirects, de la même manière que
les verbes dont ils sont dérivés. Ex. : بَنِمْ أَنِى كُورْمَهمْ *mon action de le
voir*, سِنِـڭ إِزْمِيرَه كَلَـهجَكِڭْ أَحْمَدِڭ دُون *ta venue future à Smyrne*,
بَذَرِينَه مَكْتُوب يَازْدِيغِى *l'action d'Ahmed d'avoir écrit hier une lettre
à son père*, أَنِى كُورْمَكْ أَكَا بَاقْمَق *le regarder*, فِلَانْ مَحَلَّـدَنْ
كَلْمَكْ *venir de tel endroit*.

987. Les noms verbaux d'origine arabe se construisent avec leurs
régimes quelquefois de la même manière que les verbes composés dont
ils forment la partie nominale; mais alors il faut toujours supposer qu'un
verbe auxiliaire est sous-entendu après eux, autrement ils suivent les
règles de construction turque ou persane des noms. Ex. : مَقْدُورِى صَرْف
l'emploi de ses forces, فَنّ جَغْرَافِيَايِى ou صَرْفِ مَقْدُور ou مَقْدُورِڭ صَرْفِى ou
تَحْصِيلِ فَنّ ou فَنّ جَغْرَافِيَانِڭ تَحْصِيلِنَه مَدَارْدِرْ ou تَحْصِيلِهِ مَدَارْدِر

جَغْرافِيَايَه مَدَارِدْر *c'est un moyen* (de l'action) *d'apprendre la science de la géographie.*

988. Dans tout autre cas que celui où ils sont employés avec leurs sujets ou leurs régimes, les noms verbaux turcs et les infinitifs se construisent toujours dans les phrases comme les noms substantifs. Ex. :

أُولَمَـكْ بُونُدَنْ رَاحَتْدِرْ *mourir est plus facile à supporter que ceci*, قُورْتِلْمَغَه چَالِشْدِی إِيتْدِمْ تَرْتِيبْ إِيجُـون يَاقْمَقْ *il essaya de s'échapper*, *je l'ai arrangé pour brûler*, كَلْمَسِی لَازِمْ دِكُلْدِرْ *sa venue n'est pas nécessaire*, وَارْ شُبْهَـمْ كِيدَهجَكْمَه *j'ai des doutes* (relativement) *à mon départ prochain.*

§ V. *Construction du gérondif.*

989. Quand une phrase a deux ou plusieurs membres, la règle observée dans le style relevé diffère tout à fait de celle de la conversation, où l'on se sert en général d'autant de verbes personnels qu'il y a de membres dans la phrase; tandis que dans le style relevé, une phrase, quelle que soit sa longueur, n'a généralement qu'un seul verbe personnel. On supplée aux autres par des gérondifs, et on évité ainsi l'emploi trop fréquent de conjonctions conjonctives. Ex. : سَعْدْ كِيمْسَنـنـكْ نَـامْ ضَبّه وَسَعِيدْ نَامْ إِيكِی أُوغْلِی وَارْ إِيدِی بِرْ كُونْ دَوَهْلَرِينِی أَرَامَقْ قَصْدِيلَه هَرْبِرِی بِرْجَانِبَه عَزِيمَتْ إِيدُوبْ بَعْدَ وَقْتْ سَعْدْ عَوْدَتْ إِيدُوبْ سَعِيدْ نَابَدِيدْ أُولُوبْ وَأَصْلًا بِرْ سَمْتْدَنْ بِرْ خَبَرِی ظُهُورْ إِيتْمَامَكْلَه پَدَرْلَرِی نَاأُمِـيـدْ أُولْدِی *Une personne nommée Zabba avait deux fils nommés Sa'd et Sa'id; un jour, tous les deux s'en allant d'un côté, dans l'intention de chercher leurs chameaux, et quelque temps après Sa'd retournant, et Sa'id étant perdu, et aucune de ses nouvelles n'arrivant pas, leur père était au désespoir.*

990. En se servant des gérondifs des verbes composés, on sous-entend quelquefois, une ou deux fois de suite, le gérondif de l'auxiliaire, quand la phrase devient trop longue, et l'on n'exprime alors que la partie nominale du verbe; mais il faut, dans ce cas, que les gérondifs supprimés et celui qui est enfin exprimé, soient tous dérivés du même auxiliaire. Ex. : بِرْ كِمَسْنَه بَادِيَّه دَه كَشْتُ وكَذَارِ إِيدَرَكْ بِرْ مَوْضِعَه وُرُودْ وَأَنْدَه بِرْ مِقْدَارْ قُعُودْ إِيدُوبْ *une personne se promenant dans le désert*, arrivant *à un endroit et* s'asseyant *là quelque temps....*

991. Les gérondifs ont leurs sujets et leurs régimes directs et indirects soumis aux mêmes règles que ceux des verbes personnels, à l'exception que le sujet pronominal même du gérondif doit toujours être exprimé, et cela, par la raison que le gérondif n'a rien dans sa forme qui puisse indiquer la personne de son sujet. Ex. : آدَمْ كِتَابْ أُوقُويُوبْ *l'homme* lisant *un livre ou des livres,* بَنْ شُو آدَمِي كُورَرَكْ *moi,* en voyant *cet homme;* فَرْمَانِمْ سِزَه وَاصِلْ أُولِيجَقْ aussitôt que *mon ordonnance vous* sera parvenue.

CHAPITRE QUATRIÈME.

CONSTRUCTION DE L'ADVERBE.

992. L'adverbe précède toujours le mot qu'il qualifie, soit verbe, soit adjectif. Ex. : أَنْدَنْ أُوتُورِي سُويلَدِمْ *j'ai parlé relativement à cela,* چُوقْ كُوزَلْ *très-beau.*

993. En répondant à une question, quoique ce ne soit pas une erreur de se servir seulement des adverbes d'affirmation أَوَتْ et بَلِى *oui,* ou de ceux de négation خَيْرْ ou يُوقْ *non,* cependant il est plus ordinaire de répondre en répétant le mot, ou son équivalent, sur lequel roule la question, lequel est indiqué par un mot interrogatif ou par la particule می (n° 462). Ex. :

Q. بیوکمی *est-il grand?* R. بیوك *oui, il est grand.*

Q. اوت سزکیکی بنمکی می بیوك *est-ce le mien qui est grand?* R. *oui, c'est le vôtre.*

Q. پدرك کلدیمی *votre père est-il venu?* R. خیر کلمدی *non, il n'est pas venu.*

Q. بو می سزك خانه کز *est-ce que cette maison-ci est la vôtre?* R. بو *oui, celle-ci.*

Q. بو شفتالولری قاچه ویریورسکز *à combien chacune vendez-vous ces pêches?* R. اوتوز بشر پاره یه *à trente-cinq paras l'une.*

Q. نره یه کیدیوردیکز *où alliez-vous?* R. قپویه *à la Porte*[1].

<hr>

CHAPITRE CINQUIÈME.

CONSTRUCTION DE LA PRÉPOSITION.

994. Quand un nom, un pronom ou un autre mot, est en construction avec une préposition, celle-ci, si elle est turque, suit l'autre mot; mais, si elle est persane ou arabe, elle le précède. Ex. : کاغدك *du papier,* سلطانه *au sultan,* خانه ایچون *pour la maison,* بحق خدا *par*

---

[1] On voit par les deux classes d'exemples données ici, c'est-à-dire, celle des questions faites à l'aide de la particule می, et celle des demandes où un mot interrogatif est introduit, que ce n'est que dans le cas des questions de la première de ces deux classes qu'il y a lieu de se servir des adverbes *oui* et *non.*

la vérité de Dieu, بَرْ قَرَارْ *en stabilité,* بِالْوَكَالَة *par procuration,* عَلَى التَّحْقِيقْ *en vérité.*

995. Le nom suivi d'un ou de plusieurs adjectifs, ou de son affixe pronominal, est censé ne former l'expression que d'une seule idée, et par conséquent la préposition turque se place alors, non pas après le nom, mais à la suite du dernier mot ou particule de la combinaison. Ex.: جِرَى *de l'ami fidèle,* بَابَامْ إِيچُونْ مُحِبِّ صَادِقِكْ *pour mon père,* سُلْطَانْ غَازِى سَلِيمْ خَانْ جَنَابُرَاسِنْدَه حَضْرَتْلَرِينَه *dans son endroit délicieux, à Sa Majesté, Sélim, le khan, le sultan défenseur de la foi.*

996. Les prépositions إِيلَه *avec,* et إِيچُونْ *pour,* ne peuvent se construire avec les pronoms personnels (excepté celui de la troisième personne du pluriel), ni avec les pronoms démonstratifs singuliers, qu'à l'aide d'une autre préposition, qui est كْ ou نْكْ. Ex.: بَنِمْ إِيلَه *avec moi,* سِرْكْ إِيلَه *avec toi,* أَنِكْ إِيلَه *avec lui,* بِزْمْ إِيلَه *avec nous,* سِزْكْ إِيلَه *avec vous,* بُونِكْ إِيلَه *avec ceci,* شُونِكْ إِيلَه *avec cela.* L'interrogatif كِيمْ *qui?* admet aussi cette construction.

997. Ces prépositions se construisent directement avec les noms et avec les pronoms autres que ceux ci-dessus indiqués. Ex.: آدَمْ إِيچُونْ *pour l'homme,* كِتَابْ إِيلَه *avec un livre,* أَنْلَرْ إِيچُونْ *pour eux,* بُونْلَرْ إِيچُونْ *pour ceux-ci.*

998. Une préposition se rapporte quelquefois à plus d'un nom dans la phrase. Ex.: أُسْطُرْلَابْ عُقُولْ وَمِقْيَاسِ حَوَاسِّ فُحُولْ إِيلَه *avec l'astrolabe des entendements et (avec) l'échelle des sens des hommes d'esprit;* آلْ وَأَصْحَابْ وَعِتْرَتْ وَأَحْبَابِنَه *à sa postérité, (à ses) disciples, (à sa) famille, et (à ses) amis.*

CHAPITRE SIXIÈME.

CONSTRUCTION DES CONJONCTIONS.

999. Toutes les conjonctions, à l'exception de ده ou دَخِى *même*, *aussi*, se placent au commencement des phrases.

1000. La conjonction ده ou دَخِى se place toujours après le mot principal de la phrase qu'elle réunit au discours. Ex. : إِسْتَانْبُولَدَنْ دَخِى طُوبْ كَلْدِى *il est venu des canons de Constantinople* aussi; إِسْتَانْبُولَدَنْ طُوبْ دَخِى كَلْدِى *il est venu de Constantinople des canons aussi.*

1001. Cette même conjonction ده ou دَخِى se place très-souvent à la suite des verbes au conditionnel. Ex. : كَلْسَه دَخِى *même s'il vient,* كَلْمِشْ إِيسَه دَه *même s'il est venu,* كَلْسَيْدِى دَخِى *même s'il venait.*

1002. Quand la conjonction وَ *et* est employée dans le style soutenu, pour lier ensemble deux noms ou deux adjectifs explicatifs ou corroboratifs l'un de l'autre, elle devient, pour ainsi dire, voyelle de direction, et se joint au mot précédent, dont la dernière lettre prend alors un أُوتُورِى pour son voyelle. Ex. : دَوْلَتْ وَإِقْبَالْ *fortune et prospérité,* قُوَّتْ وَتَنْدُرُسْتْ *fort et robuste.*

1003. Mais quand cette conjonction sert à unir les phrases, elle se lit comme consonne avec un أُسْتُونْ pour son voyelle.

1004. Les conjonctions أَكَرْ *si,* هَا, كَرَكْ et إِسْتَرْ, *soit,* et كَرْچَه ou أَكَرْچَه, employées dans le sens de *si,* exigent que le verbe de la phrase qu'elles commencent soit au conditionnel. Ex. : أَكَرْ كَلُورْ إِيسَه *s'il vient;* أَكَرْچَه كَرَكْ كَلْسَه كَرَكْ كَلْمَسَه *soit qu'il vienne, soit qu'il ne vienne pas;* كَلْمِشْ إِيسَه *s'il est venu.*

1005. Les conjonctions مگر ou مگرکه *à moins que,* شايدکه *peut-être que,* مبادا که *de peur que,* تاکه *afin que,* et généralement مادامکه *puisque,* exigent que le verbe de la phrase qu'elles commencent soit à l'optatif. Ex. : شايدکه منهزم اولدلر مگر کوزل اوله *à moins qu'il ne soit beau,* *peut-être qu'ils sont ou seront en déroute,* مبادا که اويله اوله *de peur que cela ne soit ainsi,* تاکه تحملی قالميه *afin qu'il ne lui reste plus de patience,* مادامکه حياتنده اولدلر *puisqu'ils sont en vie.*

1006. La conjonction تا *jusque* s'emploie quelquefois en connexion avec le quatrième gérondif, celui qui se termine en نجه ; alors, si ce gérondif est affirmatif, il prend ordinairement après lui la préposition يه (n° 580) et l'adverbe دك ou دکين, ou le mot قدر ; mais, si le gérondif est négatif, on ne se sert ni de la préposition ni de l'adverbe sus-mentionnés, et les deux phrases ainsi formées ont la même signification. Ex. : تا بن کلمينجه کتمکز ou تا بن کلنجه يه دك کتمکز *n'allez, ne partez pas jusqu'à ce que je vienne.*

1007. Les autres conjonctions veulent que les verbes de leurs phrases soient à l'indicatif.

1008. La conjonction که *que* (dont l'usage d'ailleurs, dans le style ottoman pur, est très-rare) sert toujours à lier les membres de la phrase.

1009. Dans cet emploi, il indique quelquefois le commencement du membre auquel on a fait quelque allusion. Ex. : معلوم اوله که *qu'il soit connu que....*

1010. D'autres fois il indique le commencement de la raison qu'on donne d'une chose énoncée. Ex. : نيازمند اوله لم وناله کنان که جنس مغفرتنه سيم اشك اولدی نقود *Soyons des suppliants, gémissant et nous plaignant ; car les gouttes argentines des larmes sont la monnaie (en cours) pour l'étoffe de la miséricorde divine.*

1011. Quelquefois on se sert de ce mot كه à la manière persane, pour lier à un nom une phrase incidente qui le qualifie, ainsi que le relatif en français; mais il n'éprouve point de changement et ne reçoit point de préposition, et la phrase incidente est toujours complète en toutes ses parties grammaticales sans cette conjonction. Ex.: حَمْدُ وَسِپَاسٌ *Des* اوّل خُداوَنْد بِى عِلّتِه سَزَا دِرْكِه وُجُودِ اَنْهَارْ وَبِحَارْ يَنْكْقَطْرَهٌ قُدْرَتِيدِرْ *louanges et des actions de grâces sont dues à ce Seigneur sans cause productrice, (tellement grand), que l'existence des fleuves et des mers n'est qu'une goutte de sa toute-puissance.*

1012. Il est quelquefois difficile de distinguer si c'est une raison qui est alléguée, ou bien une qualification qui est exposée, dans la phrase liée au discours par ce mot كه.

1013. Mais, dans les livres de morale et autres composés par les *'uléma*, et formés tout à fait sur le modèle grammatical du persan ou de l'arabe, la phrase incidente est presque toujours qualificative. Ex.: هَرْكَسْ كِه دَسْتِ هِمّتْلَه حَبْلِ مَتِينِ عَقْلَه مُتَشَبّثْ أُولَه *toute personne, (telle) que, elle s'attache à la forte corde de la raison avec la main des efforts soutenus,* pour: *qui s'attache.* — أوّل شَخْصِ كِه فَرْمَانِ نَفْسِه مُطِيعْ أُولَه *l'homme, (tel) que, il obéit aux ordres de la chair,* pour: *qui obéit.* — بُو جَانَوَرْلَرْكِه نَظَرِ عِبْرَتْلَه مَنْظُورْدِرْ *ces animaux, (tels) que, ils sont regardés avec le regard d'un exemple,* pour: *qui sont.*

1014. On se sert de ce mot كه après des verbes qui signifient *dire, prier, demander,* et leurs semblables, pour indiquer le commencement de ce qui est *dit, prié, demandé,* etc.; il tient alors lieu des doubles virgules. Ex.: دِيدِى كِه يَارِينْ كَلُورِمْ *il a dit* (que) « *je viendrai demain;* » صُورْدِى كِه بُو نَه دِرْ *il a demandé* (que) « *qu'est ceci?* »

1015. Quelquefois on le supprime dans cette espèce de phrase. Ex. :

اِبْتِدِى أَيْ شَهْرِيَارْ *il dit :* « *ô monarque !* »

1016. Mais l'usage le plus ordinairement suivi, surtout dans la conversation, est de mettre d'abord ce qui a été dit et ensuite le verbe *dire*, *demander*, etc., sans employer la conjonction كَه ; mais alors, quand ce verbe est autre que دِيَمَكْ *dire*, on met le mot دِيُو (qui n'est autre chose que le cinquième gérondif de ce même verbe, avec un و substitué au ى final) entre lui et la phrase. Ex. : كَلُورُمْ دِيدِى *il a dit :* « *je viendrai ;* » كَيْفِكِزْ إِيُومِى دِيُو سُؤَالْ اِبْتِدِمْ كُورْمَدِمْ دِيُورْ *il dit :* « *je ne l'ai pas vu ;* » *je lui demandai,* disant : « *est-ce que votre santé est bonne ?* » بِلْمَيُورِزْ دِيُو اِنْكَارْ اِيدِيُورْلَرْ *ils le nient,* disant : « *nous ne savons pas.* »

1017. Les exemples donnés dans les deux règles précédentes font voir qu'en rapportant les paroles d'autrui, qu'on emploie les mots كَه et دِيُو ou qu'on ne les emploie pas, il faut toujours se servir des mêmes pronoms et des mêmes temps et personnes du verbe dont s'est servi celui qui a parlé, c'est-à-dire qu'on doit citer ses propres paroles, et qu'on ne doit pas dire, comme en français : *il a dit* qu'il viendra, *je demandai* si sa santé était bonne, etc.

CHAPITRE SEPTIÈME.

CONSTRUCTION DE L'INTERJECTION.

1018. On introduit souvent dans le discours, et surtout à la suite des noms propres, des phrases arabes incidentes ou exclamatoires quelquefois assez longues. Ce sont, par rapport à la langue ottomane, de véritables interjections complexes. Ex. : علی پاشا أَدَامَ ٱللّٰهُ إِجْلَالَهُ حَضْرَتْلَری *Son Excellence Ali pacha, que Dieu éternise sa gloire!* مَكَّةُ مُكَرَّمَهُ كَرَّمَهَا ٱللّٰهُ تَعَالَی *la Mecque, la vénérable, que Dieu la rende vénérable!* سُلْطَان غَازِی سَلِيمْ خَانْ مَدَّ ٱللّٰهُ ظِلَالَ رَأْفَتِهِ عَلَی مَفَارِق ٱلْأَنَامْ مَا تَكَرَّرَ ٱلشُّهُورُ وَتَجَدَّدَ ٱلْأَعْوَامْ حَضْرَتْلَری *Sa Majesté Sélim, le khan, le sultan, défenseur de la foi,* que Dieu fasse durer les ombres de sa clémence sur les couronnes des têtes des hommes aussi longtemps que les mois se répéteront et que les années se renouvelleront!

FIN DE LA GRAMMAIRE.

APPENDICE.

MODÈLE DE COMPOSITION OTTOMANE

AVEC

UN COMMENTAIRE ANALYTIQUE ET SYNTHÉTIQUE,

ACCOMPAGNÉ DE RENVOIS AUX RÈGLES GRAMMATICALES QUI Y ONT GUIDÉ
LA CONSTRUCTION DES DIFFÉRENTS MOTS ET PHRASES.

PRÉFACE DE L'ATLAS DU SULTAN SÉLIM III,

ÉCRITE PAR TACIF EFFENDI.

دُرُودُ وَتَحِيَّتْ وَسِپَاسْ بِيمِنَّتْ أُوّلْ خُدَاوَنْدِ بِى عِلَّتْه سَزَا دِرْكِه وُجُودِ
أَنْهَارُ وَبِحَارْ يَكْقَطْرَهْ قُدْرَتِى وَعَالَمِ مِلْكْ وَمَلَكُوتْ آفْرِيدَهْ دَسْتِ مَشِيَّتِى أُولُوبْ
جِبَالِ رَاسِيَاتِى مَعْمُورَهْ أَرْضَه أُوْنَادْ وَجَدَاوِلِ عَذْبُ ٱلطَّعُومِى مَدَارِ إِنْتِعَاشْ
عِبَادِ ضَعِيفُ ٱلْأَيَادْ إِيدُوبْ أَفْرَادِ إِنْسَانِيَّه يَه مَا لَا بُدَّ أُولَانْ تَعْمِيرِ مُدُنْ وَبُلْدَانْ
وَتَنْظِيمِ مَأْوَى وَمَكَانِه إِهْتِدَا وَتَحْرِيكِ آسِيَابْ أَسْبَابِ تَجْرِبِه وَٱخْتِبَارْ وَإِدَارَهْ
بِرْكَارِ أَفْكَارْ إِيلَه عَجَائِبْ مَخْلُوقَاتْ وَغَرَائِبْ مَصْنُوعَاتِى فَهْمْ وَإِدْرَاكِه مَلَكِه
وَقَابِلِيَّتْ إِعْطَا أَيْلِيُوبْ بُو قُوَّهْ مُدْرِكِه سَبَبِى إِيلَه نَوْعِ بَنِى آدَمِى سِبَاعِ عَجَمْ
وَحَيَوَانَاتْ بَهْمَدَنْ إِسْتِثْنَا أَيْلَدِى ع سُبْحَانْ مَنْ تَحَيَّرَ فِى صُنْعِه سِوَاهْ
وَصَلَوةِ نَامَعْدُودْ وَسَلَامْ غَيْرِ مَحْدُودْ صَاحِبِ مَقَامِ مَحْمُودْ أُولَانْ فَخْرِ أَنْبِيَا
وَسَنَدِ أَصْفِيَا حَضْرَتْلَرِينَه شَايِسْتِه وَأَحْرَادِرْ كِه رُتْبَهِ قَدْرِ وَمَاهِيَّتِى عَلَى قَدِ
أَسْطُرْلَابِ عُقُولْ وَمِقْيَاسِ حَوَاسْ فُحُولْ إِيلَه إِحَاطِه مُمْتَنِعْ وَشَمْسِ وَسَطِ ٱلسَّمَاءِ
مَحَجَّهْ بَيْضَاسِى يُوْمًا فَيُوْمًا مُسْتَنِيرْ وَمُلْتَمِعْ أُولُوبْ مِيَانْ بَنْدِ شَرِيعَتِ غَرّاسِى
مِنْطَقَهِ ٱلْبُرُوجْ كَلَاعَتْ رَتَابَتِه إِيلَه تَسَاقُطْ وَتَهَافُتْدَنْ آزَادَه وَأَمَّتِ مَرْحُومَسِى

كنتم خير امة نشريف لطيفيله سائر امم واجياله رشك ذاده اولمشدر
آل واصحاب وعترت واحبابنه دخی الوف رضوان وصنوف غفران
شاياندر كه هر بری اجرام علويه ديانتك نجم زاهری وآفاق ملت سمحانك
بدرساطريدر اما بعد معلوم اوله كه علم جغرافيا ربع مسكونده واقع ممالك
وبلدان وجبال وانهار وصحرا واوديه آثارينی وطرق ومسافات وقرا وقصبات
احوالنی مبين اولدق حيثيتی ايله فنون رياضيه يه ملحق بر فن اولوب
اركان دول وسودا كران ملله برر جهتله معرفتی اهم وبو فن نافعه آشنا اولميانلر
چوق كره قعر بعيد النفور مهالكه افتاده اولدقلری غير مبهم اولوب ملل
سائره ده بو مقصده وصول ايچون سعی واقدام علی وجه الانم اولديغندن
تعليم وتعلمدن خالی اولميه رق اكثريسی بو مطلبه نائل اولدقلرندن
فضله نورسيده لری بيله ابحر سبعه يی وانهار مشهوره وغير مشهوره يی بلكه جميع
اقاليمی بو فن جليله علی وجه الكمال اشتغال سببی ايله من غير رؤية فهم
ايدوب بلا حركة اظهار معلومات وتعيين حدود وطرقات قوه سنه مالك
اولديلر ممالك اسلاميه ده مجدد حب بطالت وكسل ايله فنون رياضيه متروك
ومهمل اولوب ناكه نوبت خلافت بالارث والاستحقاق زبده شهرياران
آفاق معدل النهار سماء سلطنت نقطه مركز عز وشوكت نير اعظم افق
دولت واقبال بدر منير فلك عظمت واجلال نوباوه حديقه بختياری غصن
رطيب كلشن تاجداری كوه تمكين وبهمن وغادر ياكف وابر عطا افراسياب
مكنت واسكندر در بهرام عزم وفلاطون هنر اعنی به السلطان الغازی سليم
خان بن السلطان الغازی مصطفی خان بن السلطان الغازی احمد خان
مد الله ظلال رأفته علی مفارق الانام ما تكرر الشهور وتجدد الاعوام
حضرتلرينه روزی وميسر ونكهت جانبخش خبر جلوس همايونلريله مشام عالم
معطر اولدی كافة علومك تدريس وانتشارينه رغبت ملوكانه لری
مقرر اولديغندن بشته علم هيئت وهندسه وسائر صنائع ومعارفه ميل

وركونلري مثبتين وصرف خزائن وتشييد اماكن بيوروب طالبلري
ارشاد ايچون هر صنفه تعيين مهرهٔ فنون ومراتب ورواتب احسانيله شوق
وهمتلرين افزون ايتمكدن ناشى بر قاچ سنه طرفنده علوم مذكوره دولت
عليّه لرنده مشتهر وقتى ارباب استعداد مظهر كم ترك الاوّل للآخر اولوب
فوائد عميمه سى بالاده مسطور ودريا وصحراده لزومى مذكور اولان فنّ
جغرافيانك دخى مستفيض وشائع اولمسى حوالى كزد ضمير تاجداربارى اولوب
هر نقدر مغاربه دن كتاب رجا مؤلّفى شربق ادريسى ودولت عليّه
هنر ورلرندن جهاننُما صاحبى كاتب چلبى دیمكله معروف الحاج مصطفى
افندى بو فنّده ارتكاب مشقّت ايله اظهار مهارت ايتدیلر ايسه دخى
تأليفلرى مسلك متقدمين اوزره ترتيب اولنوب جهاننُمانك مقدّمه سى
ايسه مفصّل وشرحه محتاج وخواصّه مخصوص بر رساله عسير الاستخراج اولوب
حالا رئيس الكتاب عطارد نصاب اولان رائف محمود افندى بو رقيقه يه
تحصيل رقوف ومقدّما سائق نقدير عنان عزيمتنى سفارتله برتانيه
جزيره سنه معطوف ايلدكده فنّ جغرافيايى تحصيله مذار اولمق ايچون
بادئ امرده تحصيل لهجه ايله قدرت نياب تكلّم ومتأجرين مسلكى اوزره فنّ
جغرافيايى على وجه التفهّم تعلّم ايدوب اخذ وضبط ايلديكى اصول
ومسائلى مجموعه شكلنده بر جلده ادراج وبعضا مراجعت ومطلوبنى استخراج
ايلرايدى بر منوال محرّر رغبت همايونى احساس عقبنده مجموعه مذكوره يى
ترجمه ايتمك فكرنده اولديسه دخى خطوب دولت وأمور رياست بو مطلبك
حصولنه پرده كش ممانعت اولوب بالآخره نمجه طرفنه مصاحتكذار لك
ايله تعيين اولنان يا قواكى نام لسان آشنابى ترجمه يه مأمور واتمامه صرف
مقدور ايدوب فى اقرب الوقت تتميم وملتئم جباه سلاطين عظام اولان
عتبهٔ فلك دبدبهٔ ملوكانه يه با تقريبو عرض وتقديم ايدوب كتاب
مذكور جغرافياى جديد شكلنده بر اثر معتبر اولديغندن نزد فرد جهانداريده

رسيدهٔ حَيّز تَحْسِينْ وَمُشَارٌ اِلَيْهْ بُو مُقَابَلَهده مَزِيد الشّفَقَاتِ مُلُوكَانَه اِيْلَه كَاتِبِينْ

اُولُوبْ نُسْخَهلَرى كَثِيرْ وَاسْتِنْسَخَالى سَهْلْ ويَسِيرْ اُولَنْمَقْ اِيچُونْ دَارُ الطِّبَاع

عَامِرهده تَمْثِيلْ وَمُقَدَّمَا طَبْع اُولِنَانْ خَرِيطَهلَرَه تَذْيِيلْ اُولِنْمَقْ بَابِنْدَه حُكْمِ

جِهَانْمُطَاع شَرَفرِيز صُدُورْ وَبُو اِرَادَةٔ مَنَائِح اِفَادَه هُوَسْكَارَان عِلْمْ وَمَعَارِفه سَبَبِ

اِنْبِسَاط وَسُرُورْ اُولُوبْ دُعَاى بَقَاى عُمْرْ وشَوْكَتِ شَاهَانهيى تَكْرِيرْ

وَهَمِيشَه بُو مَقُولَه آثَار خَيْرِيّه وَأَفَاعِيل نَافِعهيَه مَظْهَرِيّتْ شَاهَانهلَرى تَمَنِّيَاتِنى

رسيدهٔ كُنْكُرهٔ جَرْخ اَثِيرْ اَيْلَدِيلَرْ ذِكْرْ اُولِنَانْ كِتَابِكْ بَعْضِ مُحَلَّلَرى تَعْدِيلْ

وَلَازِم الْاِيضَاحْ اُولَانْ عِبَارَهلَرى تَوْسِيعْ وتَسْهِيلْ اُولِنْمَقْ خُصُوصِى رَئِسِ

الْكُتَّابْ اَفَنْدِى يَه وَاِشْبُودِيبَاجَهيى نَقْش حَرِيرتَحْرِيرْ اِيدَنْ رُوزْنَامَّجهٔ اَوَّلْ

وَوَقْعَهه نُويسْ اَحْمَدْ وَاصِفه بَاخَطّ هُمَايُونْ اِحَالَه وَتَفْوِيضْ اُولِنُوبْ

بِقَدْر الْاِسْتِطَاعَه اِجْرَاى مَأْمُورِيَّه صَرْف مُزْجَاةٔ بِضَاعَه قِلِنْدِى

COMMENTAIRE ANALYTIQUE ET SYNTHÉTIQUE

ET

RENVOIS AUX NUMÉROS DE LA GRAMMAIRE.

PREMIER PARAGRAPHE.

PREMIÈRE PHRASE.

دُرُودْ وَتَحِيّتْ وَسِپَاسْ بِيمِنّتْ اُوّلْ خُدَاوَنْدِ بِى عِلَّته سَزَا دِرْكِه

Des louanges et des actions de grâces, avec des remercîments désintéressés,

sont dignes de ce Seigneur sans cause productrice ; que

COMMENTAIRE.

Phrase nominale complexe : sujets دُرُودْ, تَحِيّتْ et سِپَاسْ ; verbe دِرْ, attribut

سَزَا ; بِيمِنّتْ qualifie سِپَاسْ, et ce qui reste est le complément de l'attribut.

دُرُودْ *louange,* nom singulier d'origine persane.

وَ *et,* conjonction liant دُرُودْ à son synonyme نُحِيَّتْ, se prononce comme voyelle liée au mot précédent دُرُودْ (1002).

نُحِيَّتْ *action de grâces,* nom sing. fém. (179) d'origine arabe, forme تَفْعِيلهِ (n° 53) de la racine حَيْوَ doublement affectée (807); synonyme explicatif et corroboratif de دُرُودْ (911).

وَ *et, avec,* conj. liant les synonymes دُرُودْ et نُحِيَّتْ au nom سِپَاسْ, se pro- nonce comme consonne (1003).

سِپَاسْ *remercîment,* nom singulier persan, qualifié par l'adjectif بِيمِنَّتْ auquel il est uni par la liaison vocale (921).

بِيمِنَّتْ *cordial, désintéressé,* adjectif composé privatif, formé de la particule persane بِی *sans* (878), et مِنَّتْ *énumération de services rendus, faite à quelqu'un par manière de reproche, ou pour se faire gloire;* nom sing. fém. (179) ar., forme فَعْلَة (n° 6), racine مَنَن redoublée (786); il qualifie le nom سِپَاسْ, et il est symphonique avec نُحِيَّتْ (919).

Tous ces sujets sont indéterminés; mais le sens indique qu'il faut les traduire : *des louanges, des actions de grâces et des remercîments* (885).

أُولْ *ce, cela,* pron. démonstr. adj. déterminant le nom خُدَاوَنْدْ qu'il précède dans la phrase (940).

خُدَاوَنْدْ *seigneur,* nom sing. pers. déterminé par le pron. adj. أُولْ, qualifié par l'adj. comp. بِی عِلَّتْ, auquel il est joint par la liaison vocale; il est en construction avec la prép. هِ, qui l'unit à l'adjectif سَزَا, dont il est le complément (950).

بِی عِلَّتْ *sans cause productrice, qui existe de soi-même,* adj. comp. privatif (878) formé de بِی *sans* et عِلَّتْ *cause,* nom sing. fém. (179), ar., forme فَعْلَة (n° 6), rac. عَلَلَ redoublée (786); il qualifie le nom خُدَاوَنْدْ et est symphonique avec بِيمِنَّتْ et نُحِيَّتْ.

ه *à*, préposition turque en construction logique avec la phrase اول خداوند,
بی علّت, le complément de l'adj. سزا, et en construction grammaticale
avec le nom خداوند, quoique placée à la suite de l'adj. بی علّت (995).

سزا *digne, dû*, adj. pers., qui exige un complément (930).

در *est*; تحیّت, دُرُود verbe subst. défect. (524), liaison logique entre les sujets
سپاس, et l'attribut سزا; quoiqu'il ait plusieurs sujets, il est au singulier
(933) et à la 3ᵉ pers. sing., parce que ses sujets y sont tous aussi (933).

که *que* ou *parce que*, conj. qui réunit le nom خداوند avec les phrases qualificatives suivantes, ou qui commence l'énumération des raisons de la proposition affirmée par la phrase précédente (1010).

SECONDE PHRASE.

وجود انهار وبحار يكقطرهٔ قدرتی

L'existence des fleuves et des mers est (n'est qu') *une goutte de sa toute-
puissance.*

COMMENTAIRE.

Phrase nominale simple; sujet gramm. وجود انهار وبحار, log. وجود, liaison
sous-entendue représentée par le gérondif اولوب de la phrase suivante; attribut
gramm. يكقطرهٔ قدرتی, log. يكقطرهٔ.

وجود *existence*, nom sing. masc. (180), ar., forme فعول (nᵒ 15), rac. وجد
dont la première lettre est و (800); en construction persane (902) avec
les deux noms انهار et بحار; liaison vocale (904).

انهار *rivières*, nom plur. irrég. ar., forme افعال, sing. نهر, forme فعل (nᵒ 1),
rac. نهر non affectée (775); détermine avec بحار l'étendue du sens du
mot وجود.

و *et*, conj. unissant انهار et بحار, se lit comme voyelle jointe à انهار (1002).

mers, nom plur. irrég. ar., forme فِعَال ; sing. بَحْر forme فَعْل (nᵒ 1); rac. بَحَر non affect. (773); restreint avec أَنْهَار le sens de وُجُودْ.

une goutte, nom comp. (864); formé du nom de nombre persan يَك un, une, et de قَطْرَه goutte, nom sing. fém. (179) ar., forme فَعْلَة (nᵒ 5), rac. قَطَر non affect. (775); يَكْقَطْرَه est en construction persane (902) avec قُدْرَتْ ; liaison vocale (907).

puissance, toute-puissance, nom sing. fém. (179) ar., forme فُعْلَة (nᵒ 7), rac. قُدَر non affect. (773); détermine l'étendue du sens de يَكْقَطْرَه.

son, sa, ses, affixe pron. poss. 3ᵉ pers. sing. (307); se rapporte au nom خُدَاوَنْد de la 1ᵉ phrase; restreint le sens de قُدْرَتْ.

TROISIÈME PHRASE.

وَعَالَم مِلْك وَمَلَكُوت آفَرِيدَهٔ دَسْتِ مَشِيَّتِى أُولُوب

Et le monde de la royauté et de la domination est la créature de la main de sa toute-puissance.

COMMENTAIRE.

Phrase nominale simple; sujet gramm. عَالَم, log. عَالَم مِلْك وَمَلَكُوت ; liaison أُولُوب, attribut آفَرِيدَهٔ, et دَسْتِ مَشِيَّتِى est le complément de l'attribut.

و et, conj. qui unit cette phrase à la précédente.

عَالَم monde, nom subst. masc. (180) ar., forme فَاعَل (qui est rare et n'est pas indiquée dans les tableaux), rac. عَلَم non affect. (773); en construction persane avec مِلْك et مَلَكُوت (909); liaison vocale (904).

مِلْك royauté, empire, nom subst. masc. (145) ar., forme فِعْل (nᵒ 2), rac. non affect. (773); restreint avec مَلَكُوت le sens de عَالَم.

و et, conj. unissant مِلْك et مَلَكُوت, se lit comme voyelle jointe à مِلْك.

مَلَكُوت domination, maîtrise, nom subst. fém. (179) ar., forme فَعَلُوت (nᵒ 29), rac. مَلَك non affect. (773); restreint avec مِلْك le sens de عَالَم; le terme complexe عَالَم مِلْك وَمَلَكُوت signifie *le monde spirituel;* le mot مَلَك, dont le pluriel irrégulier est مَلَائِكَه et dérivé de la même racine avec مِلْك et مَلَكُوت, veut dire *ange;* de là ces deux mots peuvent prendre le sens de *état évangélique, spirituel :* le terme opposé à celui-ci est عَالَم نَاسُوت *le monde de l'humanité.*

آفَرِيدَه *créé, créature, création,* participe passé persan (743), dont le présent est آفَرِينَنْدَه et آفَرِين (745); il est employé ici comme substantif en construction persane avec دَسْت; liaison vocale (907).

دَسْت *main,* nom sing. pers.; démontre l'agent *créateur* qui a causé l'existence du patient désigné par le participe passé آفَرِيدَه.

مَشِيَّت *volonté, vouloir,* nom subst. fém. (179) ar., forme مَفْعِلَة (n° 36), rac. شَيَأ en même temps concave et ayant pour un de ses radicaux un ا (807); restreint le sens de دَسْت, et forme avec ce mot une figure du discours (912).

ی *son, sa, ses,* affixe pron. poss. 3ᵉ pers. sing. (307); se rapporte au nom خُدَاوَنْد de la première phrase, et restreint le sens de مَشِيَّت.

اُولُوب *étant,* forme gérond. (494) du verbe neutre اُولْمَق *être;* sert de liaison à la phrase, et, par représentation, à la précédente aussi (958), et les réunit toutes deux à celle qui suit (496).

QUATRIÈME PHRASE.

جِبَالِ رَاسِيَاتِی مَعْمُورَةً اَرْضَه اُوتَنَاذ

Il a fait des montagnes immuables les pieux du tabernacle du monde.

COMMENTAIRE.

Phrase verbale simple; sujet et verbe sous-entendus et représentés par le gérondif أَوْتَادْ إِيدُوبْ de la phrase suivante ; جِبَالٍ رَاسِيَّاتٍ régime direct défini ; أَوْتَادْ régime direct indéfini ; مَعْمُورَةٌ أَرْضَهُ complément du régime indéfini.

جِبَالٌ *montagnes*, nom plur. ar., forme فِعَالٌ, sing. جَبَلْ, forme فَعَلْ (n° 9), rac. جَبَلْ non affect. (773); qualifié par l'adj. رَاسِيَّاتٍ, avec lequel il y a liaison vocale (921), et en construction logique avec la prép. ى (995).

رَاسِيَّاتٍ *immuables*, nom d'agent ar. fém. plur. (179); sing. fém. رَاسِيَّه; sing. masc. رَاسِى, forme فَاعِل (n° 40); rac. رَسَى défectueux (806); fait fonction d'adjectif et qualifie le nom جِبَالٌ, avec lequel il est en construction persane. Cette construction est un exemple de l'emploi des locutions arabes; ces deux mots, ainsi construits, se trouvent dans un verset du Kour'ân.

ى ......, prép. indiquant que le nom جِبَالٌ, régime direct d'un verbe, est défini (973).

مَعْمُورَةٌ *endroit habité, habitation*, part. pass. sing. fém. ar., sing. masc. مَعْمُورْ, forme مَفْعُولْ (n° 44), rac. عَمَرَ non affect. (773); fait fonction de subst.; en construction turque 4ᵉ espèce (899) avec أَوْتَادْ, auquel il est lié par la prép. ٥, et en construction persane avec أَرْضْ; liaison vocale (907).

أَرْضْ *la terre, le monde terrestre*, nom sing. masc. (180) ar., forme فَعَلْ (n° 1), rac. أَرَضْ, première radicale ا (788); restreint le sens de مَعْمُورَةٌ.

٥ *à, pour*, prép. (578) unissant les deux noms مَعْمُورَةٌ et أَوْتَادْ (899), ou au moyen de laquelle le nom مَعْمُورَةٌ est régi par le verbe sous-entendu dont il est le régime indirect (977).

أَوْتَادْ *pieux, poutres*, nom plur. irrég. ar., forme أَفْعَالْ, sing. وَتَدْ, forme فَعَلْ (n° 4), rac. وَتَدْ, première lettre و (800); le sens en est indéfini (972).

CINQUIÈME PHRASE.

وَجَدَاوِلِ عَذْبِ ٱلطُّعُومِى مَدَارِ ٱنْتِعَاشٍ عِبَادٍ ضَعِيفٍ ٱلْأَيَّاذَ ايدُوبْ

Et des ruisseaux à la douce saveur, il en a fait les moyens de santé de ses faibles serviteurs.

COMMENTAIRE.

Phrase verbale simple; sujet sous-entendu, verbe représenté par le gérondif ايدُوبْ, qui est défini, les régimes directs du verbe sont جَدَاوِلِ عَذْبِ ٱلطُّعُومِ et عِبَادٍ ضَعِيفٍ, qui est indéfini; ٱنْتِعَاشٍ est le complément de مَدَارِ, et مَدَارِ l'est de ٱلْأَيَّاذَ ٱنْتِعَاشٍ.

وَ, *et,* conj. qui unit la phrase précédente à celle-ci, et par-là la ramène sous l'influence du gérondif ايدُوبْ; prononcée comme consonne (1003).

جَدَاوِلْ *ruisseaux,* nom plur. irrég. ar., forme فَعَلَلْ, sing. جَدْوَلْ, forme فَعَالِلْ (n° 1), rac. جَدْوَلَ quadrilitère (810); qualifié par l'adj. عَذْبِ ٱلطُّعُومِ auquel il s'unit par la liaison vocale (904); et en construction avec la prép. ى.

عَذْبِ ٱلطُّعُومِ *doux de saveurs,* locution arabe ayant la valeur d'un adjectif composé (862); formée de عَذْبٌ *doux,* أَلْ *le, la, les,* et طُعُومٌ *saveurs,* nom plur. irrég. ar., forme فُعُولْ, sing. طَعْمٌ, forme فَعْلٌ (n° 1), rac. طَعَمَ non affect. (773); exemple de l'emploi du signe وَصْلْ (133) et du signe تَشْدِيدْ (120); il qualifie le nom جَدَاوِلْ logiquement, et جَدَاوِلْ عَذْبِ ٱلطُّعُومِ grammaticalement, et ى...., prép. régissant (998).

مَدَارْ *moyen, axe autour duquel une chose tourne,* nom d'endroit ar., forme مَفْعَلْ (n° 33), rac. دَوَرَ concave (803); en construction persane avec إِنْتِعَاشْ (902); liaison vocale (904).

نَعَش *santé*, nom sing. masc. (145) ar., forme اِفْتِعَالْ (n° 76), rac. اِنْتِعَاشْ non affect. (773); restreint le sens du nom مَدَارْ; il est en construction persane avec عِبَادْ; liaison vocale (904).

عِبَادْ *serviteurs*, nom plur. irrég. ar., forme فِعَالْ, sing. عَبْدْ, forme فَعْلْ, rac. عَبَدَ non affect. (773); restreint le sens de اِنْتِعَاشْ; qualifié par l'adj. ضَعِيفُ الْأَبَادْ, auquel il s'unit par la liaison vocale (904).

ضَعِيفُ الْأَبَادْ *faible de mains*, locution arabe ayant la valeur d'un adjectif composé (862); formée de ضَعِيفْ *faible*, أَلْ *le, la, les*, et أَبَادْ *mains*. أَبَادْ est de la forme فَعِيلْ (n° 46), rac. ضَعَفَ non affect. (773); est plur. irrég. du nom irrég. يَدْ *main*; cet adjectif qualifie le nom عِبَادْ, avec lequel, ainsi qu'avec le mot أَوْتَادْ, il est symphonique (919).

اِبْدُوبْ *faisant*, 1er gérondif du verbe actif اِيتَمَكْ *faire*; exemple du changement du ت de la racine en د (495); sert de verbe à la phrase (989), et, par représentation, à la précédente aussi (990). Le mode, le temps, le nombre et la personne de ce gérondif sont tous indiqués par ceux du verbe اِسْتَثْنَا اَيْلَدِى dans la septième phrase, de là on voit que le sujet du gérondif est le pronom personnel de la 3e personne du singulier, lequel se rapporte au nom خُدَاوَنْدْ de la première phrase.

SIXIÈME PHRASE.

أَفْرَادِ إِنْسَانِيَّهيَه مَا لَا بُدَّ أُولَانْ تَعْمِيرِ مُدُنْ وبُلْدَانْ وتَنْظِيمِ مَأْوَى وُمَكَانَه إِهْتِدَا وتَحْرِيكِ آسْبَابِ تَجْرِبَه وَاِخْتِبَارْ وَاِدَارَةْ بَرَكَارِ افْكَارْ إِيلَه عَجَائِبِ مَخْلُوقَاتْ وغَرَائِبِ مَصْنُوعَاتِي فَهُمْ واِدْرَاكِه مَلَكَه وقَابِلِتَّتْ اِعْطَا اَيْلَيُوبْ

Il donna aux individus humains l'instinct qui leur est absolument nécessaire, de construire des cités et des villes, et d'arranger un gîte et une place, ainsi que le talent et la capacité de saisir et de comprendre les merveilles de la création et les curiosités des arts, par le mouvement du moulin de l'expérience et de l'in-formation, et par la révolution du compas des pensées.

COMMENTAIRE.

Phrase verbale complexe ; sujet sous-entendu ; verbe représenté par le gérondif اِعْطَا اَيْلَيُوب ; premier régime direct اِهْتِدَا, dont les mots تَعْمِيرِ مُدُنْ وَبُلْدَانْ sont le complément, et مَا لَا بُدَّ اُولَانْ l'adjectif ; le second régime direct مُلْكَه وَقَابِلِيَّتْ est composé ; son complément s'étend depuis le mot اَفْرَادِ اِنْسَانِيَّه jusqu'à تَحْوِيلِكْ, et اِدْرَاكْ est le régime indirect du gérondif.

اَقْرَادْ *individus,* nom plur. irrég. ar., forme اَفْعَالْ, sing. فَرْدْ, forme فَعْلْ, rac. فَرَد non affect. (773) ; qualifié par اِنْسَانِيَّه et régi par la prép. يَه (995).

اِنْسَانِيَّه *humaine,* adj. ar. de relation (811), dérivé de اِنْسَانْ *homme;* il est au féminin, parce que son substantif est au pluriel (928).

يَه *à,* prép. qui unit le régime indirect au gérondif (991) ; elle a cette forme, parce que le mot qui la précède se termine par une voyelle (580).

مَا لَا بُدَّ *absolument nécessaire,* locution arabe, complément de اُولَانْ.

اُولَانْ *qui est,* part. act. prés. du verbe neutre اُولْمَقْ *être;* qualifiant, avec son complément مَا لَا بُدَّ, les noms تَعْمِيرْ et تَنْظِيمْ.

تَعْمِيرْ *construire, construction,* nom verbal ar., forme تَفْعِيلْ (n° 55), rac. عَمَرْ non affect. (773) ; en construction persane avec مُدُنْ et بُلْدَانْ, qui sont ses régimes directs logiques (987).

مُدُنْ *cités,* nom plur. irrég. ar., forme فُعُلْ (qui est rare et n'est pas indiquée dans les tableaux), sing. مَدِينَه, forme فَعِيلَة (n° 48), rac. مَدَنْ non affect. (773) ; ensemble avec بُلْدَانْ, il restreint le sens de تَعْمِيرْ.

وَ *et,* conjonction.

بُلْدَانْ *villes,* nom plur. irrég. ar., forme فُعْلَانْ (qui est rare et n'est pas in-diquée dans les tableaux), sing. بَلْدَه, forme فَعْلَة (n° 5), rac. بَلَدْ non affect. (773). Après ce mot, il y a la prép. ه sous-entendue, et remplacée par celle qui suit le mot مَكَان (998).

و *et*, conjonction.

تَنْظِيم *arranger, arrangement*, nom verbal ar., forme تَفْعِيل (n° 53), rac. نَظَم non affect. (773); en construction persane avec مَأْوَى et مَكَان, qui sont ses régimes directs logiques (987); il est régi par la prép. ه placée après le mot مَكَان (995).

مَأْوَى *gîte*, nom de lieu ar., forme مَفْعَل (n° 33), rac. أَوَى triplement affect., exemple de l'emploi du signe أُوزُون أَلَف (132). Avec مَكَان, il restreint le sens de تَنْظِيم.

و *et*, conjonction.

مَكَان *place, lieu*, nom de lieu ar., forme مَفْعَل (n° 33), rac. كَوَن concave (803); il aide à restreindre le sens de تَنْظِيم, et il est symphonique avec بُلْدَان (919).

ه *à*, prép. qui réunit ses compléments تَعْبِير et تَنْظِيم au nom verbal اِهْتِدَا (987).

اِهْتِدَا *instinct, l'action de suivre un guide*, nom verbal ar., forme اِفْتِعَال (n° 76), rac. هَدَى défectueux (806); il est indéfini, n'ayant pas la prép. ى pour le régir (972); et ses compléments تَعْبِير et تَنْظِيم sont ses régimes indirects logiques, qu'il régit à l'aide de la prép. ه (987).

و *et*, conj. qui sert ici à unir les deux régimes directs du verbe اِعْطَا اَيَّيُوب.

تَحْرِيك *l'action de mettre en mouvement*, nom verbal ar., forme تَفْعِيل (n° 53), rac. حَرَك non affect. (773); il est en construction persane avec le mot آسِيَاب, auquel il s'unit par la liaison vocale (904); il est régi par la prép. اِبِلَه, qui suit le mot أَفْكَار, et qui l'unit aux noms verbaux فَهْم وَاِدْرَاك, desquels il est un régime indirect qui indique le moyen par lequel leur action se fait.

37

آسِيَاب *moulin*, nom pers.; restreint le sens de تَحْرِيك, dont il est le régime direct logique (987), et il est en construction persane avec les mots تَجْرِبَه et إِخْتِبَار, au premier desquels il s'unit par la liaison vocale (904).

تَجْرِبَه *essayer, expérience*, nom verbal ar., forme تَفْعِلَة (rare, et qui n'est pas indiquée dans les tableaux; elle appartient au chapitre تَفْعِيل, et tous les défectueux font leur nom verbal de ce chapitre sur cette forme, ainsi que cela se voit en examinant bien les exemples donnés dans les tableaux), rac. جَرَب non affect. (775); il restreint le sens de آسِيَاب à l'aide du mot إِخْتِبَار.

وَ *et*, conjonction.

إِخْتِبَار *information reçue, gagnée*, nom verbal ar., forme إِفْتِعَال (n° 76), rac. خَبَر non affect. (773); restreint avec تَجْرِبَه le sens de آسِيَاب, formant ainsi une figure du discours (912).

وَ *et*, conj. qui réunit ici les mots إِدَارَه et تَحْرِيك.

إِدَارَه *l'action de faire tourner*, nom verbal ar., forme إِفْعَال (n° 65), rac. دَوَر concave (805); il est régi par la prép. إِيلَه qui suit le mot أَفْكَار, et il est en construction persane avec le mot پَرْكَار, auquel il est uni par la liaison vocale (907).

پَرْكَار *compas*, nom sing. pers. qui restreint le sens de إِدَارَه, et qui est en construction persane avec le mot أَفْكَار, auquel il s'unit par la liaison vocale (904).

أَفْكَار *pensées*, nom plur. irrég. ar., forme أَفْعَال, sing. فِكْر, forme فِعْل (n° 2), rac. فَكَر non affect. (659); il restreint le sens du mot پَرْكَار, avec lequel il forme une figure du discours (912).

إِيلَه *par, avec*, prép. qui régit les noms تَحْرِيك et إِدَارَه, qu'il réunit aux noms verbaux فَهْم et إِدْرَاك, desquels ils sont les régimes indirects logiques (987).

عَجَائِب‎ *choses étonnantes, merveilles,* adj. fém. plur. irrég. ar., forme فَعَائِل‎,

sing. fém. عَجِيبَه‎, forme فَعِيلَة‎ (n° 48), rac. عَجَب‎ non affect. (773);

il est employé ici comme substantif en construction persane avec le mot

مَخْلُوقَات‎, auquel il s'unit par la liaison vocale (904), et il est régi par la

prép. ی‎ sous-entendue ici, mais représentée à la suite de مَصْنُوعَات‎;

avec غَرَائِب‎ il forme le régime direct défini des noms verbaux

فَهْم وإِذْرَاك‎ (973).

مَخْلُوقَات‎ *choses créées, la création,* nom de patient fém. plur. rég. (204) ar.,

forme مَفْعُول‎, sing. fém. مَفْعُولَات‎, مَخْلُوقَه‎, sing. masc. مَخْلُوق‎, forme

(n° 44), rac. خَلَق‎ non affect. (773); il restreint le sens de عَجَائِب‎,

étant employé comme substantif.

وَ‎ *et,* conj. qui joint ici les noms عَجَائِب‎ et غَرَائِب‎.

غَرَائِب‎ *choses étranges, curieuses,* adj. fém. plur. ar., forme فَعَائِل‎, sing.

fém. غَرِيبَه‎, sing. masc. غَرِيب‎, forme فَعِيل‎ (n° 46), rac. غَرَب‎ non

affect. (773); il est employé ici comme substantif en construction persane

avec le mot مَصْنُوعَات‎, auquel il s'unit par la liaison vocale (904), et il

est régi par la prép. ی‎ étant le régime direct défini des noms verbaux

فَهْم وإِذْرَاك‎ (973).

مَصْنُوعَات‎ *choses produites par l'art,* nom de patient fém. plur. rég. ar.; sing.

masc. مَصْنُوع‎, forme مَفْعُول‎ (n° 44), rac. صَنَع‎ non affect. (773); il

restreint le sens de غَرَائِب‎, étant employé comme substantif.

ی‎ ...., prép. régissant les noms عَجَائِب‎ et غَرَائِب‎, régimes directs définis des

noms verbaux فَهْم وإِذْرَاك‎ (568, 973, 998).

فَهْم‎ *comprendre, entendement,* nom verbal ar., forme فَعْل‎ (n° 1), rac. فَهْم‎ non

affect. (775); avec إِذْرَاك‎ il est uni aux noms مَلَكَه وقَابِلِيَّت‎ par la

prép. ٪‎, étant en construction turque, 4e espèce, avec ces noms (899).

وَ *et*, conjonction.

إِدْرَاك *saisir, atteindre, comprendre*, nom verbal ar., forme إِفْعَال (n° 65), rac.

دَرَك non affect. (773); il est explicatif de فَهْم (911).

(899). مَلَكَه وَقَابِلِيَّتْ *s à, pour*, prép. unissant فَهْم وَإِدْرَاك aux noms régissants

مَلَكَه *talent*, nom fém. sing. (179) ar., forme فَعَلَه (n° 8), rac. مَلَك non affect.

(773); il forme avec son synonyme قَابِلِيَّتْ un des régimes directs indé-

finis du gérondif إِعْطَا أَيْلَيُوبْ.

وَ *et*, conjonction.

قَابِلِيَّتْ *capacité*, nom abstrait de rapport (815), dérivé de قَابِل *capable*, et

قَابِلِي *qui se rapporte à celui qui est capable*; il est explicatif et corro-

boratif de مَلَك (911).

إِعْطَا أَيْلَيُوبْ *donnant*, 1er gérondif du verbe comp. إِعْطَا أَيْلَمَك, faisant

fonction de verbe; sa partie nominale إِعْطَا est un nom verbal ar.,

forme إِفْعَال (n° 65), rac. عَطَى défect. (806); le mode, le temps, le

nombre et la personne de ce gérondif sont déterminés par ceux du verbe

إِسْتِثْنَا أَيْلَدِى; de là on s'aperçoit qu'il est de la 3e pers. sing., et que

son sujet logique se rapporte au nom خُدَاوَنْدْ de la première phrase.

SEPTIÈME PHRASE.

بُوقُوَّةْ مُدْرِكَه سَبَبِى اِيلَه نَوْع بَنِى آدَمِى سِبَاعِ عُجْمْ وَحَيْوَانَاتِ بُهْمَدْنْ اِسْتِثْنَا أَيْلَدِى

Il a distingué l'espèce des enfants d'Adam des bêtes féroces muettes et des animaux sans raison, par le moyen de cette faculté comprenante (l'entendement).

COMMENTAIRE.

Phrase verbale simple; sujet sous-entendu; verbe إِسْتِثْنَا أَيْلَدِى; régime

direct défini grammatical نَوْع, logique نَوْع بَنِى آدَمْ; les membres qui restent, savoir سِبَاع عُجَمْ وَحَيْوَانَاتِ بُهَمْ et بُو قُوَّةْ مُذْرِكه سَبَبِى, sont des régimes indirects;

بُو *ce, ceci, celui-ci,* pron. démonstr. turc qualifiant le nom قُوَّةْ, ou plutôt ce nom avec son adjectif مُذْرِكه.

قُوَّةْ *pouvoir, faculté,* nom sing. fém. (179) ar., forme فَعْلَة (n° 7), rac. قُوَى concave et défectueuse (807); il est en construction persane et liaison vocale avec son adjectif مُذْرِكه (907), et en construction turque, 2° espèce (892), avec le nom سَبَبْ, dont il restreint le sens.

مُذْرِكه *comprenante,* nom d'agent fém. sing. ar. du chapitre اِفْعَال, forme مُفْعِلَة (n° 67), rac. دُرَك non affect. (773); il fait ici fonction d'adjectif, et s'accorde en nombre et en genre avec son substantif (927).

سَبَبْ *cause, raison, moyen,* nom sing. masc. (180) ar., forme فَعَلْ (n° 9), rac. سَبَبْ redoublée (786); il est un des régimes indirects grammaticaux du verbe, et il est régi par la prép. أِيلَه (977).

ى *son, sa, ses,* affixe pron. poss. 3° pers. sing.; se rapporte au nom قُوَّةْ et qualifie le nom سَبَبْ (941).

أِيلَه *par,* prép. à l'aide de laquelle le verbe régit son régime indirect سَبَبْ (977).

نُوَعْ *espèce,* nom sing. masc. (180) ar., forme فَعَلْ (n° 1), rac. نُوَعْ concave (803); il est en construction persane (902) et liaison vocale (904) avec le nom بَنِى, et il est régi par la prép. ى comme régime direct défini du verbe اِسْتِثْنَا اَيْلَدِى (973).

بَنِى *enfants,* nom plur. irrég. ar. du mot irrég. اِبْنْ *fils;* il restreint le sens du nom نُوَعْ, et il est en construction arabe avec آدَمْ.

آدَمْ *Adam,* nom propre ar. qui restreint le sens de بَنِى.

ى ....., prép. unissant le régime direct défini نُوَعْ au verbe (973).

سِبَاعْ *bêtes féroces,* nom plur. irrég. ar., forme فَعَالْ, sing. سَبَعْ, forme فَعَلْ

(rare, et qui n'est pas donnée dans les tableaux), rac. سَبَع non affect.
(773 ; il est en construction persane (902) et liaison vocale (904) avec son
adjectif عُجَم, et il est régi par la prép. دَن, qui l'unit au verbe dont,
avec حَيَوَانَات, il est un des régimes indirects grammaticaux (977).

عُجَم *muets*, adj. plur. irrég. ar. qualifiant le nom سِبَاع ; sa forme est فُعَل (rare,
et non indiquée dans les tableaux), rac. عُجَم non affect. (773).

وَ *et*, conjonction.

حَيَوَانَات *animaux*, nom plur. quasi-rég. (205) ar., sing. حَيَوَان, forme فَعَلَان
(n° 22), rac. حَيَوَ concave et défectueuse (807); il est en construction
persane (902) et liaison vocale (905) avec son adjectif بُهُم, et il est régi
par la prép. دَن, qui l'unit au verbe dont il est un régime indirect (977).

بُهُم *qui sont sans raison*, adj. plur. irrég. ar., sing. بَهِيم, forme فَعِيل (n° 46),
rac. بُهُم non affect. (773); il qualifie le nom حَيَوَانَات, et il est symphonique avec عُجَم (919).

دَن *de*, prép. qui unit les régimes indirects حَيَوَانَات et سِبَاع au verbe régissant (977).

اِسْتِثْنَا اَيْلَدِى *il excepta, distingua*, verbe composé (555), 3ᵉ pers. sing. du
parfait de l'indicatif ; la partie nominale est de la forme اِسْتِفْعَال (n° 88),
rac. ثَنَى défectueuse (806); son sujet est le pronom personnel de la
3ᵉ pers. sing., qui se rapporte au nom خُدَاوَنْد de la première phrase ;
il est actif (846), et son régime direct défini gramm. est نَوْع, logique
نَوْع بَنِى آدَم, lesquels il régit par la prép. ى (975); ses régimes
indirects sont سَبَب, qu'il régit à l'aide de la prép. اِيلَه (977), et les
noms حَيَوَانَات et سِبَاع, lesquels il régit par la prép. دَن (977). De
plus, il détermine le mode, le temps, le nombre et la personne des verbes
représentés par les gérondifs اِيدُوب de la cinquième phrase, et
اِعْطَا اَيْلَيُوب de la sixième (492).

HUITIÈME PHRASE.

ع سُبْحَانْ مَنْ تَحَيَّرَ فِي صُنْعِهِ سِوَاهُ

Vers : *Gloire à celui dont les ouvrages émerveillent tout ce qui n'est pas lui !*

COMMENTAIRE.

Le vers introduit ici est en langue arabe, et nous ne nous occuperons pas d'expliquer les règles de sa construction. La citation de ce vers est analogue à celles de vers latins, grecs, etc., qui se font dans nos livres.

ع. Cette lettre isolée représente le mot شِعْرْ *poésie,* ou مِصْرَاعْ *vers.* Quand on introduit dans la prose un morceau de poésie, on l'indique par cette lettre ou par l'un des mots suivants, selon le cas : شِعْرْ *poésie,* مِصْرَاعْ *un seul vers,* بَيْتْ *un distique,* قِطْعَه *morceau* (de deux distiques au moins, mais sans distique capital), رُبَاعِي *quatrain* (deux distiques, dont le premier est capital ; c'est-à-dire que ses deux vers et le second vers du dernier distique doivent avoir la même rime), مَثْنَوِي *morceau où les deux vers de chaque distique sont en rime l'un avec l'autre.*

Ici se termine le paragraphe des louanges adressées à Dieu. Dans ce paragraphe, j'ai détaillé pour chaque mot toutes les règles auxquelles il est assujetti dans la phrase ; mais, dans ce qui suit, je n'ai indiqué que ce qui m'a paru avoir besoin d'être développé et éclairci.

SECOND PARAGRAPHE.

PREMIÈRE PHRASE.

وَصَلَوةٍ نَامَعْدُودْ وَسَلَامْ غَيْرِ مَحْدُودْ صَاحِب مَقَام مَحْمُودْ اولَانْ فَخْرِ اَنْبِيَا
وَسَنَد اَصْفِيَا حَضْرَتِلَرِنَه شَائِسْتَه وَاَحْرَادِرْ

Et des litanies innombrables avec des salutations illimitées sont propres et très-convenables à Sa Sainteté, la Gloire des Prophètes, le Symbole des Saints, celui qui est le possesseur de la place glorifiée.

COMMENTAIRE.

Phrase nominale complexe; sujets سَلَام et صَلُوةٌ ; liaison دِرْ ; attributs شَايَسْتَهْ et أَحْرَا ; les épithètes حَضْرَتْلَرِى et سَنَدِ اَصْفِيَا , فَخْرِ اَنْبِيَا , sont en opposition, et sont qualifiées par صَاحِب مَقَام مَحْمُودٌ اَوْلَانْ , et tout ensemble ils forment le complément de l'attribut.

صَلُوةٌ *litanie*, s'écrit aussi صَلَاتْ , nom indéfini avec le sens du pluriel (885).

نَامَعْدُودْ *innombrable*, épithète composée (878) persane.

غَيْرِ مَحْدُودْ *illimité*, épithète composée arabe (860).

اَوْلَانْ *qui est*, part. act. prés. (452) du verbe neutre اُولْمَقْ *être*; il unit la phrase qualificative صَاحِب مَقَام مَحْمُودْ aux épithètes qualifiées.

مَحْمُودْ *glorifié*, symphonique avec غَيْرِ مَحْدُودْ et نَامَعْدُودْ (919).

اَنْبِيَا *prophètes*, plur. irrég. de نَبِى , forme فَعِيلْ (n° 46), rac. نَبَى défectueuse (806).

اَصْفِيَا *saints*, plur. irrég. de صَفِى , forme فَعِيلْ (n° 46), rac. صَفَوْ défectueuse (806).

حَضْرَتْلَرِى *sa sainteté*, exemple de l'emploi de ce mot appliqué à un prophète (916); car les termes سَنَدِ اَصْفِيَا et فَخْرِ اَنْبِيَا sont usités pour désigner Mohammed.

أَحْرَا *très-convenable*; exemple de l'usage de l'ا pour remplacer un ى à la fin d'un mot (20); أَحْرَا est pour أَحْرَى , qui est de la forme اَفْعَلْ (n° 51), rac. حَرَى défectueuse (806).

SECONDE PHRASE.

كِه رُتْبَهٔ قَدْر وَمَاهِيَتِنِى عَلَاقَهٔ اِسْطِرْلَاب عُقُولْ وَمِقْيَاسِ حَوَاسِّ فُحُولْ اِيلَه اِحَاطَهٔ مُمْتَنِعْ

Parce que (ou *telle sainteté que*), *comprendre le rang de sa valeur et de son essence par l'application de l'astrolabe des entendements et de l'échelle des sens des hommes d'esprit, est impossible.*

COMMENTAIRE.

Phrase nominale simple ; sujet إِحَاطَهُ ; liaison sous-entendue ; attribut مُمْتَنِعٌ ; ce qui reste est le complément du sujet en deux parties ; مَاهِيَّتِى قَدْرُو رُتْبَهْ en est le régime direct défini, عَلَاقَهْ أُسْطُرْلَاب عُقُولْ وَمِقْيَاس حَوَاسّ فُحُولْ en est le régime indirect.

مَاهِيَّتِى composé de مَاهِيَّتْ *essence,* ى *son, sa, ses,* supprimé (573), et la prép. نِى (572). L'affixe pron. qualifie les deux noms مَاهِيَّتْ et قَدْرْ, et la prép. régit le nom رُتْبَهْ (995).

مِقْيَاس *échelle,* nom d'instrument ar., forme مِفْعَالْ (n° 58), rac. قَيَسَ concave (803).

حَوَاسّ *les sens,* nom d'agent fém. plur. irrég., forme فَوَاعِلْ, sing. fém. حَاسَّه (n° 41), rac. حَسَسَ redoublée (786).

إِيَلَه *par, avec,* régit le nom عَلَاقَه (995), qu'il réunit au nom verbal إِحَاطَهُ (899, 987).

إِحَاطَهُ *circonscrire, contenir, comprendre,* nom verbal ar., forme إِفْعَالْ (n° 65), rac. حَيَطَ concave (803), régit ses régimes comme un verbe ; mais on pourrait lui ajouter l'auxiliaire اِيتَمَكْ (987).

مُمْتَنِعٌ *impossible,* nom d'agent du chapitre إِفْتِعَالْ, forme مُفْتَعِلْ (n° 77), rac. مَنَعَ non affect. (775), employé ici comme adjectif.

TROISIÈME PHRASE.

وَشَمْسٌ وَسْطُ ٱلسَّمَاءِ مَحَجَّةْ بَيْضَاسِى يُوْمًا فَيُوْمًا مُسْتَنِيرُ وَمُلْتَمِعْ أُولُوبْ

Et le soleil méridien de sa religion pure est de jour en jour brillant et rayonnant.

COMMENTAIRE.

Phrase nominale simple; sujet شَمْس ; liaison اُولُوب ; attribut composé مُسْتَنِيرٌ وَمُلْتَمِعٌ ; le terme يَوْمًا فَيَوْمًا est un adverbe de temps, et ce qui reste est le complément du sujet.

وَسَطُ السَّمَا *milieu du ciel, méridien*, locution arabe ayant la valeur d'un substantif composé (859); il restreint le sens de شَمْس .

مَحَجَّة *religion, lieu, chose, thèse qu'on établit par preuves*, nom de lieu ar., forme مَفْعَلَة (n° 35), rac. حَجَّ redoublée (786); il est uni par la liaison vocale au mot سَمَا (907); mais il est en construction persane avec le mot شَمْس (929), dont il restreint le sens, et avec lequel il forme une figure du discours (912).

بَيْضَا *blanc, pur*, adj. fém. ar.; forme فَعْلَى (n° 52), rac. بَيَضَ concave (803).

يَوْمًا فَيَوْمًا *de jour en jour*, locution arabe adverbiale (540); يَوْم signifie *jour*, le فِ au milieu est conjonction et signifie *et ensuite*.

مُسْتَنِير *brillant*, nom d'agent du chapitre اِسْتِفْعَال , forme مُسْتَفْعِل (n° 89), rac. نَوَر concave (803), employé comme adjectif.

مُلْتَمِع *rayonnant*, nom d'agent du chapitre اِفْتِعَال ; forme مُفْتَعِل (n° 77), rac. لَمَعَ non affect. (773); il est symphonique avec مُمْتَنِع (919) : il fait ici fonction d'adjectif.

QUATRIÈME PHRASE.

مِيَانْبَنْد شَرِيعَتِ غَرَّاسِى مِنْطَقَةُ الْبُرُوج كَلَاءَتِ رَبَّانِيَّه اِيلَه تَسَاقُط وَتَهَافُتْدَن آزَادَه

Celui qui est ceint de sa docte loi est délivré de l'abaissement et du déclin par le zodiaque de la sauvegarde divine.

COMMENTAIRE.

Phrase nominale simple ; sujet ميانبند ; liaison sous-entendue ; attribut آزاده ; les mots شريعت غرّاسى forment le complément du sujet, et ce qui reste le complément de l'attribut en deux parties, dont la première lui est unie par la préposition ايله, et la seconde par دن.

ميانبند *celui qui est ceint,* épithète composée persane (871).

سى *son, sa, ses,* affixe pron. poss. 3ᵉ pers. sing., se rapporte au mot حضرت de la première phrase, et qualifie le nom شريعت.

منطقة البروج *le zodiaque,* locution arabe (859).

ربّانيّه *divine,* adj. fém. ar. de rapport (812), dérivé de ربّ, mais irrégulièrement. Il y a ici une figure du discours (912) entre les noms منطقة البروج et كلاءت.

ايله *par,* régit le nom منطقة البروج (995).

دن *de,* régit les deux noms تساقط et تهافت (998), qui s'expliquent et se corroborent mutuellement (911).

CINQUIÈME PHRASE.

وأمّت مرحومهسى كنتم خير أمّة تشريف لطيفيله سائر أمم وأجياله رشك داده اولمشدر

Et son peuple, l'objet de la miséricorde divine, est devenu une cause d'envie pour les autres peuples et nations, par l'ennoblissement délicat (exprimé dans le verset) « *vous êtes le meilleur des peuples.* »

COMMENTAIRE.

Phrase nominale simple ; sujet أمّت, dont مرحومه et سى sont les qualificatifs ; liaison در ; attribut اولمش, dont tout ce qui reste est le complément en trois parties ; كنتم خير أمّة تشريف لطيفى رشك داده en est le complément direct, سائر أمم et أجيال en sont les compléments indirects.

سىـ *son, sa, ses,* affixe pron. poss. 3ᵉ pers. sing., se rapporte à حَضْرَتْ de la première phrase.

كُنْتُمْ خَيْرَ أُمَّة *vous êtes le meilleur des peuples,* phrase arabe, verset du Kour'ân; exemple de l'emploi de ces sortes de phrases comme simple substantif (918). Il est en construction turque, 2ᵉ espèce; avec le nom تَشْرِيفٌ, indiqué par l'affixe pron. poss. ى qui suit l'adj. لَطِيفٌ (892).

إِيلَه *par,* réunit le nom تَشْرِيفْ à l'attribut أُولْمِشْ (980).

سَائِرْ *autre,* exemple de l'emploi d'un adjectif *avant* le nom qu'il qualifie (921).

رَشْك دَاذَه *qui a causé de l'envie,* épithète composée persane (872).

أُولْمِشْ *qui est devenu déjà,* exemple de l'emploi d'un participe actif passé (460).

TROISIÈME PARAGRAPHE.

PREMIÈRE PHRASE.

آل وَأَصْحَابْ وَعِتْرَتْ وَأَحْبَابِنَه دَخِى أُلُوفِ رِضْـوَانْ وصُنُوفِ غُفْـرَانْ شَايَانْدِرْ

Des milliers de prières pour que Dieu accepte leurs bonnes œuvres, et toutes espèces de supplications pour qu'il leur pardonne leurs péchés, sont aussi dues à sa postérité, ses compagnons, sa famille et ses amis.

COMMENTAIRE.

Phrase nominale complexe; sujets صُنُوفِ غُفْرَانْ et أُلُوفِ رِضْوَانْ; liaison دِرْ; attribut شَايَانْ; ce qui reste est le complément de l'attribut, à l'exception de la conjonction دَخِى qui lie le sens du paragraphe à celui des paragraphes précédents.

آلْ *postérité,* nom ar., forme فَعَلْ (nᵒ 9), rac. أَوَلْ concave (803) et affectée d'un ا pour première radicale (789).

أَحْبَابِنه *à ses amis*, exemple de la suppression orthographique de l'affixe pron.
(383) et du changement de la prép. ه en نه (582).

دَخَى *aussi*, exemple de l'emploi et de la position de ce mot (641), qui indique
ici que les noms آل, أَصْحَاب, عِتْرَت et أَحْبَاب sont les mots de la
phrase qui demandent une attention spéciale (1000).

رِضْوَان *prière adressée à Dieu pour qu'il accepte les bonnes œuvres de quelqu'un ;*
en voici la forme : رَضِيَ ٱللَّهُ عَنْهُ *que Dieu soit content de lui*, si c'est
un homme ; et l'on y substitue عَنْهَا *d'elle* pour عَنْهُ *de lui*, si c'est une
femme ; عَنْهُمَا *d'eux deux*, si ce sont deux personnes ; عَنْهُمْ *d'eux*, s'il
s'agit de plus de deux hommes ; et enfin عَنْهُنَّ *d'elles*, s'il est question de
plus de deux femmes.

غُفْرَان *prière pour implorer le pardon des péchés ;* en voici la formule : غَفَرَ لَهُ
qu'il lui pardonne, avec les substitutions de هَا, هُمَا, هُمْ, et هُنَّ pour ه,
selon le cas, et d'après les différentes idées expliquées dans le commentaire du mot رِضْوَان.

SECONDE PHRASE.

كِه هُرْبِرى أَجْرَام عُلْوِيَّدْ دِيَانَتِكَ نَجْـم زَاهِرى وَآفَـاق مِلَّت سُمْحَانَك
دُدْرِسَافِـرِبِدْرٌ

*Parce que chacun d'eux est l'étoile lumineuse des sphères supérieures de la
piété et la lune errante des horizons du peuple le plus noble.*

COMMENTAIRE.

Phrase nominale complexe ; sujet هُرْبِرى ; liaison دِرْ ; attributs بَدْرٌ et نَجْمٌ
avec leurs compléments.

هُرْبِرى *son chacun, chacun (chaque un) d'eux ;* ici ى est affixe pron. et se
rapporte aux noms آل أَصْحَابْ عِتْرَتْ et أَحْبَابْ.

ديانتك. La prép. لك régit ici grammaticalement le nom أَجْرَام (995), avec

lequel le nom ديانت forme une figure du discours (912).

سمجازنك. Ici encore, la prép. نك régit grammaticalement le nom آفَاق (995),

et le mot سمجا présente un exemple de l'emploi de الٱ à la fin d'un mot

au lieu du ى (28).

زَاهِرى. Le ى est affixe pron. poss.; il qualifie le nom نَجْم et se rapporte au

nom أَجْرَام par suite de la construction turque, 3ᵉ espèce, qui a lieu ici

entre ces deux noms (895), entre lesquels d'autres mots qualifiant le

premier des deux sont interposés (929).

صَافِرى. Même remarque. Le ى qualifie le nom بَدْر (944) et se rapporte au

nom آفَاق.

QUATRIÈME PARAGRAPHE.

PREMIÈRE PHRASE.

أَمَّا بَعْدَ مَعْلُـوم أُوله

Ensuite, qu'il soit connu.

COMMENTAIRE.

Phrase nominale simple; sujet sous-entendu, mais indiqué par le verbe; liaison

أُوله; attribut مَعْلُوم; la locution أَمَّا بَعْد est une conjonction qui lie ce qui pré-

cède à ce qui suit.

أَمَّا بَعْد *quant à ce qui est après*, locution arabe dont on se sert pour introduire

un sujet après avoir terminé les prières d'usage.

أُوله *qu'il soit, qu'il devienne*, 3ᵉ pers. sing. du présent de l'optatif du verbe

neutre أُولمَق *être, devenir*.

SECONDE PHRASE.

كه علم جغرافيا رُبْع مَسْكُونُده واقِع مَمَالِك وبُلْدَان وجِبَال وانهَار وصَحْرَا

وَأَوْدِيَه آثَارِينِى وَطُرُقْ وَمَسَافَاتْ وَقُرَا وَقَصَبَاتْ أَحْوَالِينِى مُبَيِّنْ أُولَمَقْ حَيْثِيَّتِى اِيْلَه فُنُونِ رِيَاضِيَّهَيَه مُلْحَقْ بِرْ فَنّْ أُولُوبْ

Que la science de la géographie, par la raison qu'elle explique les traces des contrées et des villes, des montagnes et des rivières, des plaines et des vallées situées dans le quart habité (du monde), ainsi que les circonstances des routes et distances, des villages et bourgs, est une science attachée aux sciences positives.

COMMENTAIRE.

Phrase nominale simple; sujet عِلْمِ جُغْرَافِيَا; liaison أُولُوبْ, attribut فُنُونِ; رِيَاضِيَّهَيَه مُلْحَقْ بِرْ فَنّْ ce qui reste est une phrase incidente qui explique la raison de la vérité énoncée dans la phrase principale. Dans cette phrase incidente, le mot principal est le nom حَيْثِيَّتْ, dont le sens est déterminé par l'infinitif composé مُبَيِّنْ أُولَمَقْ, qui régit ses deux régimes directs définis آثَارْ et أَحْوَالْ; le sens de ces deux mots est déterminé par les noms مَمَالِكْ, بُلْدَانْ, قَصَبَاتْ, قُرَا, مَسَافَاتْ, طُرُقْ, et أَوْدِيَه, صَحْرَا, أَنْهَارْ, جِبَالْ, lesquels sont qualifiés par la phrase رُبْعِ مَسْكُونِنْدَه وَاقِعْ.

جُغْرَافِيَا *la géographie*, exemple de l'emploi d'un mot étranger (175).

وَاقِعْ *situé*, le part. actif prés. أُولَانْ *qui est, qui sont*, est sous-entendu après ce mot (979).

آثَارِينِى *ses traces*; il y a construction turque, 2e espèce, (892) entre آثَارْ et les noms qui en déterminent le sens (909), ce qui est indiqué par l'affixe pron. poss. ى apparent (574); la prép. نِى (572) qui suit cet affixe démontre que آثَارْ est le régime direct défini du verbe مُبَيِّنْ أُولَمَقْ (973).

أَحْوَالِينِى *ses circonstances*, construction turque, 2e espèce, entre أَحْوَالْ et les noms qui en restreignent le sens (892); le ى affixe pron. poss. qui l'indique est supprimé (573), mais sa place est démontrée par la prép.

نی (572), qui indique aussi que أَحْوَالْ est le régime direct défini du verbe مُبِيِّن أُولُمَقْ (973).

مُبِيِّن أُولُمَقْ *expliquer, être explicatif,* verbe actif composé (535); مُبِيِّن est le nom d'agent du chapitre أِفْعَالْ, forme مُفْعِلْ (n° 66), rac. بَيَّن concave (803); cet infinitif régit ses régimes directs آثَارْ et أَحْوَالْ de la même manière qu'un verbe personnel (986), et il est en construction turque, 2ᵉ espèce, avec le nom حَيْثِيَّتْ en obéissant aux mêmes règles que les noms (988).

مُبِيِّن أُولُمَقْ حَيْثِيَّتِى اِيلَه *sa position;* حَيْثِيَّتِى *par sa position d'être expli-catif;* l'affixe pron. poss. ى indique (892) qu'il y a construction turque, 2ᵉ espèce, entre حَيْثِيَّتْ et l'infinitif مُبِيِّن أُولُمَقْ; le mot حَيْثِيَّتْ est dérivé de حَيْثْ d'après la règle (815).

بِرْ *un, une,* est placé ici après la phrase incidente qui qualifie le nom qu'il dé-termine (935).

TROISIÈME PHRASE.

أَرْكَانِ دُوَلْ وَسَوْدَا كَرَانِ مِلَلْه بِرَرْ جِهَتْلَه مَعْرِفَتِى أَهَمّ

Sa connaissance est indispensable sous un rapport ou l'autre aux hommes d'État et aux patriotes.

COMMENTAIRE.

Phrase nominale simple; sujet مَعْرِفَتِى; liaison sous-entendue; attribut أَهَمّ; ce qui reste est le complément de l'attribut.

أَرْكَانِ دُوَلْ *les colonnes des États, les ministres.*

سَوْدَا كَرَانِ مِلَلْ *les amants des peuples, les patriotes;* سَوْدَا كَرَانْ est un exemple de l'emploi du pluriel persan en انْ (495); سَوْدَا كَرْ est une épithète composée (879) de سَوْدَا *amour, zèle, infatuation,* et كَرْ particule. Les deux termes سَوْدَا كَرَانِ مِلَلْ et أَرْكَانِ دُوَلْ sont symphoniques (949).

مِلَلْ. La prép. ‌ se rapporte aux noms سَوْدَا كَرَانْ et أَرْكَانْ (998).

بِرَرْ جِهَتْلَد à raison d'un rapport pour chacun, exemple de l'emploi d'un nom de nombre distributif (241).

عِلْمِ جَغْرَافِيَا sa connaissance; l'affixe pron. poss. ى se rapporte à مَعْرِفَتِى.

QUATRIÈME PHRASE.

وَبُو فَنِّ نَافِعَه آشِنَا أُولْمَيَانْلَرْ چُوقْ كَرَّه قَعْرِ بَعِيدُ الْغَوْرِ مَهَالِكَه أُفْتَادَه أُولْدِقْلَرِى غَيْرِ مُبْهَمْ أُولُوبْ

Et il est indubitable que ceux qui ne savent pas cette science utile tombent souvent dans le profond abîme des dangers.

COMMENTAIRE.

Phrase nominale simple; sujet أُفْتَادَه أُولْدِقْلَرِى; liaison أُولُوبْ; attribut غَيْرِ مُبْهَمْ; ce qui reste est le complément du sujet.

بَعِيدُ الْغَوْرِ *profond*, adj. composé ar. (862); interposé entre les noms قَعْرِ et مَهَالِكْ, qui sont en construction persane (902), et qui forment ensemble une figure du discours (912).

مَهَالِكَه. La prép. ‌ régit ici grammaticalement le nom قَعْرِ (995).

أُولْدِقْلَرِى *leur (action d') avoir été déjà*, exemple de l'emploi du nom verbal parfait (486); l'affixe pron. poss. لَرِى indique que l'agent est de la 3ᵉ personne plur., et il est corroboré (942) dans cette phrase par le part. act. nég. prés. plur. أُولْمَيَانْلَرْ faisant fonction de nom (455), mais dont la prép. كَ est supprimée (901).

غَيْرِ مُبْهَمْ *non incertain, certain, indubitable*, adj. composé ar. (860).

39

CINQUIÈME PHRASE.

ملل سائرة ده بو مقصده وصول ايچون سعی واقدام علی وجه الاتم اولدیغندن تعلیم وتعلّمدن خالی اولمیه رق اکثریسی بو مطلبه نایل اولدقلرندن فضله نورسیده لری بیله ابحر سبعه یی وانهار مشهوره وغیر مشهوره یی بلکه جمیع اقالیمی بو فنڭ جلیله علی وجه الکمال اشتغال سببی ایله من غیر رؤیة فهم ایدوب

Parce que, parmi les autres peuples, les efforts et la persévérance (employés) pour arriver à ce but sont des plus complets, (il s'ensuit que) outre que la plupart d'entre eux, ne cessant d'étudier et de s'exercer, atteignent cet objet, leurs jeunes gens même, par la raison de leur occupation parfaite à (étudier) cette noble science, comprennent, sans les avoir vus, les sept mers et les fleuves remarquables et non remarquables, peut-être même tous les climats.

COMMENTAIRE.

Phrase verbale complexe ; sujet نورسیده لری ; verbe actif فهم ایدوب ; régimes directs جمیع اقالیم et انهار مشهوره وغیر مشهوره, ابحر سبعه ; la locution من غیر رؤیة est un adverbe ; depuis بو فنڭ جلیله jusqu'à ایله, c'est une phrase incidente qui donne la raison de la vérité exprimée par la phrase principale ; depuis تعلیم jusqu'à فضله, c'est une phrase incidente servant à établir une différence entre le sujet نورسیده لری et une autre classe d'êtres ; ملل سائره ده est une expression adverbiale de lieu qui qualifie la phrase principale, et ce qui reste est une phrase incidente secondaire qui donne la raison de la vérité exprimée par la phrase incidente principale qui est entre تعلیم et فضله.

سائره *autres,* adjectif mis au féminin, parce que son nom est au pluriel irrégulier (928).

علی وجه الاتم *d'après la manière la plus complète,* locution adverbiale arabe (639).

اُولْدِیغِنْدَنْ *parce qu'elle est,* exemple de l'emploi du nom verbal parfait suivi d'un affixe pronominal et de la préposition دَنْ pour signifier *la cause d'une action ou d'un état de choses* (598).

تَعَلَّمَدَنْ. La prép. دَنْ régit les deux noms تَعَلُّم et تَعْلِیم (998).

خَالِی اُولْمَقْ *vide,* خَالِی *être vide, dépourvu,* et appliqué à une action, *cesser de la faire;* خَالِی est un nom d'agent arabe qui exige que son complément lui soit uni par la prép. دَنْ (930).

اُولْمَیَدَرَقْ *n'étant pas,* خَالِی اُولْمَیَدَرَقْ *ne cessant pas;* exemple de l'emploi du second gérondif (497).

اَكْثَرِیسِی *la plupart d'entre eux,* exemple de l'emploi de یسی au lieu de ی comme affixe pron. poss. (315); l'affixe se rapporte ici logiquement au nom مَلَلْ.

نَایِلْ اُولْدِقْلَرِنْدَنْ *de leur (action d') avoir atteint;* le نْ avant la prép. دَنْ est pour le ی final de l'affixe pron. poss. لَری (595).

فَضْلَه *outre, en sus,* mot qui, de même que بَشْقَه et مَاعَدَا dont la signification est la même, exige que son complément lui soit uni par la prép. دَنْ (899).

نَوْرَسِیدَهلَری *leurs jeunes gens;* نَوْرَسِیدَه est une épithète composée persane faisant ici fonction de substantif (870). Exemple de l'ambiguïté qui existe dans l'emploi de l'affixe لَری (316), qui se rapporte ici au nom مَلَلْ.

بِیلَه *même,* exemple de l'emploi de cet adverbe (542).

بَلْكَه *peut-être,* exemple de l'emploi de cet adverbe (542).

عَلَی وَجْهِ الْكَمَالْ *à la manière de la perfection, parfaitement,* locution adverbiale arabe (639).

اِشْتِغَالْ *occupation, s'occuper,* nom verbal qui s'unit à son régime indirect دَنْ par la prép. ه (977).

سبَبِى *sa raison;* l'affixe pron. ى indique qu'il y a construction turque,

2ᵉ espèce, entre les noms سَبَبْ et اِشْتِغَالْ.

(977) سَبَبْ à son régime indirect إِيلَه par, unit le verbe فَهْم إِيدُوبْ إِيلَه

مِنْ غَيْر رُوْيَة *sans voir,* locution adverbiale arabe (659).

فَهْم إِيدُوبْ *comprenant,* exemple de l'emploi d'un verbe actif composé (535).

SIXIÈME PHRASE.

بِلَا حَرَكَة إِظْهَار مَعْلُومَاتْ وَتَعْيِينِ حُدُودْ وَطُرُقَاتْ قُوَّسِنَه مَالِكْ أُولْدِيلَر

*Et sans avoir voyagé, ils sont devenus possesseurs du pouvoir de faire preuve
de connaissances et de déterminer les frontières et les routes.*

COMMENTAIRE.

Phrase nominale simple ; sujet sous-entendu ; liaison أُولْدِيلَر ; attribut مَالِكْ,

dont قُوَّه est le complément ; le sens du mot قُوَّه est restreint par les noms إِظْهَار

et حُدُودْ et مَعْلُومَاتْ, et le sens de ces derniers l'est par les noms تَعْيِين

وَطُرُقَاتْ.

بِلَا حَرَكَة *sans mouvoir, sans mouvement,* locution adverbiale arabe (659).

تَعْيِين (987), طُرُقَاتْ est en construction persane avec les deux noms حُدُودْ et

qui sont ses régimes directs logiques.

طُرُقَاتْ *chemins, routes,* exemple de l'emploi d'un pluriel quasi-régulier (205) ;

ce mot est un *pluriel de pluriel* (774), car طُرُق est le pluriel irrégulier

de طَرِيق.

قُوَّسِنَه *à son pouvoir;* l'affixe pronominal سِى (309) indique la construction

turque, 2ᵉ espèce, entre قُوَّه et تَعْيِين, إِظْهَار ; exemple de la suppression

du ى final de l'affixe (582) et de l'emploi de نَه pour ه prépo-

sition (582).

أُولْدِيلَٰر *ils sont devenus*, 3ᵉ pers. plur. du parf. de l'indic. du verbe neutre نُورْسِيدَهْلَٰر; son sujet logique est أُولْمَق.

CINQUIÈME PARAGRAPHE.

PREMIÈRE PHRASE.

مَهَالِك إِسْلَامِيَّهْدَه مُجَرَّدْ حُبِّ بَطَالَتْ وَكَسَلْ إِيلَه فُنُونِ رِيَاضِيَّه مَتْرُوكْ وَمُهْمَلْ أُولُوبْ

Dans les pays musulmans, les sciences positives, seulement par (suite de) l'amour de l'oisiveté et de la paresse, avaient été délaissées et négligées.

COMMENTAIRE.

Phrase nominale simple; sujet رِيَاضِيَّه فُنُونِ; liaison أُولُوبْ; attribut composé مَتْرُوكْ وَمُهْمَلْ : le mot مُجَرَّدْ est un adverbe, et ce qui reste indique en deux parties deux circonstances de la proposition principale.

إِسْلَامِيَّة *musulmane*, adj. de rapp. (812) mis au fém. parce que le nom qu'il qualifie est au plur. irrég. (928).

مُجَرَّدْ *seulement*, exemple de l'emploi d'un adjectif comme adverbe (209). Ce mot est le nom de patient du chapitre تَفْعِيلْ, forme مُفَعَّلْ (n° 57), rac. جَرَّدَ non affect. (778).

حُبّ *amour*; ce mot est en construction persane avec les deux noms بَطَالَتْ et كَسَلْ (909), qui sont explicatifs et corroboratifs l'un de l'autre (911).

إِيلَه *par*, régit le nom حُبِّ (995).

رِيَاضِيَّه *positive* (litt. : *qui se rapporte à la discipline*); adj. de rapp. (812) mis au fém., parce que le nom qu'il qualifie est un plur. irrég. (928).

مَتْرُوكْ وَمُهْمَلْ sont explicatifs et corroboratifs l'un de l'autre (911).

SIXIÈME PARAGRAPHE.

PREMIÈRE PHRASE.

تا كه نُوِّبَتْ خِلَافَتْ بِالْإِرْثِ وَالْاِسْتِحْقَاقْ زُبْدَهْ شَهْرِيَارَانِ آفَاقْ

مُعْدَلُ النَّهَارِ سَمَاءِ سَلْطَنَتْ نُقْطَهْ مَرْكَزِ عِزّْ وَشَوْكَتْ نَيِّر اَعْظَمِ أُفُقْ

دَوْلَتْ وَإِقْبَالْ بَدْرِ مُنِير فَلَكْ عَظَمَتْ وَإِجْلَالْ نُوِّبَاوَهْ حَدِيقَهْ بَخْتِيَارِى غُصْنِ

رَطِيب كُلْشَنِ تَاجْدَارِى كُوَهْ تَمْكِين وَبَهْمَنْ وَغَادِرْ يَاكَفْ وَأَبْرَ عَطَا أَفْرَاسِيَابْ

مَكْنَتْ وَاِسْكَنْدَرْ دَرْ بَهْرَامْ عَزْمْ وِفْلَاطُونْ هُنَرْ اَعْنِى بِهِ السُّلْطَانَ الْغَازِى سَلِيم

خَانْ بِنِ السُّلْطَانِ الْغَازِى مُصْطَفَى خَانْ بِنِ السُّلْطَانِ الْغَازِى أَحْمَدْ خَانْ

مَدّْ اللّهُ ظِلَالَ رَأْفَتِهِ عَلَى مَفَارِقِ الْأَنَامِ مَا تَكَرَّرَ الشُّهُورْ وَتَجَدَّدَ الْأَعْوَامْ

حَضْرَتْلَرِينَه رُوزِى وَمُيَسَّرْ

Jusqu'à ce que le tour du khalifat par héritage et par droit devint le partage et le destin de la crème des empereurs des horizons, la ligne équinoxiale du ciel de la souveraineté, le point central de la gloire et de la majesté, le grand luminaire de l'horizon de la fortune et de la prospérité, la pleine lune resplendissante de la sphère de la grandeur et de la magnificence, les prémices du jardin de la faveur du sort, la branche succulente du parterre de la royauté, (celui qui est) ferme comme les montagnes, et combattant comme Behmen, aux mains spacieuses comme l'Océan et aux dons universels comme les nuages, puissant comme Afrasiab, et qui brise (ses ennemis) comme Alexandre, résolu comme Behram et habile comme Platon, c'est-à-dire de Sa Majesté le Sultan, défenseur de la foi, Sélim, le khan, fils du sultan, défenseur de la foi, Mustafa, le khan, fils du sultan, défenseur de la foi, Ahmed, le khan; que Dieu prolonge les ombres de sa clémence sur les couronnes des têtes des hommes aussi longtemps que les mois se répéteront et que les années se renouvelleront!

COMMENTAIRE.

Phrase nominale simple et incidente, déterminant le temps où l'action indiquée dans la phrase principale a eu lieu; sujet نُوِّبَتْ خِلَافَتْ بِالْإِرْثِ وَالْاِسْتِحْقَاقْ ;

liaison sous-entendue; attribut رُوزِى وَمُيَسَّر : tout ce qui reste est le complément de l'attribut, et consiste en une série d'épithètes en opposition, suivie d'une invocation arabe en guise d'interjection.

بِالْاِرْثِ وَالِاسْتِحْقَـاق par héritage et par droit, construction arabe.

مَعْدَلُ آلنَّهَارْ la ligne équinoxiale, terme technique arabe.

سَمَاء le ciel, exemple de l'addition d'un هَمْزَة à la fin d'un mot qui se termine

en ا, pour indiquer la construction persane (902, 906).

كُوهْ نَتْكِينْ ferme comme les montagnes, بَهْمَن وَغَا combattant comme Beh-

men, etc., épithètes composées persanes (866).

أَعْنِى بِهِ c'est-à-dire (litt. : je veux dire par cela), locution arabe.

اَلسُّلْطَانُ الْغَازِى le sultan, défenseur de la foi; construction arabe.

بِنْ آلسُّلْطَانْ fils du sultan, construction arabe.

مَدَّ آللَّهُ اَلْاَعْوَامْ jusqu'à est une phrase entièrement arabe, et forme un exemple de

l'usage indiqué à l'article 1018 de la grammaire.

حَضْرَتْلَرِينَه à Sa Majesté, exemple de l'emploi du mot حَضْرَتْلَرِى appliqué à

un souverain (916), et de la prép. نَه après un affixe pron. poss. (582).

SECONDE PHRASE.

وَنَكَّهَتْ جَانْبَخْش خَبَرِ جُلُوسِ هُمَايُونْلَرِيلَه مَشَامِ عَالَمْ مُعَطَّرْ اُولْدِى

Et (jusqu'à ce que) l'odorat de l'univers devint parfumé par l'odeur vivifiante de la nouvelle de son auguste avénement.

COMMENTAIRE·

Seconde partie de la phrase incidente; elle est nominale et simple; sujet مَشَامِ عَالَمْ; liaison اُولْدِى; attribut مُعَطَّرْ : ce qui reste est le complément de l'attribut.

جَانْبَخْش vivifiant, donnant la vie, adj. comp. pers. (871).

خَبَرْ *nouvelle*; ce mot est en construction persane (902) avec نَكْهَتْ, et forme

avec lui une figure du discours (912).

هُمَايُونْلَرِيلَهْ, exemple de l'emploi de l'affixe pron. poss. plur. pour celui du sing.

(963); la prép. لَهْ (602) régit le nom نَكْهَتْ (995).

TROISIÈME PHRASE.

كَافَّهً عُلُومِكْ تَدْرِيسُ وَانْتِشَارِينَهْ رَغْبَتِ مُلُوكَانَهْلَرِى مُقَرَّرْ أُولْدِيغِنْدَنْ
بَشْقَهْ عِلْمِ هَيْئَتْ وَهَنْدَسَهْ وَسَائِرْ صَنَائِعْ وَمَعَارِفَهْ مَيْلُ وَرُكُونْلَرِى مُتَبَيِّنْ

*Outre que son désir impérial pour l'enseignement et la diffusion de toutes les
sciences était certain, son penchant et son attachement aux sciences de l'astro-
nomie et de la géométrie, ainsi qu'aux autres arts et connaissances, étaient
apparents.*

COMMENTAIRE.

Phrase nominale simple; sujet مَيْلُ وَرُكُونْلَرِى; liaison sous-entendue; attribut

مُتَبَيِّنْ; depuis عِلْمِ هَيْئَتْ, c'est le complément du sujet, et ce qui précède ces

mots forme une phrase incidente servant à établir une différence entre ce qu'elle

exprime et l'état de choses indiqué par la phrase principale; dans cette phrase

incidente رَغْبَتِ مُلُوكَانَهْلَرِى est le sujet, le nom verbal أُولْدِقْ est la liaison,

مُقَرَّرْ est l'attribut, et ce qui reste est le complément du sujet.

عُلُومِكْ, exemple du rapport d'un nom à deux autres avec lesquels il est en construction turque (910).

انْتِشَارِينَهْ, exemple du rapport d'un affixe pron. poss. et d'une prép. à deux
noms (944, 998).

مُلُوكَانَهْلَرِى, exemple d'un adjectif de rapport persan formé par la terminaison انَهْ
(754); l'affixe pluriel sert encore ici pour indiquer le respect (965).

أُولْدِيغِنْدَنْ, nom verbal parfait du verbe أُولْدِقْ *être*, joint à la lettre نْ, qui, devant la prép. دَنْ, indique la suppression du ى affixe pron. poss. (581);

exemple du changement du ق final en غ (170) et de l'introduction d'un

ى devant lui (474). La prép. دَنْ est employée ici parce que le mot

بَشْقَه exige que son complément lui soit uni par cette prép. (899).

مَيْلُ وَرُكُونَلُرِى. Ces deux noms sont explicatifs et corroboratifs l'un de l'autre

(911); l'affixe se rapporte aux deux noms (944), et il est au pluriel pour

indiquer le respect (963).

QUATRIÈME PHRASE.

وَصَرْفِ خَزَائِنْ وَتَشْيِيد أَمَاكِنْ بُيُورُوبْ طَالِبْلَرِى إِرْشَادْ إِيجُونْ هَرْ
صِنْفَه تَعْيِينْ مَهَرَةُ فُنُونْ وَمَرَاتِبْ وَرَوَاتِبْ إِحْسَانِيلَه شَوْقُ وِهِمَّتْلَرِينْ أَفْزُونْ
إِيتْمِكْدَنْ نَاشِى بِرْ قَاچْ سَنَه ظَرْفِنْدَه عُلُومِ مَذْكُورَه دَوْلَتِ عَلِيَّهلَرِنْدَه مُشْتَهَرْ

*Et, provenant de ce qu'il dépensa des trésors, bâtit des édifices, nomma des
professeurs dans chaque classe pour diriger les étudiants, et augmenta leur zèle
et leurs efforts en leur accordant des grades et des appointements, lesdites
sciences, dans une période de quelques années, devinrent répandues dans son
sublime empire.*

COMMENTAIRE.

Phrase nominale simple; sujet عُلُومِ مَذْكُورَه; liaison sous-entendue; attribut

مُشْتَهَرْ; les mots دَوْلَتِ عَلِيَّهلَرِنْدَه et بِرْ قَاچْ سَنَه ظَرْفِنْدَه sont deux com-

pléments de l'attribut; ce qui précède بِرْ قَاچْ سَنَه est une phrase complexe qui

indique, comme phrase incidente, la raison de l'état de choses exprimé dans la

phrase principale. Dans cette phrase incidente, l'adjectif نَاشِى, qui y est

employé comme adverbe, est le mot principal et celui qui lie la phrase entière

à la phrase principale; il a deux compléments grammaticaux, l'auxiliaire

بُيُورُوبْ et le verbe actif إِيتْمَكْ, ce qui divise la phrase en deux parties. Dans

40

la première partie, qui est une phrase complexe verbale, le sujet est sous-entendu ; les deux verbes, qui sont actifs, sont تَشْيِيد et صَرْف بُيُورُوب بُيُورُوب, dont le régime indirect indéfini du premier est خَزَائِن, et celui du second أَمَاكِن. Dans la seconde partie, qui est une phrase verbale simple, le sujet est sous-entendu ; le verbe est إِيتْمَك, le régime direct défini شَوْق وهِمَّتْلَرِى et le régime direct indéfini أَفْزُون : ce qui reste de la phrase est un régime indirect composé du verbe, et qui indique le moyen par lequel l'action exprimée par le verbe a eu lieu. Dans ce régime indirect, les noms verbaux إِحْسَان et تَعْيِين sont les régimes grammaticaux, dont مَهَرَةٌ فُنُون est le complément du premier et مَرَاتِب وزَوَائِب celui du second, et auxquels le nom verbal إِرْشَاد, qui a lui-même pour complément le nom طَالِبْلَرِ, est joint par la préposition إِيچُون, pour indiquer le but des deux actions exprimées par les mots تَعْيِين et إِحْسَان.

خَزَائِن trésors, régime direct du verbe composé صَرْف بُيُورُوب, et embrassé dans sa composition (975).

أَمَاكِن édifices, régime direct du verbe تَشْيِيد بُيُورُوب, et embrassé dans sa composition (975).

طَالِبْلَرِى, exemple d'un nom régime direct défini d'un nom verbal arabe (987) ; mais on peut dire que l'auxiliaire إِيتْمَك est sous-entendu après ce nom verbal.

تَعْيِين. Ce nom verbal joint à l'auxiliaire إِيتْمَك forme un verbe composé qui embrasse dans sa composition son régime direct مَهَرَة, et même le complément de ce dernier فُنُون (975).

هِمَّتْلَرِين, exemple de la suppression du ى préposition à la suite de la combinaison d'un nom avec un affixe pronominal possessif (575).

إِيتْمَكْدَن, exemple de l'infinitif régi par une préposition (988).

نَاشِى, adjectif faisant fonction d'adverbe, qui exige que son complément lui soit uni par la prép. دَنْ (930).

بِرْ قَاچْ quelques (litt. : *un combien*), expression ottomane.

ظَرْفِنْدَه. Le ن remplace, devant la prép. دَه, l'affixe pron. poss. ى (589), qui indique la construction turque, 2ᵉ espèce, (892) entre سَنَد et ظَرْف.

مَذْكُورَه *ladite*, exemple de l'emploi de ce mot (945).

عَلِيَّـهلَرِنْدَه *dans son sublime*; l'affixe pron. poss. plur. est encore ici pour indiquer le respect (963); le ن représente le ى final de l'affixe devant la prép. دَه (581).

CINQUIÈME PHRASE.

وَقَتِى چُوقْ أَرْبَابِ اِسْتِعْدَادْ مَظْهَرِ كَمْ تَرَكَ الْأَوَّلَ لِلْآخَرْ أُولُوبْ

Et beaucoup de gens capables devinrent l'objet de (l'idée contenue dans cette maxime) : « combien (de gens) ont quitté le premier (état) pour le dernier. »

COMMENTAIRE.

Phrase nominale simple; sujet قَتِى چُوقْ أَرْبَابِ اِسْتِعْدَادْ ; liaison أُولُوبْ; attribut مَظْهَرِ avec ce qui suit et qui en est le complément.

قَتِى *très*, exemple de l'emploi de cet adverbe (542).

كَمْ تَرَكَ الْأَوَّلَ لِلْآخَرْ, exemple de l'emploi d'une phrase arabe comme simple nom, en construction persane avec un autre nom (918).

SIXIÈME PHRASE.

فَوَائِدِ عَمِيمَـهسِى بَالَادَه مَسْطُورْ وَدَرْيَا وُصَحْرَادَه لُزُومِى مَذْكُورْ أُولَانْ فَنِّ جَغْرَافِيَانِكْ ذَخِى مُسْتَفِيضْ وشَائِعْ أُولْمَسِى حَوَالِى كُرْدِ ضَمِير تَاجْدَارِيلَرِى أُولُوبْ

La diffusion et la propagation de la science de la géographie aussi, dont les utilités générales sont écrites plus haut, et dont la nécessité sur mer et sur terre a été racontée, a été tournée et retournée dans l'esprit impérial.

COMMENTAIRE.

أُولُوب ; Phrase nominale simple ; sujet مُسْتَنْفِيضْ وشَائِيعْ أُولَّمَه ; liaison

attribut ضَمِير تَاجْدَارِيلَرِى , dont حَوَالِى كُرْدْ , est le complément ; et ce qui

reste est le complément du sujet.

أُولَانْ . مَذْكُورْ et مَسْطُورْ , adjectifs formant les compléments du part.

أُولَانْ *qui est, qui sont*, part. act. prés. du verbe neutre أُولَمَقْ *être*, qui, avec

ses deux compléments مَسْطُورْ et مَذْكُورْ et les compléments de ces der-

niers, qualifie le nom فَنّ (456).

دَخِى aussi ; cette conjonction, par sa place, indique que فَنّ جَغْرَافِيَا est le

mot principal de la phrase (995).

أُولَمَسِى *son être*, exemple de l'emploi du nom verbal présent (483), suivi d'un

affixe pron. poss. (988).

كُرْدْ révolu, tourné et retourné, épithète composée persane (872) ; حَوَالِى كُرْدْ est

ici pour كُرْدَه (744). Cet adjectif est lié à son complément par la con-

struction persane (931).

تَاجْدَارِيلَرِى *leur impérial* ; تَاجْدَارْ est une épithète comp. pers. ; تَاجْ signifie

couronne, et دَارْ porteur (879), d'où تَاجْدَارْ tête couronnée, roi, em-

pereur ; et تَاجْدَارِى adj. de rapport persan, *royal, impérial* (734) :

l'affixe pluriel est encore ici un indice de respect (963).

SEPTIÈME PARAGRAPHE.

PREMIÈRE PHRASE.

هَرْ نَقَدَرْ مَغَارِبَهدَنْ كِتَبْ رَجَا مُؤَلِّفِى شَرِيفْ إِدْرِيسِى وَدَوْلَتْ عَلَيَّه
مَنْصُورَارِنْدَنْ جِهَانَنُمَا صَاحِبِى كَاتِبْ جَلَبِى دِيمَكُله مَعْرُوفْ الْحَاجّ مُصْطَفَى
أَفَنْدِى بُو فَنّْدَه إِرْتِكَاب مَشَقَّتْ إِيلَه إِظْهَارْ مَهَارَتْ إِيتْدِيلَرْ إِيسَه دَخِى

Quoique l'auteur du livre Réjá, le chérif Idríci, Mauritanien, et Mustafá

Effendi, le pèlerin, connu sous le nom de Kiâtib Tchélébi, un des savants de l'empire ottoman, l'auteur du livre Djihân-numâ, aient même, en se donnant de la peine, démontré de l'érudition dans cette science.

COMMENTAIRE.

Phrase incidente verbale complexe; sujets شَرِيفْ إِدْرِيسِى et مُصْطَفَى; régime direct مَهَارَتْ; les mots إِظْهَارْ إِيتْدِيلَرْ إِيسَه verbe actif; أَفَنْدِى مَغَارِبَهْدَنْ كِتَاب رَجَا مُؤَلِّفِى sont des régimes indirects. إِرْتِكَاب مَشَقَّتْ et بُوفَنْ دَوْلَتْ عَلِيَّه هُنَرْوَرْلَرْنَدَنْ جِهَانْنُمَا et شَرِيفْ إِدْرِيسِى, est en apposition avec كَاتِبْ چَلَبِى دِيمَكّلَه le sont avec مُصْطَفَى أَفَنْدِى, dont اَلْحَاج et صَاحِبِى le qualificatif. ذَخِى est une conjonction, et هَرْ نَقَدَرْ est une de ces locutions composées de l'adjectif هَرْ et d'un mot interrogatif, qui font fonction de pronom indéfini.

هَرْ نَقَدَرْ, rendu ici par *quoique*, est composé de هَرْ *chaque, tout*; نَه *quel?* et قَدَرْ *quantité*; il correspond à l'italien *quantunque*.

مَغَارِبَه *les Mauritaniens*, مَغَارِبَهْدَنْ *des Mauritaniens*, *un des Mauritaniens, Mauritanien*.

هُنَرْوَرْ *savant*, épithète comp. pers. (735) faisant ici fonction de substantif.

دِيمَكّلَه *en disant, en le nommant*, exemple de l'emploi d'un infinitif suivi de la prép. لَه (603).

مَعْرُوفْ *connu*; le part. actif أُولَانْ est sous-entendu après ce mot (979).

اَلْحَاج *le pèlerin*; on écrit ce mot de cette manière d'après la construction arabe, quoiqu'on dise toujours *hadji.*

إِيلَه régit le nom إِرْتِكَابْ (975).

مَهَارَتْ régime direct indéfini du verbe actif إِظْهَارْ إِيتْدَكْ, et embrassé dans sa composition 975.

ایتدیلر ایسه *ils aient fait;* ce verbe est au conditionnel par l'effet de l'influence de la locution indéfinie هر نقدر (699); la composition totale du verbe renferme son régime direct (975).

SECONDE PHRASE.

تأليفلری مسلك متقدمین اوزره ترتیب اولنوب

Leurs ouvrages sont rédigés d'après la marche des anciens.

COMMENTAIRE.

Phrase principale simple; sujet تأليفلری; verbe passif ترتیب اولنوب; régime indirect مسلك متقدمین.

تأليفلری *leurs ouvrages;* تأليف est un nom verbal arabe, forme تفعیل (n° 53), rac. اَلَّفَ, première radicale ا (795); exemple de l'emploi du signe همزه pour marquer un ا radical (126), et aussi de l'emploi du nom d'action pour signifier la chose faite. L'affixe pron. poss. plur. se rapporte à مصطفی افندی et شریف ادریسی.

متقدمین *les anciens,* nom d'agent arabe du chapitre تفعّل, forme متفعّل; il est au pluriel et au cas oblique (203); non pas qu'il soit ici en régime, mais parce que ce mot est d'un usage général dans ce sens.

اوزره *sur, d'après;* exemple de l'emploi de cette préposition (610).

ترتیب اولنوب *étant rédigé,* exemple de l'emploi d'un verbe passif composé (537); son actif est ترتیب ایتمك (532).

TROISIÈME PHRASE.

جهاننمانك مقدمه‌سی ایسه مفصّل وشرحه محتاج وخواصّه مخصوص
بر رساله عسیر الاستخراج اولوب

Quant à l'introduction du Djihàn-numá, elle est un traité détaillé, qui a

besoin de commentaire, spécial aux hommes spéciaux, et difficile à comprendre.

COMMENTAIRE.

Phrase simple nominale; le sujet, qui se rapporte à جِهَانْنُمَازِنْكْ مُقَدّمَسِى est sous-entendu; liaison أُولُوبْ; attribut رِسَالَهْ, dont tout le reste, depuis مُفَصَّلْ, est une série de qualificatifs; la phrase, jusqu'à اِيسَهْ, est un exemple de la tournure expliquée à l'article 970.

شَرْحَه مُحْتَاج *qui a besoin de commentaire;* مُحْتَاج est un nom d'agent ar. du chapitre اِفْتِعَالْ, forme مُفْتَعِلْ (n° 77), rac. حَوَج concave (803); il fait ici fonction d'adjectif et demande que son complément lui soit uni par la prép. ﻩ (930).

مَخْصُوص *spécial,* nom de patient, forme مَفْعُولْ (n° 44), rac. خَصَص redoublée (786); il fait fonction d'adjectif, et son complément lui est toujours lié par la prép. ﻩ (930).

عَسِيرُ الْاِسْتِخْرَاجْ *difficile à comprendre, à (en) extraire (le sens);* adj. comp. ar. (862); عَسِيرْ est un adjectif, forme فَعِيلْ (n° 46), rac. عَسَرَ non affect. (773), et اِسْتِخْرَاجْ est un nom verbal, forme اِسْتِفْعَالْ (n° 88), rac. خَرَجَ non affectée.

HUITIÈME PARAGRAPHE.

PREMIÈRE PHRASE.

حَالَا رَأِيسُ الْكُتَّاب عُطَارِدْ نِصَاب أُولَانْ رَائِفْ مَحْمُودْ أَفَنْدِى بُورَقِيقَيْدَه تَحْصِيـل وُقُوفْ

Le chef des secrétaires actuel, sagace au même degré que Mercure, Râ'if Mahmoud Effendi, acquit la connaissance de cet état de choses.

COMMENTAIRE.

Phrase verbale simple; sujet رائف مَحْمُود افَنْدِى; partie nominale du verbe actif composé تَحْصِيل, auxiliaire sous-entendu; régime direct indéfini وُقُوفْ : ce qui reste est qualificatif du sujet.

حَالاً *actuellement*, adv. dérivé du nom حَالْ *le temps présent*, avec l'addition d'un ا (540).

رَأْسُ الْكُتَّابْ *le chef des secrétaires*, titre complet du Réïs Effendi, le ministre des affaires étrangères ottoman. Ce titre est maintenant aboli, et le ministre se nomme أُمُورِ خَارِجِيّه نَاظِرِى *intendant des affaires extérieures*.

عُطَارِدْ نِصَابْ *sagace au même degré que Mercure*, épithète comp. pers. (866).

دَقِيقَه *chose minutieuse, circonstance qui échapperait presque à l'observation*; nom ar. fém., forme فَعِيلَة (n° 48), rac. دَقَّ redoublée.

وُقُوفْ. Ce régime est embrassé ici dans la composition du verbe (975).

SECONDE PHRASE.

وَمُقَدَّمَا سَائِق تَقْدِيرْ عِنَانِ عَزِيمَتِنِى سَفَارَتْلَه بِرِتَانِيَه جَزِيرَهسِنَه مَعْطُوفْ أَيْلَدِكْدَه فَنِّ جُغْرَافِيَابِى تَحْصِيلَه مَدَارْ أُولْمَقْ إِيچُونْ بَادِى أَمْرَدَه تَحْصِيل لَهْجَه إِيلَه قُدْرَتِنِيَاب نَكَّم

Et auparavant, quand le postillon du destin eut tourné les rênes de son départ vers l'île de la Bretagne, il avait d'abord appris, pour servir de moyen d'apprendre la science de la géographie, la langue, de manière à pouvoir la parler.

COMMENTAIRE.

Phrase nominale simple; sujet et liaison sous-entendus; attribut قُدْرَتِنِيَاب نَكَّم; les mots تَحْصِيل لَهْجَه expliquent le moyen par lequel l'état de choses exprimé par la phrase a eu lieu; بَادِئُ أَمْرٍ explique le temps où ce moyen a été trouvé, et depuis فَنِّ جَغْرَافِيَا dans quel but il a été trouvé; ce qui précède est une phrase incidente qui marque le temps où les actions exprimées dans la phrase principale et les quatre phrases suivantes ont eu lieu. Cette phrase incidente est verbale simple; le sujet en est سَابِقِ تَقْدِيرٌ; le verbe actif أَيْلَدِك; le régime direct défini مَعْطُوفٌ; le régime direct indéfini عِنَانِ عَزِيمَتِي; le régime indirect بِرِتَانِيَه جَزِيرَهسِي, et le mot مُقَدَّمًا est un adverbe.

مُقَدَّمًا *auparavant*, adv. dérivé de مُقَدَّم *le temps passé*, avec l'addition d'un ا (540); ce mot مُقَدَّم est un exemple de l'emploi du nom de patient d'un chapitre de dérivation comme nom de temps (857); il est de la forme مُفَعَّل (n° 57), rac. قَدَم non affect. (773).

سَابِقِ تَقْدِيرٌ *le postillon du destin*, figure du discours (912).

عِنَانِ عَزِيمَتِنِي *les rênes de son départ*, figure du discours (912); l'affixe pron. poss. de la 5° pers. sing., qui se rapporte ici à مَحْمُودٌ أَفَنْدِى, est supprimé (573), et la prép. ى est changée en نِى (572).

بِرِتَانِيَه جَزِيرَهسِى *l'île de la (Grande-) Bretagne*, exemple de l'emploi de la construction turque, 2° espèce, pour désigner un lieu (893) où le premier mot est le nom propre, et le second le nom générique de ce lieu.

أَيْلَدِكَّهٔ *quand il fit, dans (le temps de) son (action passée de) faire*, exemple de l'emploi du nom verbal parfait avec la prép. دَه, pour désigner le temps d'une action ou d'un état de choses (592); ce mot est aussi un exemple du nom verbal qui régit ses régimes directs et indirects d'après les mêmes règles que le verbe (986).

جَغْرَافِيَابِى *la géographie*, exemple du changement de la prép. ى en بِى après un mot qui se termine par une voyelle (570); cette prép. régit ici le nom فَنّ (995).

تَحْصِيل *, exemple d'un nom verbal arabe qui se construit avec un régime direct, comme s'il était un verbe (987).

مَدَار *moyen*, mot qui exige que son complément lui soit uni par la prép. ه (899).

أُولْمَق إيچُون *pour être*, exemple de l'emploi d'un infinitif avec la prép. إيچُون (988).

بَادِئ أَمْرِدَه *au commencement de l'affaire, d'abord*, exemple de l'emploi du signe هَمْزَه après un mot qui se termine en ى, pour indiquer la liaison vocale (907).

قُدْرَتْيَابْ *qui trouve le pouvoir, qui peut*, épith. comp. pers. (871), liée à son complément par la construction persane (931).

TROISIÈME PHRASE.

وَمُتَأَخِّرِين مَسْلَكِى أُوزْرَه فَنِّ جُغْرَافِيَايِى عَلَى وَجْهِ التَّفَهُّمْ تَعَلُّمْ إيدُوبْ

Et il s'était exercé dans la science de la géographie, au point de la comprendre, et d'après la marche des modernes.

COMMENTAIRE.

Phrase verbale simple; sujet sous-entendu; verbe actif تَعَلُّمْ إيدُوبْ; régime direct défini فَنِّ جُغْرَافِيَا; ce qui reste forme deux expressions adverbiales.

مُتَأَخِّرِين *les modernes*, nom plur. ar. au cas oblique (203), d'usage général dans ce sens.

عَلَى وَجْهِ التَّفَهُّمْ *au point de comprendre*, locution ar. servant d'adverbe (659).

QUATRIÈME PHRASE.

أَخْذُ وَضَبْطُ أَيْلَدِيكِى أُصُولُ وَمَسَائِلِى مَجْمُوعَه شَكْلِنْدَه بِرْ جِلْدَه إِدْرَاجْ

Il avait inséré dans un livre, en guise d'aide-mémoire, les principes et les problèmes qu'il apprenait et qu'il retenait.

COMMENTAIRE.

Phrase verbale simple ; sujet sous-entendu ; partie nominale du verbe actif
إِذْرَاج ; auxiliaire sous-entendu ; régime direct défini أُصُولْ أَيْلَدِيكِى وَضَبْطْ أَخْذْ
وَمَسَائِلْ ; régime indirect بِرْجِلْدْ شَكْلِنْدَه مَجْمُوعَه.

ضَبْطْ أَخْذْ .Cet auxiliaire se rapporte aux deux racines nominales أَيْلَدِيكِى
(959), et forme ainsi deux participes passifs aoristes composés, qui qualifient leurs régimes directs logiques أُصُولْ مَسَائِلْ et (476) ; l'affixe ى
dénote le sujet logique et se rapporte à مَحْمُودْ أَفَنْدِى (477).

مَسَائِلِى (998). Le ى est prép. et régit les deux noms أُصُولْ مَسَائِلْ et
بُو un, exemple de l'usage de placer ce nom de nombre après une phrase incidente
qualificative (935) ; le part. act. prés. أُولَانْ est sous-entendu avant ce
mot (979).

CINQUIÈME PHRASE.

وَبَعْضَا مُرَاجَعَتْ

Il s'y référait parfois.

COMMENTAIRE.

Phrase verbale simple ; sujet et auxiliaire du verbe neutre sous-entendus ;
مُرَاجَعَتْ est la partie nominale du verbe ; régime direct sous-entendu (945) ;
بَعْضَا est adverbe.

بَعْضَا, exemple d'un adverbe dérivé d'un nom par l'addition d'un ا et d'un
أُسْتُونْ إِيكِى (540).

SIXIÈME PHRASE.

وَمَطْلُوبِنِى اِسْتِخْرَاج أَيْلَرَايِدِى

Et il en extrayait ce qu'il cherchait (à connaître).

COMMENTAIRE.

Phrase verbale simple; sujet sous-entendu, mais indiqué par la personne et le nombre du verbe; verbe actif اِسْتِخْرَاج اَيْلَرَايِدِى; régime direct défini مَطْلُوبِى; régime indirect sous-entendu.

اِسْتِخْرَاج اَيْلَرَايِدِى *il extrayait*, 3e pers. sing. du passé simple de l'indicatif du verbe composé اِسْتِخْرَاج اَيْلَمَك.

NEUVIÈME PARAGRAPHE.

PREMIÈRE PHRASE.

بَر مِنْوَالِ مُحَرَّر رَغْبَت هُمَايُونِى اِحْسَاس عَقِبِنْدَه مَجْمُوعَهٔ مَذْكُورَهٔيِى تَرْجَمَه اِيتْمَك فِكْرِنْدَه اُولْدِيسَه دَخِى

Quoiqu'il avait eu l'idée, aussitôt qu'il eut eu connaissance du désir impérial dont nous avons fait mention plus haut, de traduire ledit aide-mémoire.

COMMENTAIRE.

Phrase incidente nominale simple; sujet sous-entendu; liaison اُولْدِيسَه; attribut مَجْمُوعَهٔ مَذْكُورَهٔيِى تَرْجَمَه اِيتْمَك; complément de l'attribut فِكْرِنْدَه; membre de la phrase faisant fonction d'adverbe de temps بَر مِنْوَالِ مُحَرَّر رَغْبَت هُمَايُونِى اِحْسَاس عَقِبِنْدَه.

بَر *de la manière écrite*; exemple de l'emploi de la prép. pers. بَر مِنْوَالِ مُحَرَّر (619), et de l'emploi du mot مُحَرَّر (945).

اِحْسَاس *sentir, avoir connaissance*, exemple d'un nom verbal qui se construit avec un régime direct, de même qu'un verbe (987). Ce mot est en construction turque, 2e espèce, avec le nom عَقَب (988).

مَجْمُوعَهٔ مَذْكُورَه, exemple de l'emploi du mot مَذْكُور avec un nom, pour éviter l'emploi d'un pronom personnel (945).

فِكْرِنْدَه, le ن est pour indiquer la construction turque, 2ᵉ espéce, entre l'infi-

nitif composé تَرْجِمَه اِيتْمَك et le nom فِكْرُ (892).

أُولْدِيسَه, exemple du parfait de l'indicatif rendu conditionnel par l'addition de

la terminaison سَه (note * de la note ¹, nᵒ 425).

دَخِى, exemple de l'emploi de ce mot après un verbe conditionnel (1001).

SECONDE PHRASE.

خُطُوبِ دَوْلَتْ وَأُمُورِ رِيَاسَتْ بُو مُطْلَبِك حُصُولِنَه يَرْدَهكَشْ مُهَانَعَتْ أُولُوبْ

*Les affaires d'État et les travaux du secrétariat tiraient le rideau de l'op-
position sur l'obtention de ce désir (s'y opposaient).*

COMMENTAIRE.

Phrase principale nominale complexe; sujets خُطُوبِ دَوْلَتْ et أُمُورِ رِيَاسَتْ;
complément de l'attribut بُو مُطْلَبِك; attribut يَرْدَهكَشْ مُهَانَعَتْ; liaison أُولُوبْ.
حُصُولِى.

يَرْدَهكَشْ tireur de rideau, épith. comp. persane (871); la construction persane

يَرْدَهكَشْ مُهَانَعَتْ est un exemple qui demande à être analysé. On dit

يَرْدَهٔ مُهَانَعَتْ le rideau de l'opposition; mais comme les participes

persans n'entrent en combinaison qu'avec un seul mot pour former une

épithète composée, on ne peut pas dire يَرْدَهٔ مُهَانَعَتْكَشْ, en le consi-

dérant comme un seul mot composé, et on ne peut non plus considérer

يَرْدَهٔ comme un mot séparé en construction persane avec l'autre mot de

cette combinaison supposée مُهَانَعَتْكَشْ, parce qu'alors le tout signifierait

le rideau du tireur de l'opposition; il ne reste donc à employer que la

forme adoptée, et dont le texte présente ici un exemple.

TROISIÈME PHRASE.

بالآخِرَه نَتِّجَه طَرَفِنَه مَصَاحَتِكَذَارْلِكَ اِيلَه تَعِيِين اُولِنَان يَاقُواكِى نَامْ
لِسَانْ آشِنَايِى تَرْجَمَهيَه مَأْمُورْ

*Il préposa à la traduction le nommé Yakovaki, philologue, qui dernièrement a
été envoyé vers l'Autriche avec le grade de chargé d'affaires.*

COMMENTAIRE.

Phrase verbale simple; sujet et verbe sous-entendus; يَاقُواكِى est le régime
direct défini; مَأْمُورْ le régime direct indéfini, et لِسَانْ آشِنَا est en opposition
avec يَاقُواكِى, qui est qualifié par ce qui le précède.

بالآخِرَه *dernièrement*, locution arabe (639) faisant fonction d'adverbe.

طَرَفِنَه. Le ن indique qu'il y a construction turque, 2ᵉ espèce, entre نَتِّجَه et
طَرَفْ (892).

مَصَاحَتِكَذَارْلِكَ *la charge, l'office, le grade de chargé d'affaires*, nom d'état
formé par l'addition de la terminaison لِكَ au nom de celui qui est de cet
état (692).

تَعِيِين اُولِنَان *qui est nommé, préposé, envoyé*; exemple de l'emploi du participe
actif présent d'un verbe passif (482).

نَامْ, exemple de l'emploi de ce mot (914).

لِسَانْ آشِنَا, épithète composée persane (871).

مَأْمُورْ, après ce mot, le gérondif اِيدُوبْ est sous-entendu; le gérondif de la
phrase suivante est censé en remplir les fonctions; mais, comme ce dernier
est un verbe auxiliaire tandis que le premier est ici verbe actif, cet emploi
offre un exemple de la construction erronée et vicieuse dont il est fait
mention dans la syntaxe (971).

QUATRIÈME PHRASE.

وَاِتّمَامِنَه صَرْفِ مَقْدُورْ ايـدُوبْ

Il fit son possible pour le faire terminer.

COMMENTAIRE.

Phrase verbale simple; sujet sous-entendu; verbe صَرْفِ اِيدُوبْ actif;
régime direct مَقْدُورْ; régime indirect اِتّمَامِنَه.

اِتّمَامِنَه *à sa terminaison*; اِتّمَامْ est le nom verbal du chap. اِفْعَالْ (n° 65), rac.
تَمَّ redoublée (786); l'affixe de la 3ᵉ pers. sing. est supprimé (585), et
la prép. ه est changée en نَه (582); cet affixe se rapporte au mot تَرْجَمَه;
exemple de l'emploi de la prép. ه pour اِيجُونْ (606).

مَقْدُورْ. Ce régime direct est embrassé dans la composition du verbe (975); il est
symphonique avec مَأْمُورْ (919).

CINQUIÈME PHRASE.

فِى أَقْرَب الْوَقْت تَتْمِيمْ

Il le fit achever bientôt.

COMMENTAIRE.

Phrase verbale simple; sujet sous-entendu; partic. nominale du verbe actif
تَتْمِيمْ; auxiliaire sous-entendu; régime direct sous-entendu; فِى أَقْرَب الْوَقْت
est une locution arabe faisant fonction d'adverbe.

SIXIÈME PHRASE.

وَمُلْتَشِمْ جِبَاه سَلَاطِين عِظَامْ أُولَانْ عَتَبَـهْ قَلَكْ دَبْدَبَهْ مُلُوكَانَـيْه بَا تَقْرِيـرْ
عَرْضْ وَتَقْدِيـمْ اِيـدُوبْ

*Et il le présenta et déposa, accompagné d'un rapport officiel, au seuil im-
périal, place où les grands monarques frottent leurs fronts, et dont la pompe
égale celle des sphères.*

COMMENTAIRE.

Phrase verbale simple; sujet sous-entendu; verbe actif composé corroboré عَرْض وتَنْقْدِيم إِيدُوب; régime direct sous-entendu; depuis le commencement jusqu'à مُلُوكَانَه c'est un régime indirect, et بَا نَقْرِير en est un autre.

مُلْتَثَم endroit baisé, nom de patient et de lieu arabe du chap. إِفْتِعَال, forme مُفْتَعَل (n° 79), rac. لَثَم non affectée (773).

جِبَاة fronts, plur. irrég. de جَبْهَه, forme فَعْلَة (n° 5), rac. جَبَّة non affectée (773).

سَلَاطِين monarques, plur. irrég. de سُلْطَان.

فَلَك دَبْدَبَه pompeux comme les sphères, épith. comp. persane (866).

مُلُوكَانَدَه يَه. La prép. يَه régit le nom مَتَبَه (998).

بَا نَقْرِير avec un rapport officiel, exemple de l'emploi de la préposition persane بَا (615).

عَرْض وتَنْقْدِيم, les deux noms verbaux s'expliquent et se corroborent (911); ils sont tous deux unis au même auxiliaire إِيدُوب (959); نَقْدِيم est symphonique avec تَتْمِيم (919).

DIXIÈME PARAGRAPHE.

PREMIÈRE PHRASE.

كِتَاب مَذْكُورْ جَغْرَافِيَاى جَدِيدْ شَكْلِنْدَه بِرْ أَثَرْ مُعْتَبَرْ أُولْدِيغِنْدَنْ نَزْدِ فَرْدِ

جِهَانْدَارِيدَه رَسِيدَةْ حَيِّزْ تَحْسِيسِينْ

Ledit livre étant un ouvrage estimable dans la forme d'une nouvelle géographie, il atteignit auprès de l'esprit impérial le degré de l'approbation.

COMMENTAIRE.

Phrase nominale simple; sujet sous-entendu; liaison aussi sous-entendue; attribut نَزْدِ فَرْدِ جِهَانْدَارِى رَسِيدَةْ حَيِّزْ تَحْسِيسِينْ les mots forment le complément de l'attribut; ce qui précède est une phrase incidente servant à expliquer la raison de ce qui est exprimé dans la phrase principale. Dans cette phrase incidente, qui est nominale et simple, كِتَاب مَذْكُور est le sujet, أُولْدِقَ est la liaison, بِرْ أَثَرِ مُعْتَبَرْ l'attribut, et ce qui reste est le complément de l'attribut.

مَذْكُور exemple de l'emploi de ce mot (945).

جُغْرَافِيَاي, exemple de l'addition d'un ى pour marquer la liaison vocale (905).

أُولْدِيغِنْدَنْ, exemple de l'emploi du nom verbal parfait suivi d'un affixe pron. poss. et de la prép. دَنْ, pour indiquer la cause d'une action ou d'un état de choses (598).

جِهَانْدَارِيدَه ; l'adjectif جِهَانْدَارِى est un adjectif de rapport persan (734); جِهَانْدَارْ est une épith. comp. persane (879); la prép. دَه régit le nom نَزْدْ (995).

رَسِيدَه qui a atteint, part. passé pers. (742), faisant fonction d'adjectif, et lié à son complément par la construction persane (931).

SECONDE PHRASE.

وَمُشَارٌ إِلَيْهِ بُو مُقَابَلَهدَه مَزِيدِ الْتِفَاتِ مُلُوكَانَه إِيلَه كَامْبِيِينْ أُولُوبْ

Et le susdit (le Reïs Effendi) *fut gratifié par un accroissement de la faveur impériale dans cette conjoncture.*

COMMENTAIRE.

Phrase nominale simple ; sujet مُشَارٌ إِلَيْهِ ; liaison أُولُوبْ ; attribut كَامْبِيِين : les mots مَزِيدِ الْتِفَاتِ مُلُوكَانَه en sont le complément, et بُو مُقَابَلَهدَه est une expression faisant fonction d'adverbe de temps.

مُشَارٌ إِلَيْهِ *l'indiqué, le susdit,* exemple de l'emploi de cette locution arabe au lieu d'un pronom (945).

مَزِيدْ *augmentation, accroissement,* exemple de l'emploi de cette forme de dérivé

42

dans le sens d'un nom d'action (823); il est de la forme مَفْعِل (n° 33),

rac. زَيَدَ concave (803).

اَلنَّفَاتْ, nom verbal, forme اِفْتِعَالْ (n° 76), rac. لَفَتْ non affectée (773).

كَامْبِين gratifié, qui a vu accorder son désir, épith. comp. persane (871) sym-

phonique avec تَحْسِين (919).

ONZIÈME PARAGRAPHE.

PREMIÈRE PHRASE.

نُسْخَهْلَرى كَثِيرْ وَاِسْتِحْصَالى سَهْل وَيَسِيرْ اُولْمَقْ اِيچُون دَارُ الطِّبَاع

عَامِرَهْ دَه تَمْثِيلْ وَمُقَدَّمَا طَبْع اُولِنَانْ خَرِيطَهْ لَرَه تَذْيِيلْ اُولِنْمَقْ بَابِنْدَه حُكْم

جِهَانْمُطَاعْ شَرَفْرِيز صُدُورْ

*Pour que ces exemplaires fussent nombreux, et faciles et aisés à se procurer,
le décret, obéi par le monde, répandit de l'honneur en émanant, à l'effet de faire
typographier ce livre à l'imprimerie impériale, et de l'ajouter comme appendice
aux cartes géographiques qui avaient déjà été imprimées.*

COMMENTAIRE.

Phrase simple nominale; sujet حُكْم جِهَانْمُطَاعْ; liaison sous-entendue, attribut شَرَفْرِيز صُدُورْ : la proposition, depuis le commencement jusqu'à اِيچُون,
indique la cause de l'émanation du décret, et ce qui reste explique en résumé le
contenu du décret.

يَسِيرْ *aisé*, symphonique avec كَثِيرْ (919).

اُولْمَقْ اِيچُون *pour être, pour qu'il soit, fût*; exemple de l'emploi de l'infinitif
avec une préposition (988).

دَارُ الطِّبَاع *imprimerie*, construction arabe.

مَعْمُورَه et عَامِرَه, qui signifient tous les deux *peuplé, florissant*, sont des épithètes
appliquées aux établissements impériaux.

تَذْيِيل est symphonique avec تَمْثِيل (919).

بَائِنْدَه *au chapitre, à l'effet*, exemple de l'usage de ce mot pour indiquer que la description d'une chose est finie (913); le ن remplace l'affixe pronominal ى (595), et indique qu'il y a construction turque, 2ᵉ espèce, entre بَاتْ et أُولُمَقْ (892).

جِهَانْطُطَاعْ *obéi par le monde*, épith. comp. pers. (872).

شَرَفْرِيزْ *qui répand l'honneur*, épith. comp. pers. (871); شَرَفْرِيزْ صُدُور s'explique de la même manière que مُمَانَعَتْ بَرْدَه كُشْ.

PREMIÈRE PHRASE.

وَبُو اِرَادَة مَنَائِح اِفَادَه هَوَسْكَارَانِ عِلْم وَمَعَارِفه سَبَبْ اِنْبِسَاطْ وَسُرُورْ أُولُوبْ

Et cette ordonnance bienveillante fut une cause de joie et d'allégresse pour les gens portés vers les sciences et les connaissances.

COMMENTAIRE.

Phrase nominale simple; sujet بُو اِرَدَه مَنَائِح اِفَادَه; liaison أُولُوبْ; attribut سَبَبْ اِنْبِسَاطْ وَسُرُورْ, dont ce qui reste est le complément.

مَنَائِح اِفَادَه *qui expose des bienfaits, bienveillant*, épith. comp. pers. (866).

هَوَسْكَارَانْ *les gens qui ont un penchant*, épith. comp. pers. (879) employée comme substantif au plur. persan (193); il est en construction persane avec les deux noms عِلْم et مَعَارِف (909).

مَعَارِفه La prép. ه régit ici le nom هَوَسْكَارَانْ (995).

سَبَبْ *cause*; ce mot est en construction persane avec les deux noms سُرُورْ et اِنْبِسَاطْ (909).

سُرُورْ est symphonique avec صُدُور (919).

SECONDE PHRASE.

دُعَاِي بَقَاِي عُمْرُ وشَوْكَتِ شَاهَانَـهِيِى تَكْرِيرْ

Ils répétèrent les prières pour la prolongation de la vie et de la majesté impériales.

COMMENTAIRE.

Phrase verbale simple; sujet sous-entendu; partie nominale du verbe تَكْرِيرْ, auxiliaire sous-entendu; régime direct défini دُعَاِي بَقَاِي عُمْرُ وشَوْكَتِ شَاهَانَه.

دُعَاِي بَقَاِي, exemples de l'addition d'un ى après des mots arabes, pour indiquer la liaison vocale (916); بَقَا est en construction persane avec les deux noms شَوْكَتِ et عُمْرُ (909), lesquels sont tous les deux qualifiés par l'adjectif شَاهَانَه (925).

يِى, prép. remplaçant le ى (570), parce que شَاهَانَه se termine par une voyelle; cette prép. régit ici le nom دُعَا (995).

TROISIÈME PHRASE.

وَهَمِيشَه بُو مَقُولَه آثَارِ خَيْرِيَّه وَأَفَاعِيلِ نَافِعَدَيه مَظْهَرِيَّتِ شَاهَانَـهلَرِى تَمَنِّيَاتِنِى
رَسِيـدَه كُنْكُرَه جَرْخِ أَثِيرَ أَيْلَدِيلَر

Et ils firent parvenir au sommet de la sphère éthérée leurs vœux pour que Sa Majesté fût toujours l'objet (de l'incitation divine vers l'accomplissement) de cette espèce d'œuvres pieuses et d'actions utiles.

COMMENTAIRE.

Phrase verbale simple; sujet sous-entendu; verbe actif simple أَيْلَدِيلَر; régime direct défini رَسِيـدَه كُنْكُرَه, dont ce qui précède est le complément, et تَمَنِّيَاتِنِى جَرْخِ أَثِيرَ est le régime direct indéfini.

أَفَاعِيلْ , exemple de l'emploi d'un *pluriel de pluriel* (774); أَفَاعِيلْ est le pluriel de أَفَعَالْ , qui est lui-même le pluriel de فَعْلْ .

نَافِعَديَه ; la prép. يَه (580) régit ici les deux noms آثَارْ et أَفَاعِيلْ (998).

مَظْهَرِيَّتْ *l'état d'être l'objet*, nom dérivé arabe de rapport (815).

شَاهَانَهْلَرِى ; l'affixe pluriel indique le respect (963).

تَمَنِّيَاتِنِى , ce ; il y a construction turque, 2ᵉ espèce, entre مَظْهَرِيَّتْ et تَمَنِّيَاتْ qui est indiqué par l'affixe ى supprimé à la fin du premier, mais dont l'influence cependant est démontrée par le changement de la préposition ى en نِى (572).

أَثِيرْ est symphonique avec تَكْرِيرْ (919).

أَيْلَدِيلَرْ *ils firent, rendirent*, autre exemple de la confusion d'un verbe auxiliaire avec ce même verbe quand il est principal (971); ici ce verbe est principal, et il représente aussi l'auxiliaire qui est supprimé dans la phrase précédente. C'est une erreur invétérée.

TREIZIÈME PARAGRAPHE.

PREMIÈRE PHRASE.

ذِكْرِ أُولْسَانْ كِتَابِكْ قَبْلَ ٱلتَّمْثِيلْ بَعْضِ مَحَلَّلَرِى تَعْدِيلْ وَلَازِمُ ٱلْإِيضَاحْ أُولَانْ عِبَارَهْلَرِى تَوْسِيعْ وَتَسْهِيلْ أُولِنْمَقْ خُصُوصِى رَأْسُ ٱلْكِتَابْ أَفَنْدِى يَدْ وَإِشْبُودِيبَاجَدِى نَقْشِ حَرِيرْ تَحْرِيرْ إِيدَنْ رُوزْنَامَّچِـهْ أَوَّلْ وَوَقَعَـهْ نُوِيسْ أَحْمَدْ وَاصِفْ بَا خَطِّ هُمَايُونْ إِحَالَـهْ وَتَفْوِيـضْ أُولِنُـوبْ

La correction de quelques endroits de ce livre avant son impression, et le développement et la simplification des passages qui demandaient à être éclaircis, furent référés et dévolus, par un rescrit impérial, au Reïs Effendi et à Ahmed Vâcif, comptable en chef des finances, et historiographe de l'empire, lequel a tracé cette préface sur la page soyeuse de la composition littéraire

COMMENTAIRE.

Phrase verbale simple; sujet خصوصى, dont tout ce qui le précède est le complément; verbe passif composé et corroboré اجاله وتفويض اولنوب; les mots باخط همايون forment un régime indirect, et ce qui reste forme un autre régime complexe et composé de deux parties, dont رأس الكتاب افندى est l'une, et ce qui reste l'autre.

ذكر اولنان *qui est mentionné*, exemple d'un part. act. prés. d'un verbe passif, faisant ici la fonction d'adjectif (456).

محللر, كتاب; le ك est le signe de construction turque, 3ᵉ espèce, entre كتابك et عبارهلر (910).

قبل التمثيل *avant l'impression*, construction adverbiale arabe (540).

كتاب; le ى est l'affixe pron. poss. 3ᵉ pers. sing., et se rapporte à محللرى (307). Ce mot est le sujet du verbe passif composé تعديل اولنمق, dont l'auxiliaire est sous-entendu (959).

لازم الايضاح, adj. comp. ar. (862).

كتاب; le ى est l'affixe pron. poss. 3ᵉ pers. sing., et se rapporte à عبارهلرى (307). Ce mot est le sujet des verbes passifs composés et corroborés تسهيل اولنمق (dont l'auxiliaire est sous-entendu) et توسيع اولنمق.

اولنمق est l'auxiliaire passif des trois verbes dont les parties nominales sont تسهيل et توسيع, تعديل (959); le dernier de ces trois est symphonique avec le premier (919).

خصوصى *la particularité*, exemple de l'emploi de ce mot pour indiquer qu'une description est finie (913); il résume ici le sens des deux phrases dont les verbes sont توسيع وتسهيل اولنمق et تعديل اولنمق.

اشبو; exemple de l'emploi de ce démonstratif (285).

ديباجەبى , régime direct du part. act. prés. نَقْش ايدَنْ (980).

نَقْش حَرِير تَحْرِير ايدَنْ , exemple d'un participe dérivé d'un verbe composé qui embrasse dans la composition de sa partie nominale, non-seulement son régime indirect حَرِير (975), mais encore le nom تَحْرِير , qui est en construction persane avec celui-ci, et qui forme avec lui une figure du discours (912).

رُوزْنَامَجَهْ أَوَّلْ , *premier comptable*, titre d'un officier des finances.

وَقْعَه نُوِيس *celui qui écrit les événements, annaliste, historiographe*; titre d'un officier préposé à la rédaction des annales contemporaines.

أَحْمَدْ وَاصِفْ *Ahmed Vâcif*. J'ai cru utile de mentionner ici que la plupart des Ottomans de distinction ont eu général deux noms; l'un, qui est leur nom propre, s'appelle اِسْم , et l'autre, qui leur est donné plus tard, quand ils atteignent un certain rang, s'appelle مُخَلَّص : ce dernier a été nommé par quelques écrivains *le nom poétique*. Les noms de famille sont rares en Turquie; ceux qui s'y rencontrent sont généralement formés par l'addition du mot أُوغَلْ , *fils*, en construction turque de la 2ᵉ espèce avec le nom, le titre ou le sobriquet du fondateur de la famille; ainsi il y a la famille des قَرَمَانْ أُوغَلِى , des قَرَه عُثْمَانْ أُوغَلِى , etc. : ils se forment aussi par l'addition du mot زَادَه , *né*, en construction turque de la 1ʳᵉ es-pèce. Ex. : مُفْتِى زَادَه .

بَا خَطّ هُمَايُونْ , emploi de la prép. pers. بَا (615).

أُولِنُوبْ , auxiliaire servant aux deux noms verbaux تَفْوِيض et اِحَالَه (959).

SECONDE PHRASE.

بِقَدْرِ الْاِسْتِطَاعَد اِجْرَاىْ مَأْمُورِيَّته صَرْفِ مُزْجَاة بَضَاعَد قَلِنْدِى

Notre modique capital a été dépensé à remplir cette commission, selon nos moyens.

COMMENTAIRE.

Phrase verbale simple ; sujet مُزْجَاةٍ بِضَاعَه , qui est embrassé dans la partie nominale du verbe إِجْرَاىِ مَأْمُورِيَّتْ est le, qui est passif (552). صَرْفْ قِلِنْدِى , qui est le régime indirect du verbe, et بِقَدْرِ الْاِسْتِطَاعَه est un adverbe.

بِقَدْرِ الْاِسْتِطَاعَه *selon la quantité du pouvoir,* locution arabe.

مُزْجَاةٌ , exemple de l'emploi du ة *té rond* (15) ; on aurait toutefois pu écrire ce mot avec le ت *té long,* de cette façon : مُزْجَاتْ.

قِلِنْدِى , exemple de l'emploi du passif de l'auxiliaire قِلْمَقْ (533).

FIN DE L'APPENDICE.

TABLE.

PREMIÈRE PARTIE.

DE L'ORTHOGRAPHE.

SECONDE PARTIE.

DE L'ÉTYMOLOGIE.

TROISIÈME PARTIE.

DE LA DÉRIVATION ET DE LA COMPOSITION DES MOTS.

QUATRIÈME PARTIE.

DE LA SYNTAXE.

FIN DE LA TABLE.

ERRATA.

Malgré les soins apportés à l'exécution typographique de cette Grammaire, plusieurs voyelles et points diacritiques ont disparu sous presse. Afin d'y remédier autant que possible, et pour éviter au lecteur toute incertitude, il a paru nécessaire de relever les fautes principales et quelques autres échappées à la correction des épreuves.

PAG. LIG.	au lieu de	lisez
11, 10,	زَانُو	زَانُو
15, 9,	*lettre de prononciation*	*lettre de prolongation*
28, 13,	n° 5	n° 15
39, 4,	بُشِيرَانْ	مُشِيرَانْ
48, 12,	*tcheurek*	*tcheyrek*
56, 7,	قَاجِنْخِى	قَاجِنْجِى
61, 8,	*celui qui* ou *celle qui*	*celui qui est* ou *celle qui est*
76, 13,	même force	même forme
77, 4,	كِيرَرٌ	كِيدَرٌ
89, 12,	أَجْمِشْ أُولَيْدِى	أَجْمِشْ أُولَيْدِى
Ibid., 23,	أَجَهجَقْ	أَجَهجَقْ
90, 8,	دَرْلَسِيهِ ايدِى	دَرْلَسَهِ ايدِى
93, 1,	Le présent de l'indicatif	Le présent de l'impératif
150, 10,	نوه	نوه
152, 10,	صِيجَه	صِيقجَه
158, 7,	قَادِى يَه	قَارِى يَه
169, 12,	قَتِح	فَتِح
176, 18,	شَغِيعًا	شَفِيعًا
180, 19,	مُنَجِّمْلِكْ ، مُسَجِّمْ	مُنَجِّمْلِكْ ، مُنَجِّمْ
181, 26,	غِيج	غِيج
182, 2,	بَاشْلَانْغِيج	بَاشْلَانْغِيج
Ibid., 1	اوغْلَانجقْ	اوغْلَانجقْ

184,   8,   au lieu de   سِرْ lisez   سُرْ

193, 25, *la racine de* نَبْضُبُضْ *et* بَضْبَضْ ; au lieu de *et* lisez *est.*

196,   n° 10, au lieu de   حَجَابْ lisez   جِحَابْ

215,   3,   مُوَاخِذْ   مُوَّاخِذْ

235, 20,   مَقْتُولُه   مَقْتُولُه

245,   1,   زِينْتِيدِرْ   زِينْتِيبِدِرْ

247, 13,   أَعَالُرِينَكْ   أَعَالُرِينَكْ

250, 26,   جَنَائِلُرِى   جِنَائِلُرِى

251, 17,   نَشْرِيفْ   نَشْرِيفْ

252, 25,   سُبْكَمَا   سُبْكِمَا

255, 12,   سِنْاَةْ   سِيْاَةْ

258,   7,   مَسْطُورْ   مَسْطُورْ

260,   5,   اَنْلُرْدَخِى   اَنْلُرْدَخِى

265,   9,   بِضَاعَه   بِضَاعَه

278,   7,   وَسَوْدَا كَرَانِ   وَسَوْدَاكَرَانِ

Ibid.,   8,   الْفَوْرِ   الْغَوْرِ

Ibid., 17,   مُحَدَّدْ   مُجَرَّدْ

Ibid., 23,   رَغْبَتْ   رَغْبَتْ

279, 12,   رَقِيقَهْ يَه   دَقِيقَهْ يَه

Ibid., 21,   يَا قُوَاكِى   يَاقُوَاكِى

280,   7, après كِتَابَكْ intercalez les mots قَبَلَ ٱلتَّمْثِيلْ

281, 26,   au lieu de   فَعْلَة lisez   فِعْلَة

288, 10,   أَقْوَاذْ   أَفْرَاذْ

297,   5,   قَدْرُ وَمَاهِيَّتِى   قَدْرُ وَمَاهِيَّتِى

504, 16 et suiv., réunissez en un seul mot سَوْدَا كَرَانْ

505,   1 et 5, même correction qu'à la page précédente.

PAG.	LIG.		au lieu de		lisez	
308,	1,	au lieu de	سِبَّبَى	lisez	سَبَّبَى	
318,	15,		نَـفَعَّلَ		نَفَعَّلَ	
319,	21,		رُقيقه يه		دَقِيقه يَه	
320,	25,		تَحْصِيل		تَحْصِيل	
332,	24,		چَرْخ		چَرْخ	
333,	1,		أَفَاعِيلَ		أَفَاعِيلَ	